胡应麟_{年谱简编}

王嘉川 ◎ 编著

本书由上海文化发展基金资助出版

上海交通大学出版社
SHANGHAI JIAO TONG UNIVERSITY PRESS

内容提要

　　胡应麟是明代中后期著名学者,在历史学、图书馆学、目录学、辨伪学、考据学等领域,都有杰出贡献。本书采取编年记事的形式,将谱主胡应麟一生的行事进行排比,同时将有关的人物活动及国家政治、经济、文化等背景知识一并叙出,从而真实而客观地揭示出当时历史条件下的谱主活动(包括交游、学术等活动)及其意义。全谱主次分明、重点突出,对相关领域研究者有参考借鉴价值。

图书在版编目(CIP)数据

胡应麟年谱简编/王嘉川编著. —上海:上海交
通大学出版社,2017
ISBN 978 - 7 - 313 - 16998 - 3

Ⅰ.①胡… Ⅱ.①王… Ⅲ.①胡应麟(1551—1602)
—年谱 Ⅳ.①K825.6

中国版本图书馆 CIP 数据核字(2017)第 079930 号

胡应麟年谱简编

编　　著:王嘉川
出版发行:上海交通大学出版社　　　　　地　　址:上海市番禺路 951 号
邮政编码:200030　　　　　　　　　　　电　　话:021 - 64071208
出 版 人:郑益慧
印　　制:上海春秋印刷厂　　　　　　　经　　销:全国新华书店
开　　本:710 mm×1000 mm　1/16　　　印　　张:17.25
字　　数:302 千字
版　　次:2017 年 4 月第 1 版　　　　　　印　　次:2017 年 4 月第 1 次印刷
书　　号:ISBN 978 - 7 - 313 - 16998 - 3/ K
定　　价:69.00 元

自　序

　　胡应麟(1551—1602)是明代中后期学者,嗜书但无财力,只好专门购买由最劣质纸张刊印的书籍,但就是这样,还仍然常常在旧书摊因未能偿其值而不能购得所爱之书,以至怅惋弥月;中过举但一生布衣,矻矻于书房,与古人为友,以学术为业,以博精相尚,独立思考,精思善疑,寻求自得之学,并在多个学术领域取得了突出成就。他对中国古典目录学史和中国古代图书事业史进行了比较全面的清理、考察和研究,初步建立起中国古典目录学史和图书事业史研究的基本格局。他顺应学术发展的时代要求,出以个人学术研究的内在理路和实际需要,写出了中国第一部文献辨伪学专著,对文献辨伪学的理论和方法进行了首次总结,结束了自汉以来就已开始的文献辨伪的摸索阶段,为中国文献学的发展做出了巨大贡献。广泛阅读藏书、少而好史的主观条件,史学评论兴盛的时代风气,都直接和间接地促使胡应麟对中国古代史学发表个人看法和议论,抒其"我思古人,实获我心"的一家独得之学。他关于史学理论诸问题的探讨,还未能形成一个系统,但他所论却多能言而有理、发而中的,提出了许多积极新颖的创见,表现出超迈前人、后来居上的特色,为清代以来直至近现代乃至当代对相关史学理论问题的进一步深入求索,提供了有益借鉴,为中国古代史学理论的丰富和发展做出了重要贡献。他以考证为治学第一要义的治学精神,又促使他对有关学术规范的问题进行了广泛讨论,而他所提出的基本内容,又不期然而成为明末清初以来乃至现代学界都必须遵守的一般规范。这是胡应麟在明代空疏不学、抄袭成风的学术氛围下,为中国传统学术的正常发展所做的又一重大贡献。

　　但对于这样一位学者,清朝官修《明史》仅在《王世贞传》后附有 90 字的《胡应麟传》,于其生平既不详悉,且于其与王世贞之间的交谊关系认识也有误。1933 年春,侯仁之先生在燕京大学读书时,写出了题为《最爱藏书的胡应麟事迹考略》的课程作业,考证精详,分析入微,博得洪业先生"佳甚"的至评,可惜过于简略,未能揭示胡应麟生卒时间。1934 年 1 月,吴晗先生在《清华学报》第九卷第一期发表了 4 万字左右的长文《胡应麟年谱》,很大程度地弥补了前人的缺陷,将胡应麟生平的基本情况昭示出来,并对胡应麟的学术成就进行了一些研究性的论述把握,可谓集以往之大成。但这样一篇材料梳理考证性的长文仅断续完成于六个月、最长十个月内,后来没有进行任何修订,难免存在一些疏误。此后,国内外学界均沿袭该文观点,不但未能对其失误予以补正,而且还出现了一些新的失误,并一直持续到 21 世纪。

有鉴于此,我在原来研究胡应麟学术成就和多年收集、整理与考订资料的基础上,集中两年半的时间,编纂了这部新的胡应麟年谱。因篇幅所限,本书就以《胡应麟年谱简编》命名,更为详尽的内容、我对学界已有成果的辨析以及学界师友对本书写作的帮助,留待《胡应麟年谱长编》一书作出说明。

目　　录

胡应麟先世世系

胡应麟先世为宋代思想家、教育家胡瑗(993—1059),以教授于吴,遂于吴兴(今浙江湖州市吴兴区)世代传承,元末战乱时徙家兰溪。元时兰溪为州,明太祖洪武三年(1370)三月降为县,属金华府。金华府在隋时为婺州,元时为婺州路,属浙东宣慰司。朱元璋在元顺帝至正十八年(1358)攻取婺州路,改为宁越府,两年后改为金华府。胡应麟遂为金华府兰溪县人,今为浙江省金华市所属之兰溪市。

　　晁公武《郡斋读书志》卷一《胡先生易传》。

　　晁公武《读书附志》卷上《安定先生世系述》。

　　《宋史》卷四三二《儒林二·胡瑗》。

　　胡应麟《少室山房类稿》卷八九《家大人履历述》。

　　王世贞《弇州续稿》卷七九《胡观察传》。

胡家自徙居兰溪后,五传而为胡富,字宽庵,以经商为业,娶妻郑氏,是为胡应麟祖父母。胡富"质而愿","重然诺,安义命,用是贾日困"。于嘉靖三年(1524)七月十五日中元夜(农历,以下不再注明),生子胡僖,字伯安,一字子祥,号公泉,是为胡应麟父。后以子贵,胡富赠奉政大夫、礼部仪制司郎中,妻郑氏封宜人。

　　《少室山房类稿》卷八九《家大人履历述》,卷三四《家大人七秩恭贺四首》。

　　王世贞《弇州续稿》卷七九《胡观察传》。

　　万历三十四年刊、康熙间补刊《兰溪县志》卷四《人物类上·儒林·胡僖》。

　　嘉庆《兰溪县志》卷一三《人物志·政事·胡僖》。

胡僖幼时受父命,为纾家困而学医,后幡然悟曰:"医毋论不如秦越人,即所治必自吾手,能几何? 孰与夫大丈夫,大则宰天下,小亦一方,少徊虑而起数百千人死哉?"遂弃去,转攻儒学,走科举之路,父奇其意而许之。入学,试辄高等。原刑部尚书、同乡唐龙甚重之,称为"器识亡两",几欲以女妻之,因母反对而止,然自此遇之特厚,岁时问遗无虚日。

　　《少室山房类稿》卷八九《家大人履历述》。

　　王世贞《弇州续稿》卷七九《胡观察传》。

　　《明史》卷二〇二《唐龙传》:唐龙字虞佐,兰溪人,武宗正德三年(1508)进士。官至吏部尚书,加太子太保。后劾黜为民,以疾,出京卒。

明世宗嘉靖二十八年己酉(1549)秋,胡僖中乡试,成举人,年二十六。胡僖性恶杀生。当乡试时,谋徙僻地潘氏园,有群蚁数十万聚于室,童子欲火之,胡僖不忍,徙于他所。暨入棘,三书义至乙夜而就,蚁戢戢笔端不可逐,久之,始别构四经义,思忽坌涌如泉注,蚁亦绝不见,遂高荐,主司谓其四经义殆神助。胡僖知为蚁报,益谨于物命,所全活龟鳖螺蚌不可计数。曾有赠送其鸳鸯者,胡僖意放之水滨则复落罟师之手,遂棹而至湖心放之,不料遇风,舟几覆,客笑之,胡僖亦不悔。

　　《少室山房类稿》卷八九《家大人履历述》。

　　王世贞《弇州续稿》卷七九《胡观察传》。

　　张萱《西园闻见录》卷一四《仁慈·往行》。

　　谈迁《枣林杂俎》和集《丛赘·胡僖神助》。

　　胡僖乡试归,娶妻宋氏,时年十九,后以胡僖贵,封宜人,是为胡应麟母。宋为当地望族,宋宜人父宋震以屡试不第,放弃科举,以藏书读书自娱,晚年尤好方术家言,在当地很有声誉,达官巨室延至恐后。宋宜人自幼敬事佛教,庄淑仁孝,警颖殊绝,强于记识,虽不谙笔砚,但过耳不忘。胡氏家业本丰饶,惜以火灾中衰,胡僖为补家计,授徒讲学,直至进士及第,一时从者如云。而宋宜人亦以善持家,为助甚力。

　　《少室山房类稿》卷九一《先宜人状》。

　　汪道昆《太函集》卷五七《明封宜人、胡母宋氏墓志铭》。

胡应麟行实系年

明世宗嘉靖三十年辛亥(1551)   1 岁

农历夏五月二十二日,胡应麟生。

《少室山房类稿》卷二〇《庚辰夏五月念之二日,余三旬初度也。碌碌尘土,加以幽忧之疾,靡克自树。俯仰今昔,不胜感慨,信笔抒怀六百字》。**按:**庚辰为万历八年(1580),逆推之,则胡应麟生于本年无疑。

王世贞《石羊生传》:"戊子冬,……元瑞年三十有八耳。"(《少室山房类稿》卷首、上海古籍出版社 1979 年点校本胡应麟《诗薮》卷首)**按:**戊子为万历十六年(1588),时胡应麟尚在世,此传也是根据胡应麟自作小传撮略而成,因此不会将胡应麟年龄搞错。据此逆推之,则胡应麟生于本年无疑。

俞安期《翠翠集》卷一〇《纪哀诗二十三首·胡元瑞》题名下注云:"名应麟,兰溪人,孝廉,为乡贤胡公直子。以博洽闻,所著评骘古今者甚富,年五十五卒,甲辰。"**按:**此文错误有三:一是胡应麟父为胡僖,并非胡直。二是胡应麟卒于万历三十年(1602)壬寅,并非万历三十二年甲辰,吴之器《婺书》卷四《胡元瑞传》有明确记载。三是按俞氏所说,则胡应麟生于嘉靖二十九年,但这与上述胡应麟自述和王世贞明确的年龄记载不合,显然错误。

胡应麟之名乃其父胡僖所取,字元瑞,一字明瑞。

《少室山房类稿》卷一〇六《题〈困学纪闻〉后》。

汪道昆《太函集》卷五七《明封宜人、胡母宋氏墓志铭》。

王世贞《石羊生传》。(《少室山房类稿》卷首、文渊阁四库全书本胡应麟《少室山房集》卷首,二者乃同书异名;《诗薮》卷首)

王世贞《弇州续稿》卷六八《胡元瑞传》。

嘉庆《兰溪县志》卷一三《人物志·文学·胡应麟》。

光绪《兰溪县志》卷五《志人物·文学·胡应麟》。

自号少室山人,又号石羊生,时人亦认同而呼之曰"石羊生"。

《少室山房类稿》卷二三《嵩山歌》,卷八九《石羊生小传》。

王世贞《石羊生传》。(《少室山房类稿》卷首、《诗薮》卷首)

嘉庆《兰溪县志》卷一三《人物志·文学·胡应麟》。

光绪《兰溪县志》卷五《志人物·文学·胡应麟》。

又曾自署"芙蓉峰客""壁观子""太史氏""野史氏""吊诡士"。

胡应麟《少室山房笔丛》卷四二《玉壶遐览引》，卷四六《双树幻钞引》。

《少室山房类稿》卷八四《寿郡伯张公五秩序》，卷八八《长安酒人传》，卷八九《石羊生小传》。

本年，文学复古运动中的"后七子"主将李攀龙、王世贞、梁有誉、宗臣、徐中行共结诗社。(王世贞《弇州山人四部稿》卷九四《明承直郎、刑部山西司主事梁公实墓表》，卷八六《明中宪大夫、福建提刑按察司提学副使方城宗君墓志铭》)

经徐中行介绍，吴国伦与李攀龙相识，并被延入诗社。(吴国伦《甔甀洞稿》卷五二《复王元美书》)

本年，杨慎(1488—1559)64 岁。杨慎字用修，号升庵，新都(今属四川)人。武宗正德六年(1511)殿试第一。世宗嘉靖三年(1524)，因议大礼违背帝意，受廷杖，谪戍云南永昌卫，历滇三十余年卒。《明史》卷一九二有传。杨慎是明代第一博学家，也是胡应麟所敬重的前辈学者之一，胡应麟论著中多次论及杨慎，并有专书纠正其论著之误。

朱衡(1512—1584)40 岁。朱衡字士南，万安(今属江西)人，嘉靖十一年进士。《明史》卷二二三有传。朱衡对胡应麟父子都很赏识，并对二人科举之业有所帮助，胡应麟甚钦敬之。

周天球(1513—1595)39 岁。周天球字公瑕，长洲(今江苏苏州市)诸生，书画家，曾从文徵明习书法，以诗文画名世。他是胡应麟早年"受益之最"的三人之一，以至胡应麟对其有"每饭如睹"的钦敬之情。

李攀龙(1514—1570)38 岁。李攀龙字于鳞，号沧溟，历城(今山东济南市)人，嘉靖二十三年进士，明代文学复古运动"后七子"领袖。《明史》卷二八七有传。李攀龙是胡应麟所"当心"敬仰的人物之一，二人虽从未谋面，但据胡应麟自述，其习诗是从学习李攀龙始。

黎民表(1515—1582)37 岁。黎民表字惟敬，从化(今属广东)人，嘉靖十三年举人。黎民表很赏识胡应麟，曾于酒醉中用古隶为胡应麟书房题写"二酉山房"四字。

潘季驯(1521—1595)31 岁。潘季驯字时良，乌程(今浙江湖州市吴兴区)人，嘉靖二十九年进士，曾四次主持治理黄河事宜。《明史》卷二二三有传。胡应麟与之多有往还。

吴从宪(1522—1581)30 岁①。吴从宪字惟时,晋江(今属福建)人,嘉靖四十一年进士。万历四年胡应麟参加浙江乡试,吴从宪以巡按浙江监察御史一职充乡试监临官,阅及胡应麟的时义策,大赏之,录程序中。此后胡应麟即以"座师""吴师"称之。

康从理(1523—1580)29 岁。康从理字裕卿,永嘉(今属浙江)人。他初见胡应麟即叹赏推重之,并曾赞谓"唐有骆丞,今有元瑞",是胡应麟早年"受益之最"的三人之一,以至胡应麟对之有"每饭如睹"的钦敬之情。

吴国伦(1524—1593)28 岁。吴国伦字明卿,兴国(今湖北阳新县)人,嘉靖二十九年进士,明代文学复古运动"后七子"之一。《明史》卷二八七有传。吴国伦为胡应麟所尊重,但二人从未相见。

汪道昆(1525—1593)27 岁。汪道昆字伯玉,号太函,歙县(今属安徽)人,嘉靖二十六年进士。《明史》卷二八七有传。在胡应麟心目中,汪道昆是地位仅次于王世贞的前辈学人,也是胡应麟"生平知己之最"的四人之一,而汪、王二人亦皆赏识胡应麟之学识。

王世贞(1526—1590)26 岁。王世贞字元美,号凤洲,又号弇州,太仓州(今江苏太仓市)人,嘉靖二十六年进士,明代文学复古运动"后七子"领袖之一。始与李攀龙狎主文盟,攀龙殁,独操文柄二十年。才最高,地望最显,声华意气笼盖海内,一时士大夫及山人、词客、衲子、羽流莫不奔走门下,片言褒赏,声价骤起。《明史》卷二八七有传。王世贞是胡应麟最为钦仰的人物,对胡应麟一生影响也最大;他自己出于赏识,也自愿把衣钵传于胡应麟,以致胡应麟竟然专门篆刻了一枚写有"瑯瑯衣钵"的印章,耀示于人。

滕伯轮(1526—1589)26 岁。滕伯轮字汝载,一字载道,福建瓯宁(今福建建瓯市)人,嘉靖四十一进士。他初见胡应麟诗作,即大奇之,对胡应麟科举之业多有帮助,此后交往日密。

张凤翼(1527—1613)25 岁、张献翼(1534—1604)18 岁。张凤翼字伯起、张献翼字幼于,长洲(今江苏苏州市)人,与三弟燕翼(1543—1575)并有才名,时人号为"三张"。胡应麟曾多次过访张家,与伯仲二人过从甚密,但张燕翼虽与伯兄凤翼同为嘉靖四十三年举人,以早卒,与胡应麟未有直接往来。

张九一(1534—1599)19 岁。张九一字助甫,新蔡(今属河南)人,嘉靖三十二年进士。胡应麟与他相慕有年,最后在北京邂逅识面,一见宛如生平,语语契合,肝

---

① 吴从宪生卒年据沈茜、秦越《明朝官人的"像赞"后人一直保存至今》,《晋江经济报》2013 年 7 月 3 日,http://roll.sohu.com/20130703/n380548014.shtml。

胆形骸,几欲为一人,是胡应麟"生平知己之最"的四人之一。

王穉登(1535—1612)17岁。王穉登字百穀,一字伯穀,长洲(今江苏苏州市)人,监生。与胡应麟多有往还。

王世懋(1536—1588)16岁。王世懋字敬美,号麟州,太仓州(今江苏太仓市)人,嘉靖三十八年进士。好学善诗,文名亚其兄世贞,世贞力为推引,以为胜己,李攀龙、汪道昆等遂因而称之为少美。《明史》卷二八七有传。胡应麟最初能与王世贞交往,即是得自王世懋的介绍,后来胡应麟《诗薮》一书也是王世懋最先为之作序,时该书尚未脱稿。

陈文烛(1536—1594)16岁①。陈文烛字玉叔,沔阳(今属湖北)人,嘉靖四十四年(1565)进士,官至南京大理寺卿。曾两度为胡应麟著作撰序。

喻均(1539—1605)13岁②。喻均字邦相,新建(今江西南昌市新城区)人,隆庆二年(1568)进士。万历七年调任兰溪知县,此后又仕宦十余年,为官清正廉洁,"勇于果断执事,不惧风险",政绩较为突出。又处世淡泊,"于功名利禄皆并无刻意追求,安于斗室、蔬食的普通生活"③。喻均娴于诗,意不可一世,然与胡应麟"契分逾白头","相看吾汝真忘形","邂逅逢余誓生死",关系非常密切。

李言恭(1541—1599)11岁。李言恭字惟寅,盱眙(今属江苏)人。明开国功臣李文忠八世孙,万历三年(1575)袭爵临淮侯。其诗文曾受胡应麟影响,是胡应麟"生平知己之最"的四人之一。

苏濬(1541—1599)11岁。苏濬字君禹,晋江(今属福建)人,万历五年进士,曾任浙江佥事,提督学政。唐代骆宾王被祀于金华乡贤祠,即是胡应麟呈请而苏濬以督学批行。他过访胡应麟,必却卤簿、掩蓬茆,留连浃日,卑卑执问字之礼,胡应麟因病或不冠,但苏濬并不为意,对谈亹亹,形骸尽忘,是胡应麟"生平知己之最"的四人之一。

汪道贯(1543—1591)9岁。汪道贯字仲淹,歙县(今属安徽)人,汪道昆弟。曾因醉酒与胡应麟争闹,但并未影响二人友情,后来胡应麟拜访汪道昆时,他以抱病残躯越三十里路程来会,此后半年即逝。

---

① 陈文烛生年据其《二酉园续集》卷二一《祭女龙孺人文》,卒年据费尚伊《市隐园集》卷二五《故礼部仪制司主事陈立甫行状》。

② 据王世贞《弇州续稿》卷三六《松江太守喻邦相先生五十序》(四库第1282册第475页)、何三畏《云间志略》卷四《郡侯枫谷喻公传》(禁毁史部第8册245—246页),喻均万历十六年(1588)五十矣,可知他生于嘉靖十八年(1539)。卒年据俞安期《翏翏集》卷一〇《纪哀诗二十三首·喻邦相》题下注"年六十口卒,乙巳",(存目集部第143册第92页)乙巳为万历三十三年(1605),则年六十六卒。

③ 乔治忠:《日藏孤本〈勋贤祠志〉及相关史事》,《浙江学刊》2012年第6期。

明世宗嘉靖三十一年壬子（1552）　2岁

　　春，王世贞、李攀龙、徐中行、梁有誉、谢榛、宗臣在京师"朝夕相聚，绝少间断"，"七子之集以此时为最盛"。其间，李攀龙作《五子篇》，王世贞和之。（徐朔方《王世贞年谱》，《徐朔方集》第二卷，第525—527页）

明世宗嘉靖三十二年癸丑（1553）　3岁

王世贞升刑部郎中。（郑利华《王世贞年谱》第80页；徐朔方《王世贞年谱》第537—538页）

李攀龙与谢榛构隙，王世贞右攀龙而排谢榛，削其名于诸子之列，以吴国伦代之，遂改定《五子篇》。明年梁有誉病逝，但余曰德来入社，后年张佳胤来入社，遂有"七子"之称。

王世贞《弇州四部稿》卷一五〇《艺苑卮言七》。

《明史》卷二八七《李攀龙传》。

明世宗嘉靖三十三年甲寅（1554） 4岁

胡应麟幼时肌体玉雪，眉目朗秀。

王世贞《石羊生传》。（《少室山房类稿》卷首、《诗薮》卷首）

明世宗嘉靖三十四年乙卯(1555)　5 岁

胡应麟幼时即颖敏绝伦。五岁,父口授之书辄成诵,使属对,必工。

《少室山房类稿》卷八九《石羊生小传》。

王世贞《石羊生传》。(《少室山房类稿》卷首、《诗薮》卷首)

嘉庆《兰溪县志》卷一三《人物志·文学·胡应麟》。

光绪《兰溪县志》卷五《志人物·文学·胡应麟》。

明世宗嘉靖三十五年丙辰（1556） 6岁

十月，王世贞升山东副使，兵备青州，十二月赴任青州。(徐朔方《王世贞年谱》第554页，郑利华《王世贞年谱》第104页)

明世宗嘉靖三十六年丁巳(1557) 7 岁

　　胡应麟藏书问学兴趣开始养成。其时"于世事百无一解,亦百无一嗜,独偏嗜古书籍",侍父时听闻诸人"谈说坟典,则已心慕艳之,时时窃取翻阅"。

　　《少室山房类稿》卷九二《二酉山房记》。

明世宗嘉靖三十七年戊午（1558）　8岁

六月,王世贞完成去年秋开始写作之《艺苑卮言》初稿六卷。

　　王世贞《弇州四部稿》卷一四四《艺苑卮言一》第一条。

八月,王世贞弟世懋举顺天乡试,成举人。(郑利华《王世贞年谱》第118页,徐朔方《王世贞年谱》第560页)

明世宗嘉靖三十八年己未（1559） 9岁

胡应麟入学，从里社师习经生业，而心厌之。父胡僖训之曰："先安定（胡瑗）都儒宗，孳孳经艺，且功令在，孺子胡为不屑也者而弁髦之？"答曰："吾乡范（祖幹）、金（履祥）二贤皆布衣也，何仅以科名重？"日从其父书箧窃取《古周易》《尚书》《诗经·国风》及左丘明、庄周、屈原、司马迁、司马相如、曹植、杜甫诸家书恣读之。父奇其意，不禁。稍长，即解撰各体诗。

《少室山房类稿》卷八九《石羊生小传》，卷一一九《报何仁仲》。

王世贞《石羊生传》。（《少室山房类稿》卷首、《诗薮》卷首）

汪道昆《太函集》卷五七《明封宜人、胡母宋氏墓志铭》。

嘉庆《兰溪县志》卷一三《人物志·文学·胡应麟》。

光绪《兰溪县志》卷五《志人物·文学·胡应麟》。

三月，胡僖举进士，随后以奉职工部，南下迎全家入都，途中曾旅居杭州。这是胡应麟第一次来到北京。但以灾荒俸薄，胡家生活很是拮据，时常乞贷乡里，以致父子二人虽雅负藏书之好，然帙繁价重者率不能致，间值力所不及之异书，则相对太息久之。其间，胡应麟开始与四方贤豪长者游。

《少室山房类稿》卷五五《西湖十咏》，卷八五《信州土瓜诗序》，卷八九《家大人履历述》，卷九一《先宜人状》。

王世贞《弇州续稿》卷七九《胡观察传》。

汪道昆《太函集》卷五七《明封宜人、胡母宋氏墓志铭》。

《少室山房类稿》卷九〇《二酉山房记》。**按**：内中所述"十一二从家大人宦游燕"、在京师购书事，皆发生于胡应麟本年到京师生活后，至明年以祖母丧归家前。"十一二"为九岁、十岁之误，"十一二"时胡应麟只是随父在家守丧，并未"从家大人宦游燕"。

王世懋举进士。（郑利华《王世贞年谱》第122页，徐朔方《王世贞年谱》第564—565页）因与胡僖为同年进士，王世懋在与胡僖通信中常常顺便问及胡应麟，可惜二人未尝识面。

《少室山房类稿》卷五六《夜泊金阊，寄奠王敬美先生八首》。

明世宗嘉靖三十九年庚申(1560)　　10 岁

胡僖母郑氏病卒于京邸,胡应麟随父奉丧归家,第一次京师生活结束。胡家居兰溪北城,郑家居官塘东。胡僖事亲孝,自幼随母郑氏至外家,往来北城官塘间。母殁,胡僖建思亲桥、思亲亭以寄意,并以利涉。胡僖妻宋氏则为胡僖父胡富娶妾陈氏,以侍其起居。

《少室山房类稿》卷八九《家大人履历述》,卷九一《先宜人状》。

王世贞《弇州续稿》卷七九《胡观察传》。

汪道昆《太函集》卷五七《明封宜人、胡母宋氏墓志铭》。

万历刊、康熙补刊《兰溪县志》卷一《桥渡·思亲桥》,卷七《杂志类下·遗事》。

嘉庆《兰溪县志》卷三《建置·桥渡·思亲桥》,卷一八《杂事志·遗事·思亲不匮》。

光绪《兰溪县志》卷八《杂志·古迹·思亲亭》。

在由京返家途中过苏州时,胡应麟随父谒周天球,以为"门下非今之人也,古貌古心,夐出尘埃","方今江左第一流,宜无过者",是为二人第一次会面。

《少室山房类稿》卷一一四《与周公瑕》。

十月,王世贞与弟世懋以父丧归,十一月二十七日抵家。(郑利华《王世贞年谱》第137—138 页)

本年,汪道昆接近"后七子",并与同年进士王世贞订交。(徐朔方《汪道昆年谱》第24 页)

明世宗嘉靖四十年辛酉(1561)　11 岁

　　胡应麟随父守丧家居。祖父妾陈氏生子佐。

　　《少室山房类稿》卷九一《先宜人状》。

明世宗嘉靖四十一年壬戌（1562） 12 岁

　　戚元佐举进士,授礼部主事。戚元佐字希仲,浙江嘉兴人,嘉靖二十八年举人。（俞汝楫《礼部志稿》卷四二"仪制司郎中"条、"主事"条,万历《秀水县志》卷五《选举志·科第》、卷六《人物志·文苑》,康熙《嘉兴县志》卷七《乡达》）

明世宗嘉靖四十二年癸亥(1563)　　13岁

胡应麟开始写作诗歌,并稍稍闻里社中,而于经生业亦不废。

《少室山房类稿》卷八九《石羊生小传》。

王世贞《石羊生传》。(《少室山房类稿》卷首、《诗薮》卷首)

胡僖以母丧服除,授礼部仪制司主事。胡应麟随父入京,开始第二次北京生活。

《少室山房类稿》卷八九《家大人履历述》。

王世贞《弇州续稿》卷七九《胡观察传》。

俞汝楫《礼部志稿》卷四二"仪制司·主事"条作"嘉靖四十三年任"。

胡僖任职后,与戚元佐同官礼部,直至隆庆六年春夏间戚元佐请假归家。其间,除胡僖因守丧归里三年外,二人一直供职礼部,胡应麟遂得以受教于戚元佐。此人"古貌古心",每读胡应麟所作诗,"稍有未合,咸为痛削苦针",胡应麟由此"积渐悟入,盖生平受益之最者",以至对其"每饭如睹"。

《少室山房类稿》卷一一○《扇头跋五》。

明世宗嘉靖四十三年甲子(1564) 14 岁

胡僖在礼部任职,时同乡卢仲佃、王乾章均在朝为官,"两公淳德望一乡,而正气直节,咸矫矫与时俗忤,以故仕不登九列,后先由藩臬挂冠归于家"。胡僖与二人性情"相类",遂"朝夕过从,昵甚也"。胡应麟因而得识二人,王乾章则"一见以小友呼之"。

《少室山房类稿》卷九三《明奉政大夫、云南布政司参议、东阳王公洎封宜人徐氏墓志铭》。

王崇炳《金华徵献略》卷一三《卢仲佃》:卢仲佃号怀莘,东阳(今属浙江)人,嘉靖三十五年进士,官至广东左布政使,卒于官所。

万历《福安县志》卷六《名贤志·名宦》:卢仲佃字汝田,号怀莘。

王崇炳《金华徵献略》卷一三《王乾章》:王乾章号震所,东阳人,嘉靖四十一年进士,官至云南布政司参议,告老归。

康熙《金华府志》卷一七《人物三·王乾章》:王乾章字顺卿。

明世宗嘉靖四十四年乙丑（1565）　15岁

正月，胡僖以父丧，携子离京归家。胡应麟第二次京师生活结束。

《少室山房类稿》卷八九《家大人履历述》："乙丑，提调场屋，爬搔宿垢，百废具振。竣役，条陈便宜十事，将上之，会闻郎中公讣，奔归，毁瘠如丧太宜人礼。而贫愈益甚，聚徒自给，靡寸牍入有司。"**按**：明代会试在二月初九日开始第一场考试，胡僖既以提调场屋，得便宜十事，"将上之"，闻讣奔归，则其以父丧归家当在正月。

王世贞《弇州续稿》卷七九《胡观察传》。

本年，王世贞《艺苑卮言》六卷脱稿并刊行，但仍继续增补。

王世贞《弇州四部稿》卷一四四《艺苑卮言一》第二条。

明世宗嘉靖四十五年丙寅（1566） 16 岁

胡应麟随父守丧家居，入县学为生员，然非其所好。

《少室山房类稿》卷八九《石羊生小传》。

王世贞《石羊生传》。（《少室山房类稿》卷首、《诗薮》卷首）

十二月十四日，世宗崩，遗命其子裕王载垕嗣位。二十六日，载垕即皇帝位，是为穆宗，以明年为隆庆元年，大赦天下。（《明史》卷一八《世宗本纪二》、卷一九《穆宗本纪》）

明穆宗隆庆元年丁卯（1567）　17岁

　　胡应麟随父守丧家居。

　　夏，胡僖在家"襄大事于潋水源"，妻宋宜人主工役馈饷。不久其父妾陈氏亡，遗子佐七岁。此前，胡僖为子嗣计，纳妾唐氏，生子应鹏。佐、鹏年龄相若，宋宜人怀佐而膝鹏，两忘其非已出。期间，宋宜人还为父宋震续娶徐氏，生子浩。宋震卒后，宋宜人又鼎力辅助宋浩，终使宋浩娶妇得子，延续宋家香火。

　　《少室山房类稿》卷九一《先宜人状》。

　　汪道昆《太函集》卷五七《明封宜人、胡母宋氏墓志铭》。

明穆宗隆庆二年戊辰(1568) 18 岁

正月,胡僖以父丧服满,补礼部精膳司主事,继升祠祭司员外郎。此后五年,一直在礼部供职。胡应麟随父入京,开始第三次北京生活。

《少室山房类稿》卷八九《家大人履历述》,卷九一《先宜人状》。

王世贞《弇州续稿》卷七九《胡观察传》。

俞汝楫《礼部志稿》卷四三"祠祭司·员外郎"条。

胡应麟在北上途中,所至兴会感触,一发于诗。离家后北过钱塘,浮震泽,并吴会、金陵,击楫大江。经瓜洲时,在章氏宅中食江鲚,狂饮剧醉,豪兴欲飞。到北京后,得黎民表、徐中行①、周天球、戚元佐、欧大任、梁孜②、陈文烛、何洛文③、康从理、沈思孝④、祝鹤、朱衡等人赏识,其中康从理在赵志皋⑤处第一次见到胡应麟,读其诗作,即"狂叫击节,期他日必有闻于世";李言恭则以上客迎之,旬日不听出,遂亦以诗名;宗室朱睦㮮⑥自负风雅,有人伦之鉴,亦赠诗三十韵,首以李梦阳、何景明相属。由此,胡应麟诗名传誉京中,诸贵人往往愿与交,胡应麟益加自信。

《少室山房类稿》卷七六《记十八九时章二宅中食江鲚,狂饮剧醉,豪兴欲飞。迄今二十余年,再过瓜步食此,此物风味不减畴昔,乃余发则种种,不复能作少年态矣》,卷八九《石羊生小传》。

王世贞《石羊生传》。(《少室山房类稿》卷首、《诗薮》卷首)

---

① 《明史》卷二八七《徐中行传》:"徐中行字子与,长兴(今属浙江)人。美姿容,善饮酒。⋯⋯累官江西左布政使,万历六年卒官。"

② 朱谋㙉《续书史会要》:"梁孜字思伯,号浮山,广东顺德(今佛山市顺德区)人,⋯⋯官中书舍人,以能书名,兼善绘事。"欧大任字桢伯,亦顺德人,官至南京工部郎中。

③ 张弘道《皇明三元考》卷一一"嘉靖四十年辛酉科解元"条:"河南何洛文:信阳(今河南信阳市)人,字启图,号震川,治《书》,年二十六。乙丑(四十四年)进士,改庶吉士,累官礼部左侍郎兼侍读学士致仕。"

④ 《明史》卷二二九《沈思孝传》:沈思孝字纯父,嘉兴(今属浙江)人,隆庆二年进士。历官顺天府尹、大理寺卿、工部左侍郎等职,进右都御史,协理戎政。后引疾归。

⑤ 《明史》卷二一九《赵志皋传》:赵志皋字汝迈,兰溪人,隆庆二年进士。万历十九年秋,进礼部尚书兼东阁大学士,入参机务。二十一年五月为首辅。累进少傅,加太子太傅,改建极殿大学士。于罢矿、建储诸大政,数力疾草疏争。二十九年秋卒。

⑥ 《明史》卷一一六《太祖诸子一·周王橚传》附《镇国中尉睦㮮传》:朱睦㮮字灌甫,镇平王诸孙。被服儒素,覃精经学。万历五年举文行卓异,为周藩宗正,领宗学。又三年卒,年七十。

《少室山房类稿》卷一九《四知篇》序,卷三五《哭康裕卿五首》序,卷一○六《题康裕卿诗册后》,卷一一○《扇头跋五》。**按:** 上述两篇序文中"始余年十六游长安",应为"十八"之误忆,因为"十六"时胡应麟尚随父在家守制,其父不可能入京任职。《扇头跋五》说他初见朱睦㮮时"年十七",《少室山房笔丛》卷四《经籍会通四》又说"时尚十五六",其实也应是在本年18岁到北京之后,而非其随父在家守丧期间。

《诗薮》续编卷二《国朝下》。

黎民表不但在与胡应麟初识之前即赞之为"何物宁馨,诗四壁冠也",继又在相识后的诗酒相会中,用古隶为胡应麟书房题写"二酉山房"四字。胡应麟在与之通信中,还把李言恭对自己的赏识及与李言恭等人的往来,全盘告知。

《少室山房类稿》卷一一四《与黎惟敬三通》。

卷五二《同社诸子招游显应观阁,得台字》,卷七○《早春,同惟敬诸子登显应宫阁,望西山霁色,即席赋》《即事》。

杨汝允升礼部主客司主事,继升仪制司员外郎,与胡僖同官礼部。

俞汝楫《礼部志稿》卷四二"(仪制司)员外郎"条:"杨汝允懋功,江西南昌人,嘉靖壬戌(四十一年)进士,隆庆二年由主客司主事升任。"卷四三"主客司·主事"条:杨汝允"隆庆二年由刑部主事调任馆,升仪司员外。"

春间,胡应麟与黎民表、童珮①、康从理、邓钦文②、陈思育③、沈渊④、杨汝允、朱正初⑤、丘齐云⑥、李言恭、安绍芳⑦、朱宗吉⑧等十三人同游西山。归各赋诗,邓钦文所作八首特精工冠一时。胡应麟、邓钦文、沈渊、杨汝允、朱正初、丘齐云、朱宗

---

① 《四库全书总目》卷一七八《童子鸣集》:"明童佩撰。佩字子鸣,龙游(今属浙江)人。……诗格清越,不失古音,而时有累句",又有"失之纤巧""失之拙俚""失之偃佻"者。

② 光绪《江阴县志》卷一八《人物三·隐逸传·邓钦文》:"邓钦文字微甫,诗逼唐人,行楷书得赵承旨(赵孟頫)法,画工写意,为黎惟敬、胡元瑞所推重。"

③ 雷礼《国朝列卿纪》卷二○、俞汝楫《礼部志稿》卷四二、《明神宗实录》卷一八三:陈思育字仁甫,湖广武陵(今湖南省常德市武陵区)人,嘉靖四十四年进士。万历八年以詹事府少詹事兼翰林侍读侍读学士掌院事,次年升礼部右侍郎,仍兼侍读学士。十年转左,加太子宾客。十五年二月被劾免官。

④ 过庭训《本朝分省人物考》卷九四《沈渊》:沈渊字子静,号澄川,新城(今江西黎川)人,嘉靖四十四年进士。隆庆二年分校礼闱。万历元年进修撰,明年擢国子司业,三年病卒。

⑤ 黄虞稷《千顷堂书目》卷二四:"朱正初《朱光禄集》二卷。字在明,靖江(今江苏靖江市)人,嘉(靖)、隆(庆)间官光禄监事。"

⑥ 康熙《麻城县志》卷六《选举志·科目》、卷七《人才志上》:丘齐云字谦之,号岳泰,麻城(今属湖北)人,嘉靖四十四年进士。官至太守,年三十八即致仕。耽情诗酒。

⑦ 朱彝尊《明诗综》卷六八《安绍芳》:"绍芳字茂卿,无锡(今属江苏)人,国子监生。"

⑧ 黄虞稷《千顷堂书目》卷二六:《朱宗吉诗集》八卷。字汝修,临淮(今安徽凤阳)人,太医院御医。"

吉、潘光统①等还将所成诗文编集成《西山纪游》一卷刊刻行世。

朱彝尊《静志居诗话》卷一四《黎民表》。

《诗薮》续编卷二《国朝下》。

《少室山房类稿》卷三一《西山十咏,同陈、沈二太史、黎秘书、杨祠部、丘计部、李环卫、朱光禄、安茂才、童、康、邓、朱四山人作》。

范邦甸《天一阁书目》卷四之三"集部"《西山纪游》。

胡应麟与同乡祝鹤(字鸣皋)自本年相识后,虽自己颀而瘦,祝鹤短而肥,但二人在"嗜古文辞,放荡不羁,矜意气,重然诺,厌薄俗子浮荣","尤偏嗜读书,三坟、五典、八索、九丘,下迨百家,亡弗窥"等方面,性情投合,遂朝夕过从,"咸自恨相值晚",恒自诧形骸为二,肝胆为一。春间,二人徒步游西山,所至横尽笔端,弥月归来,倡和诗篇盈箧,而时人亦有将之刊刻行世者。此后几年间,二人多次同往书市,"竞录所无",又互易藏书,诗书亦往来频繁,既叙日常生活,又述读书问学之事。

《少室山房类稿》卷八八《长安酒人传》,卷四〇《赠云涛,祝生所狎美人也》,卷一一六《与祝鸣皋文学》《戏与鸣皋论手谈书》《燕中与祝生杂柬八通》。

《少室山房笔丛》卷四《经籍会通四》。

三月,徐成位举进士。徐成位字惟得,号中庵,湖广景陵(今湖北天门市)人。此前曾随父在金华居住,师从胡僖学《易》,与胡应麟切劘益深。

康熙《景陵县志》卷一〇《人物志上·进士》。

四月,王世贞起补河南副使,整饬大名等处兵备。五月,上疏请求致仕,不允。七月赴任,至徐州时再疏乞休,不许。八月抵任。除夕得报,迁浙江布政使司左参政。(郑利华《王世贞年谱》第173—180页,徐朔方《王世贞年谱》第598—603页)

王世懋起补南京礼部仪制司主事。(王世懋《王奉常集》文部卷二七《请赐移封疏》)

夏秋间,胡应麟以娶妻南返兰溪,中途过苏州时欲拜访周天球,不果。随后携妻北上,九月曾宿良乡,月底返回北京,是为第四次入京,直到四年后随父外除,才离开北京。此后他又曾几次来京,但都是因自己参加会试,与此前随父入京情况不同。从本年开始,胡僖俸入稍优,于是父子二人极意购访书籍,这是其日后能聚有四万余卷藏书的关键节点。

《少室山房类稿》卷九〇《二酉山房记》,卷一一四《与周公瑕》,卷三三《宿良乡》。

---

① 万历《粤大记》卷二四《列传十二·潘光统》:潘光统字少承,号滋兰,顺德(今广东佛山市顺德区)人。隆庆五年选光禄良酝署监事堂卿,后升大官丞,以病卒。

胡应麟妻舒氏,亦兰溪人,其兄舒大猷后与胡应麟同年举于乡。胡应麟在北京时,以嗜书故,有所购访,时时向父乞月俸,不给则脱舒氏簪珥酬之,又不给则解衣以继之。等到四年后出京时,舒氏簪珥亦罄尽,对其藏书宏富有较多帮助。

嘉庆《兰溪县志》卷一四《选举志·举人》。

《少室山房类稿》卷九五《祭内兄舒允升》,卷九〇《二酉山房记》。

王世贞《弇州续稿》卷六三《二酉山房记》。

在这次返京途中路过苏州时,胡应麟欲拜访黄姬水,以行迫不果。

《少室山房类稿》卷一一四《与黄淳父》:"从子鸣诸君读足下句曲诸篇,……过金阊,亟拟怀片刺卧斋头,纵谈千古,属家君北行期迫,无寸晷之暇。"**按**:胡应麟在本年初到北京后始结识童珮,之后以南下娶亲返家,九月底折返北京,此后他未再随父入京,则"属家君北行期迫,无寸晷之暇"当即在这次折返北京之时。

过庭训《本朝分省人物考》卷二三《黄姬水》:黄姬水字淳甫,吴县(今江苏苏州)人。书学祝允明,而道逸过之。"兴至命管,书其所撰吟咏,……神气道上,自觉一座无人。即他客亦莫不击节呼诧,相指目以为天际真人矣。"

秋杪到北京后,胡应麟以尚未与周天球晤谈,遂登门拜访,不料其已于半月前南返苏州。胡应麟继而从友人处得知周天球曾对其诗作击节咏叹,有"可冠四壁"之称,更为感怍不已,于是修书致谢,并请其便中向皇甫汸、黄姬水代为问候。

《少室山房类稿》卷一一四《与周公瑕》。

《明史》卷二八七《皇甫涍传》:汸字子循,长洲(今江苏苏州)人,嘉靖八年进士。历官工部主事、处州府同知、云南佥事等职,后以计典论黜。年八十卒。

本年,胡应麟在北京书肆得残本《赵飞燕别集》,其文颇类东汉,盖六朝人作而宋人秦醇补缀以传者,其间数事多俊语。

《少室山房笔丛》卷二九《九流绪论下》。

明穆宗隆庆三年己巳（1569）　19 岁

胡僖迁礼部祠祭员外郎。

《少室山房类稿》卷八九《家大人履历述》。

王世贞《弇州续稿》卷七九《胡观察传》。

俞汝楫《礼部志稿》卷四四"精膳司·主事"条。

正月，王世贞启程赴浙江左参政任，四月履任。（郑利华《王世贞年谱》第 182—183 页，徐朔方《王世贞年谱》第 603—604 页）

十一月，王世贞升山西按察使。（《明穆宗实录》卷三九）

本年，王世懋升礼部仪制司署员外郎事主事。（王世懋《王奉常集》文部卷二七《请赐移封疏》）

明穆宗隆庆四年庚午(1570)　20 岁

　　胡僖升礼部主客司郎中,值谙达请款塞,众难之,不欲许。胡僖谓:"敌一小入,杀伤卤掠不可以亿计。今纳款,岁费不过十万缯,而于朝廷体甚尊,许之便。"诸大臣议以克合,凡宴锡、赍予诸颁赏典册悉委之。胡僖擘画处置,凿凿中款,遂迁仪制司郎中。

　　　　《少室山房类稿》卷八九《家大人履历述》。

　　　　王世贞《弇州续稿》卷七九《胡观察传》。

　　　　俞汝楫《礼部志稿》卷四三"主客司郎中"条。

　　二月,汪道昆起为提督,抚治郧阳。(《明穆宗实录》卷四二)

　　秋,胡应麟在酒楼巧遇歌者演唱王九思、汪道昆乐府及张凤翼传奇,作诗记之。

　　　　《少室山房类稿》卷七六《湖上酒楼听歌王检讨敬夫(王九思)、汪司马伯玉二乐府及张伯起(张凤翼)传奇戏作》。

　　　　按:本年二月汪道昆抚治郧阳,明年五月升为右副都御史,巡抚湖广兼赞理军务。(《明穆宗实录》卷五七)此诗内既云"于今司马在郧阳",则应作于本年秋。

　　十月,王世贞以母病上疏告归,途中得母逝讣报。(郑利华《王世贞年谱》第202页)时王世懋先以养病回籍,至此以母丧丁忧。(王世懋《王奉常集》文部卷二七《请赐移封疏》)

明穆宗隆庆五年辛未(1571)　21 岁

胡僖调任仪制司郎中。(俞汝楫《礼部志稿》卷四二"仪制司郎中"条)

三月,涂杰举进士,授龙游知县,胡应麟赋诗送行。

　　《少室山房类稿》卷四九《送涂明府之龙丘》。

　　万历《龙游县志》卷六《官师》"明知县"条:"涂杰字汝高,南昌(今属江西)人,由进士(隆庆)五年除,召为御史。"

五月初一日,汪道昆升右副都御史,巡抚湖广兼赞理军务。(《明穆宗实录》卷五七)

明穆宗隆庆六年壬申(1572)　22岁

　　五月二十六日,穆宗崩。(《明史》卷一九《穆宗纪》)六月初十日,太子朱翊钧即皇帝位,是为神宗。以明年为万历元年,诏赦天下;祀建文朝尽节诸臣于乡,有苗裔者恤录。(《明史》卷二〇《神宗纪一》)

　　夏,汪道昆入为兵部右侍郎。(徐朔方《汪道昆年谱》第45页,《王世贞年谱》第617—618页)

　　夏,王世贞《艺苑卮言》增订完毕,计正文八卷,附录四卷。

　　　　王世贞《弇州四部稿》卷一四四《艺苑卮言一》第二条。

　　杨汝允升姚安知府,胡应麟与诸友赋诗送行。在京期间,胡应麟与他多有往还,受教甚多。在其赴任后,胡应麟在九月离京回家前又曾寄诗问候。

　　　　《少室山房类稿》卷四九《同诸公夜饯杨使君于梁中翰宅,得低字》,卷五一《寄姚安杨使君》,卷一一五《与杨使君》。

　　胡僖以官礼部仪制司郎中,参与神宗继位时一应典礼事宜,本可以劳迁九卿,却以耿直不阿忤触权珰,九月二十六日升为湖广右参议,入楚督漕粮。名为升迁,实则被借机赶出京城。胡僖遂携家便道还兰溪。

　　　　《明神宗实录》卷五。

　　　　《少室山房类稿》卷八九《家大人履历述》《石羊生小传》,卷九一《先宜人状》。

　　　　王世贞《弇州续稿》卷七九《胡观察传》。

　　　　李维桢《大泌山房集》卷四六《赠湖广参议胡公序》。

　　自隆庆二年来北京生活的几年间,胡应麟曾与李言恭、陈思育、黎民表、康从理、潘光统、安绍芳、丘齐云、朱正初、茅溱①、周柱②、韩邦宪③等人共结华阳诗社、南皮诗社。

---

　　① 黄虞稷《千顷堂书目》卷二六:茅溱字平仲,丹徒(今江苏镇江市)人,好著述,以布衣老于乡。
　　② 光绪《丹徒县志》卷二七《人物四·宦绩一》:周柱字廷直,嘉靖三十四年举人,会试不利,谒选得龙游知县,改赞皇、龙阳,吏治肃清,民甚德之。
　　③ 乾隆《江南通志》卷一三九《人物志·宦绩一》:韩邦宪字子成,高淳(今江苏南京市高淳区)人,嘉靖三十八年进士。官衢州知府,卒于官,民建常怀祠祀之。

《少室山房类稿》卷八二《李临淮〈青莲〉、〈贝叶〉二稿序》。

卷一一〇《跋楚游饯别卷》。**按：**内中所记时间"癸酉"应为"壬申"之误。

卷五一《春日韩使君过访》，题名下注云："韩名邦宪，亦囊燕中社人。"

几年间，胡应麟时常与同社中人并文彭、周天球、曹昌先、殷都、吴安国、何洛文、刘效祖、杨汝允、陈文烛、刘子大①、戚元佐、沈思孝、童珮、朱宗吉、祝鹤、梁孜、熊敦朴、蔡文范、袁表等其他诸友赋诗同游。

《诗薮》续编卷二《国朝下》："穆庙时，宇内承平，荐绅韦布操觚命简，家骥人璧，云集都下。余所获游处者：岭南则黎惟敬(黎民表)、欧桢伯(欧大任)、梁思伯(梁孜)，吴下则文寿承②、周公瑕(周天球)、曹子念③、殷无美④、吴文仲⑤，信阳则何启图(何洛文)，燕市则刘仲修(刘效祖)，江右则杨懋功(杨汝允)，楚中则陈玉叔(陈文烛)、刘子大、丘谦之(丘齐云)，就李则戚希仲(戚元佐)、沈纯父(沈思孝)，东越则童子鸣(童珮)、康裕卿(康从理)，晋陵则朱在明(朱正初)、安茂卿(安绍芳)，濠梁则朱汝修(朱宗吉)，吾里则祝鸣皋(祝鹤)。每花朝月夕，文酒雍容，穷极胜事。"

《少室山房类稿》卷一二〇《与黎惟敬秘书》。

卷三一《康裕卿山人移居》《夜同裕卿话旧》《仲秋同祝鸣皋诸文学再游西山，得诗四首》《丘谦之招游崇善寺，分得云字》。

卷四九《谷日，同黎惟敬秘书、梁思伯中翰、丘汝谦计部、童子鸣、康裕卿二山人、安茂卿文学集朱在明宅，得宫字》《同童山人、安茂卿夜集何太史宅观梅，得春字》《夜同子鸣、茂卿携酒重集何太史宅观梅，兼送吕山人忠父南归，得湖字》《秋夜同陈太史、康山人集李环卫园亭》《冬日，黎员外招同思伯诸丈夜集，不赴，寄得云字》《秋夜同惟敬诸子集刘观察园亭，分得高字》《送安茂卿，赋得富春山钓台，同诸子分题作》；卷七四《再送茂卿还晋陵四绝句，同童山人子鸣作》。

---

① "子大"应为刘氏表字，其名不详。

② 王兆云《皇明词林人物考》卷一一《文寿承、文休承》：文彭字寿承，文徵明子。少承家学，善正行草书，尤工古隶，咄咄逼其父。以诸生贡授秀水训导，擢国子助教于南京。年七十六卒。

③ 嘉庆《直隶太仓州志》卷三五《人物·文学一》："曹子念名昌先，以字行，更字以新。应诸生试不售，弃去。习古文辞，为其舅王世贞所重，海内人士登琅邪门，非子念介，弗进也。世贞兄弟殁，子念意不自得，迁苏州以卒。"

④ 嘉庆《直隶太仓州志》卷二八《人物·列传三》："殷都字无美，一字开美。工词赋，有盛名于时。万历十一年进士，年六十矣，知夷陵州。"万历《嘉定县志》卷一一《人物考上》：殷都守夷陵六年，为职方郎。又三年，归。

⑤ 朱彝尊《明诗综》卷五八《吴安国》："安国字文仲，长洲(今江苏苏州市)人，万历丁丑(五年)进士，除真阳知县，调永康，征授刑部主事，历员外郎，中出为宁波知府，升本省副使。"

卷四九《送朱在明使长沙》，卷三四《朱在明初至长沙，诗以问之》。

卷五〇《花朝，思伯邀同诸子集李氏园亭》。

卷五二《忆燕中元夜与朱十六、童三、安二纵游长安陌上，今倏十载矣，山馆寂寥，再逢兹夕，感旧赋此》。

卷六〇《熊茂初①、蔡伯华②、袁景从③招集刘仲修园亭》，卷六五《同惟敬诸丈邀刘观察集李园》，卷七〇《九日李环卫招同诸公登显应观阁，不赴》。

胡应麟还与李言恭合所作诗为《联璧编》，沈明臣读之爽然，赋诗奇之，比之为"楚璧吴钩惊绝代，河奎文曲丽高天"，赞为"雄心百代知豪举，锐气三河总少年"。

《少室山房类稿》卷五八《寿李惟寅五秩初度八首》。

沈明臣《丰对楼诗选》卷四三《钱次卿遗我李惟寅、胡元瑞〈联璧编〉，读之爽然，赋此奇之》。

屠隆《由拳集》卷一九《沈嘉则先生传》：沈明臣字嘉则，四明（今浙江宁波市）人。为人高朗洞达，廓落大节。雅好奖披后进，士归如云。

九月离京前，胡应麟与在京诸友黎民表、刘效祖、康从理、丘齐云、李言恭、安绍芳、刘子大、周柱、茅溱、朱宗吉、祝鹤等人赋诗告别。

《少室山房类稿》卷四九《将之武昌，留别社中诸丈》（时家君出参楚藩），卷六五《刘观察仲修席上言别》《题刘观察日涉园》，卷七四《黎秘书、刘观察、刘金吾（刘子大）、丘计部、李环卫、周（柱）明府、康、茅、朱三山人出饯即席赋》《潞河舟中再别惟寅、裕卿、汝修绝句五首》（时余将由越入楚），卷一一〇《跋楚游饯别卷》，卷二七《"洛阳春色"图题陈道复〈水墨牡丹〉》（乃黎惟敬出都日持赠者），卷一〇九《跋陈道复〈水墨牡丹〉真迹》。

卷八八《长安酒人传》，五〇《别祝鸣皋》，卷五一《舟中寄别祝文学鸣皋》，卷五三《别朱汝修、祝鸣皋》《夜同祝鸣皋话旧》。

打点行装时，因五年间尽力购置藏书，胡僖宦橐亡锱铢，胡应麟妻舒氏管珥亦罄尽，独载所得书数十箧离京归家，胡应麟第四次北京生活结束。此后十年间，除以科举赴杭州、北京外，胡应麟一直奉母家居。

《少室山房类稿》卷九一《二酉山房记》。

---

① 乾隆《富顺县志》卷九《治行》、卷一二《文苑》：熊敦朴字茂初，号陆海，富顺（今属四川）人。隆庆五年进士。历官兵部主事、福建提学佥事等职，后转贵州左参议。

② 曾燠《江西诗徵》卷五九《蔡文范》：蔡文范字伯华，新昌（今属浙江）人，隆庆二年进士，除刑部主事，以忤张居正被谪，复起武库郎中，出为广东参议。

③ 陈鸣鹤《东越文苑》卷六：袁表字景从，闽县（今福建闽侯）人。嘉靖三十七年举于乡，久之谒选，授中书舍人，转户部尚书郎，出守黎平，以病免。

十月，梁孜过访王世贞，随后南下归家，途中路经兰溪时过访胡应麟，胡应麟为之赋诗送行。

王世贞《弇州四部稿》卷一五《悲七子篇》。

《少室山房类稿》卷五七《梁持伯内史过溪上，夜谈燕市旧游，感而有赠》，卷四九《送梁思伯内史暂还南海》《送梁持伯暂还南海》。

十一月二十九日，滕伯轮调任浙江副使，提调学政。（《明神宗实录》卷七）

在胡僖离开北京之后，朱正初亦辞官归家，胡应麟在其辞官前后均曾致书并诗问候。

《少室山房类稿》卷一一九《报顾朗生》。

王世贞《弇州续稿》卷四四《朱在明诗选序》。

《少室山房类稿》卷一一六《与朱在明》《又杂柬七通》。**按**：《又杂柬七通》之前六书作年不详；第七书作于万历十四年，见后。

卷五〇《寄朱在明鸿胪》，卷三四《寄朱在明》，卷三五《寄朱在明光禄》《再寄在明。在明家有声伎之奉，近闻其方再纳宠，因寄》。

本年七月，戚元佐以"在假尚宝司少卿"被准终养。（《明神宗实录》卷三）不久卒。胡应麟称他是自己"生平受益之最者"，并称其书法可贵。

雷礼《国朝列卿纪》卷一六五《尚宝司少卿年表》。

盛枫《嘉禾微献录》卷一六《戚元佐》。

《少室山房类稿》卷一一〇《扇头跋五》。

胡应麟异母弟应鹏卒于本年归家之后。

《少室山房类稿》卷九一《先宜人状》："属弟鹏复殇，而不肖艰嗣育，故家大人自楚而滇越十载，诸滕毕从，宜人亡纤忽介怀抱。"

汪道昆《太函集》卷五七《明封宜人、胡母宋氏墓志铭》："宜人育子元瑞，伯安命之曰应麟，独子也。既，滕唐氏举应鹏。……宜人怀孽子逾三年，不啻加诸膝。……（胡僖）出为督粮参议，将行，孽子病痞，不能从，宜人系之甚，竟不之楚，以二子归。及孽子殇，宜人且号泣失声矣。"

按：据胡应麟与汪道昆所记，胡应麟异母弟应鹏当卒于本年自京归家后至胡僖赴楚任前。胡僖何时入楚赴任不详，但至晚当在明年春。则应鹏卒于本年归家之后。

明神宗万历元年癸酉(1573)　23 岁

　　春,胡僖赴楚督漕粮。胡应麟原计划与父一同入楚,但以身体羸弱,其母宋宜人不忍割舍,"因请留处守",胡应麟遂侍母家居。胡僖到任后,以荆襄二郡水灾较重,亲历田野,精心谋划,减省赋额,民以大悦。而其地为首辅张居正里贯,张父及诸子弟皆在焉,胡僖刚直,不愿折腰事权贵,对张家仅常人视之,无加礼。张居正子到武昌参加乡试以及张家修治府第,胡僖皆如不闻,张居正怒之。湖北京山籍翰林院编修李维桢则作《赠湖广参议胡公序》,对胡僖治政给予表彰,并对其仕宦寄予厚望。

　　《少室山房类稿》卷八九《家大人履历述》,卷九〇《二酉山房记》,卷九一《先宜人状》,卷四九《将之武昌,留别社中诸丈》(时家君出参楚藩),卷七四《潞河舟中再别惟寅、裕卿、汝修绝句五首》(时余将由越入楚),卷一一〇《跋楚游饯别卷》(内云"(癸酉)[壬申]余归越中,一时社中诸贤饯送之作"),卷一〇九《跋陈道复〈水墨牡丹〉真迹》(内云"(辛未春)[壬申秋],余将侍家大人入楚,惟敬恋恋不忍舍")。**按**:胡僖何时入楚赴任不详,去年九月二十六日胡僖受命楚任,便道还家小住,则其赴任至晚当在本年春。

　　王世贞《弇州续稿》卷七九《胡观察传》。

　　李维桢《大泌山房集》卷四六《赠湖广参议胡公序》。

　　钱谦益《牧斋初学集》卷五一《南京礼部尚书、赠太子少保李公墓志铭》:李维桢字本宁,京山(今属湖北)人。隆庆二年举进士。历官翰林院编修、陕西副使、南京礼部尚书等,后致仕归,天启六年闰六月卒,年八十。

胡应麟家居之后,时常怀念京中诸友,遂寄诗问候。

　　《少室山房类稿》卷五一《寄燕中友人六首》,序:"诸子皆燕市旧交,自余南还,音问疏逖,离索之怀日形梦寐,爰诗寄焉。"其一《岭南黎惟敬》,其二《吴门周公瑕》,其三《麻城丘汝谦》,其四《秣陵李惟寅》,其五《永嘉康裕卿》,其六《濠梁朱汝修》。

　　卷一二《寄李惟寅、欧桢伯四首》,卷三一《题朱山人汝修卷》,卷三四《寄朱汝修兼讯李惟寅》,卷五〇《寄李惟寅兼讯朱山人汝修》,卷三五《周公瑕书来,索余赠言,为赋二首》《怀刘观察仲修》。

　　按：以上诗文具体作年不详,以胡应麟南还时间不长,暂系于此。

　　胡应麟在酒馆结识王象。此前,王象已先闻其名,于是王象当即罢饮,前往胡家登门拜访。二人接谈良久,胡应麟勉之以诗文,王象遂从其学诗,之后去拜谒李言恭,从此二十余年间杳无音信。

　　　　《少室山房类稿》卷八二《王生四游草序》,卷七七《忆与王生酣眠小玉馆中,迄今垂三十载。武林邂逅,纵谈畴昔,则同事酒垆者,什九岱宗矣。把臂凄然,辄复赋此》。

　　二月,韩邦宪到任衢州知府,于春间过访胡应麟、童珮。

　　　　童珮《童子鸣集》卷六《故中顺大夫、衢州府知府湖南韩公行状》。

　　　　《少室山房类稿》卷五一《春日韩使君过访》(韩名邦宪,亦曩燕中社人)。

　　二月十五日,萧廪巡按浙江。(《明神宗实录》卷一〇)

　　　　《明史》卷二二七《萧廪传》：萧廪字可发,万安(今属江西)人,嘉靖四十四进士。万历元年巡按浙江,后又以右副都御史巡抚浙江。仕至兵部左侍郎,卒于官。

　　三月,王世贞除湖广按察使。(《明神宗实录》卷一一)

　　春夏间,滕伯轮履任浙江副使,提调学政。(万历《杭州府志》卷一一《会治职官表四》)

　　六月,王世贞启程赴任,七月邸任。(郑利华《王世贞年谱》第219—222页)

　　不久,王世贞与同官湖广的胡应麟父亲胡僖结识。

　　　　王世贞《弇州续稿》卷二〇六《答胡元瑞》第一书,卷二〇七《与胡观察伯安》第一书。

　　九月,王世贞升广西右布政使。(《明神宗实录》卷一七)

　　十月,王世贞赴广西任。当月,王世懋起补祠部员外郎。十一月,王世贞请假归家,途中得报,改授太仆寺卿。(郑利华《王世贞年谱》第226—229页)

　　本年,梁孜(1509—1573)卒。胡应麟作诗吊之,并将其所赠扇头行草一直保存。

　　　　王世贞《弇州四部稿》卷一五《悲七子篇》序,卷一〇三《承德郎、礼部主客司主事浮山梁公暨配杨安人合葬志铭》。

　　　　《少室山房类稿》卷四九《哭梁思伯中翰四首》,卷一一〇《扇头跋八》。

明神宗万历二年甲戌（1574） 24 岁

二月，王世贞赴京任太仆寺卿。（王世贞《弇州四部稿》卷六八《黄淳父集序》）

三月十一日，巡按浙江御史萧廪请祀建文朝忠臣程本立、戴德彝、陈性善、方孝孺、卢原质、卢迥、郑恕、王叔英、郑华、龚泰、卓敬、刘璟十二人。从之。（谈迁《国榷》卷六九，《明史》卷二二七《萧廪传》）

五月，工部尚书朱衡致仕。（《明神宗实录》卷二五，《明史》卷二二三《朱衡传》）

朱衡归家路过兰溪时，胡应麟以日夜侍母病不休而感羸疾，正在金华山中静养。朱衡此前在北京时即已读过胡应麟所作诗文，很是欣赏，至此遂派人致信，自己泊舟待三日，胡应麟感其意，出山拜见，并赋长歌六百八十言及七言二章相赠。朱衡击节叹赏，转示浙江督学使者滕伯轮，曰："勿失之，天下奇材也！"滕伯伦亦奇之，破格增其为廪膳生员，且命其入杭州试两御史。

> 《少室山房类稿》卷八九《石羊生小传》，卷二一《昆仑行送大司空朱公驰驿还豫章，并呈唐太常、万直指》，卷五七《应麟自髫卯即辱大司空朱公赏识，兹公将南归，不胜恋恋，谨再赋七言二章》。

> 王世贞《石羊生传》。

八月，萧廪檄所司建褒忠祠，祀本省建文间死事诸臣，计有文学博士方孝孺、太常少卿卢原质、户部侍郎卓敬、左拾遗戴德彝、户部侍郎卢迥、萧县知县郑恕、都御史陈性善、翰林修撰王叔英、谷府长史刘璟、江西副使程本立、都给事中龚泰、东平州吏目郑华、宁海御史郑公智、佥事林嘉猷，共十四人。（万历《杭州府志》卷七《国朝郡事纪下》，雍正《浙江通志》卷二一七"褒忠祠"引吕本《褒忠祠记》）

胡应麟路过苏州，赋诗怀王世贞兄弟。

> 《少室山房类稿》卷五一《舟过吴门，奉怀王太仆元美、祠部敬美两先生》（时俱在燕中）。

按：王世懋于去年十月起补祠部员外郎；王世贞于本年三月到太仆任，九月迁都察院右佥都御史、督抚郧阳，故胡应麟此诗作于本年三到九月间。

九月二十五日，王世贞升都察院右副都御史，督抚郧阳。（《明神宗实录》卷二九）

十月，胡应麟到杭州拜谒滕伯轮，为其赋诗多首，从此与包稚升、蔡立夫等同学于万松精舍。

　　《少室山房类稿》卷五八《(万历二十四年)闰(九)[八]月望后抵淮上,包稚升水部邀集署中二首》序:"余自(癸酉)[甲戌]之岁,以大中丞滕公命入武林,与稚升及元采、立夫辈,同学万松精舍,屈指二十四秋,浮沉异趣,稚升故人之谊恋恋犹昔云。"**按**:所谓"余自癸酉之岁,以大中丞滕公命入武林"云云,乃万历二十四年胡应麟回忆当初情况时所说。但据胡应麟《石羊生小传》、王世贞《石羊生传》可知,滕伯轮赏识胡应麟,是得自朱衡的从中介绍,这个细节应该不会有误,因此"癸酉之岁"(万历元年)当为误忆,应以二传所记本年为是。另,"稚升""元采""立夫"应为三人表字,其名不详。

　　卷二一《舟次钱塘谒滕公,值风雨夜作,解所佩为宝剑歌》《幔亭云气歌为督学滕公作》,卷四二《投赠督学滕公三十八韵》,卷七八《滕观察先生招游湖上,藩枭诸公咸集,命余赋诗》,卷二二《河洛篇,督学滕公夜邀斋中谈道,命赋》《褒忠祠祀礼成,代直指萧公作》。

明神宗万历三年乙亥(1575) 25 岁

正月,王世贞抵郧阳巡抚任。(郑利华《王世贞年谱》第 241 页)

正月,工部营缮主事喻均被劾下狱,三月降二级,谪楚幕职。

> 陈田《明诗纪事》庚签卷九《喻均》:"均字邦相,新建(今江西南昌市新城区)人,隆庆戊辰(二年)进士,除工部主事,以事谪官。寻迁兰溪知县,历处州、松江知府,进天津兵备副使。"

> 《明神宗实录》卷三四"正月戊午"条、卷三六"三月己未"条。

> 王世贞《弇州续稿》卷七六《喻太公传》,卷一〇六《故喻安人夏氏墓志铭》。

二月,王世懋迁尚宝丞。(《明神宗实录》卷三五,赵用贤《松石斋集》卷一三《太常王敬美传》)

三月十一日,胡僖以忤首辅张居正,被劾降一级,调云南按察司佥事。(《明神宗实录》卷三六)

胡僖由楚赴滇,经百日行程,抵滇莅政。此后直到致仕归家,凡三政不离滇中。

> 《少室山房类稿》卷八九《家大人履历述》,卷九一《先宜人状》。

> 王世贞《弇州续稿》卷七九《胡观察传》。

> 汪道昆《太函集》卷五七《明封宜人、胡母宋氏墓志铭》。

三月二十五日,滕伯轮转为浙江督漕右参政。(《明神宗实录》卷三六,万历《杭州府志》卷一一)在任提学副使期间,滕伯轮对胡应麟很是赏识,胡应麟感而赋诗相谢。

> 《少室山房类稿》卷五一《不佞隶博士籍五载余,回游京师,不为当道所知,今归业且谢去,乃辱督学滕公物色风尘,擢之异等,而且脱略师生周间形迹,青衿之遇,近代所无,感得酬知,辄复赋谢二首》。

在滕伯轮离任提学副使前,胡应麟曾请求祀骆宾王于杭州,滕伯轮将事垂下所司,适擢去,不果。

> 《少室山房类稿》卷八九《补唐书骆侍御传》。

按:此文作于万历二十九年,文中说"万历丙子"即万历四年滕伯轮任浙江提学副使为误忆。滕伯轮于万历元年春到浙江提学任,次年通过朱衡介绍,胡应麟于十月到杭州与滕伯轮交往,三年三月滕伯轮转为右参政,离开提学副使任。从文中"书上，事垂下所司，适擢去，不果"分析，胡应麟请祀骆宾王或在万历三年即本年春。

三月，乔因阜升浙江提学副使。(《明神宗实录》卷三六)胡应麟赠诗四十韵。

　　《少室山房类稿》卷四二《奉赠督学乔公四十韵》。

　　雷礼《国朝列卿纪》卷一五三《太仆寺少卿年表》："乔因阜，陕西耀州（今陕西铜川市耀州区）人，隆庆戊辰进士。万历八年，由浙江提学佥事升任（太仆寺少卿）。十年三月，升南京右通政。"

胡应麟在杭州读书期间，巡按御史萧廪等人曾两度组织考试，均被拔为千人之首。

　　《少室山房类稿》卷八九《石羊生小传》。

　　王世贞《弇州续稿》卷六八《胡元瑞传》。

　　汪道昆《太函集》卷五七《明封宜人、胡母宋氏墓志铭》。

五月，吴从宪接替萧廪为浙江巡按。(万历《杭州府志》卷一一《会治职官表四》，《明神宗实录》卷三八)

汪道昆以亲老上疏乞归，得请，八月到家。(汪道昆《太函集》卷六八《芜湖县城碑记》，王世懋《王奉常集》文部卷二《赠汪仲淹序》)

秋，李言恭以书信并诗寄胡应麟述怀念意，胡应麟复诗致意。

　　李言恭《青莲阁集》卷二《怀胡元瑞》。

　　《少室山房类稿》卷五一《寄李环卫惟寅》(时乡人以惟寅燕中书至)。

　　按：胡应麟与李言恭结识于隆庆二年，此诗中有"十载长安道路分"之语，诗题中又称李言恭为"李环卫"而非本年十月袭爵之临淮侯，则此诗当作于本年。

十月三十日，李言恭袭爵临淮侯。(《明神宗实录》卷四三)

冬，胡应麟寄诗问候祝鹤。

　　《少室山房类稿》卷三五《怀祝鸣皋》，卷四一《望湖亭雨中作，怀祝鸣皋》，卷六五《寄鸣皋》，卷七六《寄祝鸣皋》。

本年，皇甫汸刊行文集《皇甫司勋集》。皇甫汸将文集托童珮转呈胡应麟，胡应麟得书后，两度致信，述钦佩意，并作有读后跋语，可惜二人从未谋面。

　　文渊阁四库全书《皇甫司勋集》书前提要。

　　《少室山房类稿》卷一一四《报皇甫司勋》《再报子循司勋》，卷一〇五《题皇甫司勋集》。

明神宗万历四年丙子(1576) 26 岁

春,胡应麟得李言恭手书新刻见寄,赋诗致意。

> 《少室山房类稿》卷三五《与惟寅一别,淹冉五载,消息不复相闻。春来忽得手书新刻见寄,赋怀五首》。

四月,巡抚浙江、副都御史谢鹏举升为户部右侍郎。(《明神宗实录》卷四九)胡应麟作诗送行。

> 《少室山房类稿》卷五一《送谢中丞入都》。

> 万历《绍兴府志》卷二五《职官志一·统辖》:"谢鹏举字仲南,湖广武昌府蒲圻县(今属湖北)人,癸丑(嘉靖三十二年)进士,历右副都御史,巡抚浙江。"

六月前,王世贞《弇州山人四部稿》刻成。

> 王世贞《弇州续稿》卷一九〇《徐子与方伯》第一书。

> 王世懋《王奉常集》文部卷四七《遗伯兄元美》。

六月,王世懋除江西布政司左参议,取道郧阳,与王世贞相聚。当月,世贞擢南京大理寺卿,不就,归里。(郑利华《王世贞年谱》第252—253页,徐朔方《王世贞年谱》第641—642页)

八月,胡应麟在杭州参加浙江乡试,得中举人。监临官为巡按浙江监察御史吴从宪,此后胡应麟即称之为"吴师"或"座师"。

> 《万历四年丙子科浙江乡试录》:"监临官:巡按浙江监察御史吴从宪(惟时,福建晋江县人,壬戌进士)。"

胡应麟在时义策论中,纵论前代文章学问之途,然后对明代情况进行分析论说,指出明代诸人虽各擅一长,自名一家,但"未有能总括前人,超轶往代者",其中王世贞"肆而核、曲而通焉,庶几乎齐驱左、马、杜、韩,追美侨、弘、向、朔矣,惜其于文则尚缺于史,于学则未暇于经也"。认为"独造而不能兼该,固前人之所短;自开一堂奥,自立一门户,亦明代之所阙"。并特别批评了那些"冒士之名而自揣其弗能"之人,"欲以虚名高之,远宗主静之禅机,近述良知之歆说,以词章为雕饰,以文字为浮华"的错误做法,明确反对"空谈性命",而崇尚"其道大,其德备,其才全""其业精,其见确,其才真",主张"以赝者为戒,以真者为师,以全者为极;文章则发擿道术,学问则翊卫圣经;不用则寄之立言而道统明,用世则饬之吏治而功业起,庶几乎周公、仲尼之徒在是"。胡应麟此文很得监临官吴从宪赏识,但"其词间有泰甚"者,经吴从宪笔削后,被录于当年乡试程式中。

《少室山房类稿》卷一〇〇《策》。

金九成与胡应麟同应乡试并中举,其间以春怀小草相赠,胡应麟讶其结交甚盛,赋诗答谢。

《少室山房类稿》卷五四《金伯韶以春怀小草见诒,讶其结交甚盛,戏为赋此》(伯韶与余同举于乡,时年甚少)。

雍正《浙江通志》卷一七九《人物六·文苑二·金九成》:金九成字伯韶,嘉兴(今属浙江)人,幼警敏,善属文。万历丙子举于乡,再上春官失利,归卧武原。

顾宪成举应天(今江苏南京市)乡试第一名,成举人。年内,胡应麟读到其乡书制义,深表钦佩,以致"狂叫击节,以为自赵宋以迄当今五百余载,士之殚精场屋不可为量数,而尽削凡蹊,超然化境神通,游戏于八极之表者,门下一人而已"。

《少室山房类稿》卷一一八《报顾叔时吏部》。

顾枢《顾端文公年谱》上卷:"四年丙子,二十七岁,八月中应天乡试第一名。"

《明史》卷二三一《顾宪成传》:顾宪成字叔时,无锡(今江苏无锡市)人。万历四年举人,八年成进士,历官户部主事、处州推官、吏部员外郎、文选郎中等职,后削籍归家,万历四十年卒。

屠隆中浙江乡试第九名,十二月北上应试,除夕抵扬州,次年二月四日抵北京。(徐朔方《屠隆年谱》,《徐朔方集》第三卷,第321—322页)

《明史》卷二八八《屠隆传》:屠隆字长卿,万历五年进士,除颍上知县,调青浦。迁礼部主事,次年黜归。纵情诗酒,好宾客。诗文率不经意,一挥数纸。

胡应麟中举后,已有意隐居游仙,"从赤松兄弟牧羊穷谷间",然以父母在,未敢遽绝去。

《少室山房类稿》卷八九《石羊生小传》。

胡应麟编订第一部文集《赤松稿》。

《少室山房类稿》卷八三《赤松稿序》(今名《华阳》):"赤松子者,《神仙传》所称黄初平叱石成羊事旧矣,乃刘氏(刘孝标)《山栖志》则以赤松为雨师,何也?夫雨师本《列仙传》,炎帝时赤松非黄氏弟兄明甚,第孝标博极群书,其说或有所受。《神仙传》出葛稚川(葛洪),《列仙传》出刘中垒(刘向),晋与梁世代相去不远,其时书无刻本,稚川所录,孝标未必见之。《列仙》籍日中垒,而文匪两汉,要亦晋人伪称,咸不足据。惟留侯辟谷从赤松一语可征,盖二传皆因是附会。而孝标流寓紫微,遂与兹山共敝天壤,则人间世所谓长生,诚在此不在彼,其有无,无足辨也。第兹山穹窿延衮,雄峙东南,朝真、冰壶、双龙三洞天,幽深窅绝,往往人迹罔到,固宜有仙灵宅之。余束发慕孝标,比年病困枕席,倏然有轻举远投、蜉蝣蝉脱之想,因自呼日石羊生,将弃室家,负瓢笠,遍行金华穷谷中,物色其人。赖天之灵,间有遇合,即留侯所从,中垒、稚川所传,第居一焉,亡弗可者,否则踪迹孝标,托栖遗宅,异时获以片言,并峙兹山,例诸不朽,安知三氏者所云赤松,不偕仆而四乎? 因首缀兹篇,假以名集,而略陈其意如此云。"

八月乡试后,徐用检调苏松督粮参政,胡应麟寄诗问候,赋诗为其进京送行,并为题诗多首。

　　罗大紘《紫原文集》卷一〇《南太常卿徐贞学先生学行述》:徐用检字克贤,号鲁源,兰溪人。嘉靖三十四年中举,四十一年成进士。万历三年任陕西督学,乡试发榜,尽其所录高第。调苏松督粮参政。

　　《少室山房类稿》卷三一《寄徐大参》,卷五二《送徐大参入都》,卷五二《题徐大参瞻云堂》,卷七〇《瞻堂十景为大参徐公作》,卷七一《余既赋瞻堂十景矣,而意有未尽,复三绝句写之》。

王世懋在六月与兄世贞分手后,继续南下赴任江西左参议,途中过兰溪时,已是胡应麟得中举人之后,恰巧胡僖在云南佥事任暂回家小住,王世懋遂来过访,并邀胡应麟相见。二人言语投合,形骸顿忘,抵掌论文,彻夜不休。其间,王世懋为胡应麟谈华山之胜,且出诸登览之作,胡应麟不胜飞动之思。胡应麟出示己作,王世懋击节赏叹。胡应麟又论及王世贞,认为古人文章大家无关博洽,而王世贞"于博洽中特擅精核,此在古人尤以为难";王世懋"颇赏其能言",认为可用以作为对王世贞之"笃论"。这是二人第一次晤面,并由此终身订交。

　　《少室山房类稿》卷五六《夜泊金阊,寄奠王敬美先生八首》,卷五〇《余为五岳之怀旧矣。丙子冬,将以计偕北上,适少参王公自秦中过访,为余剧谈莲花、玉女之胜,且出诸登览作见示,恍然如曳杖从公游憩太华绝顶者,不胜飞动之思,辄赋七言律四章》。

　　王世懋《王奉常集》诗部卷一〇《兰溪访伯安胡丈,留饮,时郎君元瑞获俊,雅慕其高才,抵掌论文,几申旦矣,辄赋一章》《再赠元瑞计偕》;文部卷六《胡元瑞诗小序》,卷四七《遗伯兄元美》。

九月,王世懋受劾夺俸,十月再遭弹劾,得旨回原籍听用。(郑利华《王世贞年谱》

第 253—254 页)

胡应麟北赴京师会试,途中寄诗朱正初,约明春相见;过镇江时,游金、焦二山。

《少室山房类稿》卷五五《寄朱在明》。

卷三一《渡江望金陵宫阙四首》《金山》《焦山》,卷三四《金山寺》。**按**:胡应麟在万历十年北上会试途中,曾有再游焦山并赋诗之举,故将此四诗系此。

胡应麟到北京后,在拜访康从理时,巧晤何宇度。此人为南京刑部右侍郎何迁次子,曾随胡僖攻习举子业,隆庆间胡应麟在北京时即已读其诗集,深有同感,遂和诗往还,但并未相见。此次晤面,"十年寤寐,得之一旦",相对握手,欢极平生,挥毫雄饮,狂态淋漓。旬日之间,十数聚首。

黄虞稷《千顷堂书目》卷一二:"何宇度《益部谈资》三卷。字仁仲,何迁子。"

《少室山房类稿》卷二二《题何仁仲甘露园》,卷一一九《报何仁仲》。

在京期间,胡应麟与徐中行、康从理、李言恭、胡汝焕[①]、何宇度、朱宗吉、詹景凤[②]等往来唱和。

《少室山房类稿》卷一一四《报徐子与》,卷五〇《初至都下,康裕卿、李惟寅、胡文父、何仁仲、朱汝修过访》《夜同黎惟敬、康裕卿、胡文父、何仁仲、朱汝修集李惟寅宅,得寒字》《同詹东图、康裕卿、胡文父集胡上舍馆有赠》。

年底或次年,王世懋致信王世贞,论其《弇州山人四部稿》,对其诗文推崇备至,并告知他与胡应麟"论古今文人,互有雌黄,至于吾兄,无可瑕摘"之事,称胡应麟对王世贞的评论"古人文章大家无关博洽,至专门肉铺,尚多讹漏,而君家中丞,于博洽中特擅精核,此在古人尤以为难","弟颇赏其能言,抑亦可为笃论矣"。

王世懋《王奉常集》文部卷四七《遗伯兄元美》。

本年,祝鹤卒,胡应麟作诗哭之,并为作《长安酒人传》。祝鹤于书无弗窥,亦酷嗜藏书,"卖文钱悉输贾人,诸子啼号冻馁罔顾",胡应麟许之为"生平同志",其"筐箧所藏,往往与互易者"。"惜年仅四十而夭",胡应麟"每念辄损神"。在祝鹤卒后不久,祝如华携诗请谒门下,胡应麟又不由得再次回忆起与祝鹤在北京时的交往,深切表达了对好友的怀念,同时也述说了从与祝鹤分手,自己回家后独学无友的家

---

① 胡维霖《胡维霖集》之《长啸山房汇稿》卷四《明故承德郎、刑部主事、少白胡先生墓表》:胡汝焕字文甫,更字孟发,南昌(今江西南昌市)人。性慷慨,好倜傥大节。隆庆四年举于乡,万历二十二年聘入闱,分阅齐鲁。迁国子博士,擢刑部主事。生于嘉靖二十二年,卒于万历三十一年,得寿六十有一。

② 康熙《徽州府志》卷一五《人物四·风雅》:詹景凤字东图,休宁(今属安徽)人,隆庆元年举于乡,授南丰教谕。历官南吏部司务,谪保宁教授,升平乐通判,卒于官。雍正《广西通志》卷五四《秩官》"平乐府通判"条:詹景凤万历二十七年任,彭学沂万历三十一年任。

居生活,并特别叙述了不满妻子舒氏"晨牝噪高堂"、自己"戚戚类冯衍"的愁闷心情,以致产生了"人生亦何乐,七尺徒烦劳。逝将弃家室,六合穷荒要"的非常心态。

《少室山房类稿》卷二四《哭祝鸣皋》,卷八八《长安酒人传》。

《少室山房笔丛》卷四《经籍会通四》。

《少室山房类稿》卷二〇《忆在京洛遇鸣皋,游契甚洽,一别五载,鸣皋既赴召玉京,余亦坎坷家难。偶祝生如华携所业印正门下,诗以勖之》。

按：舒氏虽对胡应麟初期购藏书籍有过很多帮助,可惜其笔下并不见有对舒氏形象外表的任何描述,相反"牝鸡在室,无晨不鸣"的"妒妇"形象倒是跃然纸上。而在《类稿》卷一〇九《跋陈道复〈水墨牡丹〉真迹》中,胡应麟还将自己与宋代赵明诚对比云："昔赵明诚得徐熙《牡丹图》,贾人索值二十万,不能致,卷还之,夫妇惋恨弥日。余山房积书四万卷,不减明诚,独赵氏所藏金石、法书、名画,余无一焉,仅此卷,又故人(黎民表)贶行,不假寸钱而得,视明诚所遇何啻天壤？然明诚有才妇,朝夕晤语,扬榷校雠,即顷刻之间,足以乐死。而余际敬通之厄,戚戚无欢,是明诚所遇,视余又不啻天壤矣。"所谓"敬通之厄",系指东汉冯衍娶悍妒之妻的典故。据范晔《后汉书》卷二八下《冯衍传》载："衍娶北地任氏为妻,悍忌,不得畜媵妾,儿女常自操井臼,老竟逐之,遂坎壈于时。"唐李贤等在注中引冯衍与妇弟任武达书有云："遭遇嫉妒,家道崩坏。……乱匪降天,生自妇人。青蝇之心,不重破国,妒嫉之情,不惮丧身。牝鸡之晨,唯家之索,古之大患,今始于衍。……既无妇道,又无母仪,忿见侵犯,恨见狼藉。"胡应麟曾多次提到这一典故,如《类稿》卷一七《婺中三子诗》其一"刘参军孝标"诗末注云："刘困于悍室,辖轲终身,常著论拟冯敬通,见史,余每太息云。"《少室山房笔丛》卷三六《二酉缀遗中》："六朝宋虞之有《妒记》一卷,至唐不传,而宋王荃补之,今所补者又不存矣。余生平二亲极念,而不幸际敬通之厄,居常扼腕弗堪,每欲丛录古今史传中事迹,以补二书之亡而未暇。近读《夷坚志》,妒忌门一事绝奇,因录之。……妒妇之恶,讵胜道哉！庸书志后,以戒世之甘妒忌者。"卷八《丹铅新录四》之《妒妇乘骡牛》《妒女庙》还就历史上处妒妇以乘骡牛等事指出："妇人妒者,必不容于圣王之世,非特乘骡牛、卖皂荚而已,惜皆不著令甲中。""安得天帝尽狱此辈,以为忮悍之戒哉！"胡应麟晚年在《甲乙剩言·黄白仲》云："黄白仲①寓居武林,余往访之。适有友人携一名妓,

---

① 王兆云《皇明词林人物考》补遗《黄白仲》："黄之璧字白仲,绍兴山阴(今浙江绍兴市)人。其人妩媚有书才,游长安,入勋胄幕,后为弹章波及,归卧武林,郁郁不得志,客死安庆。"

邀余两人赴饮。黄便入内，少时其容有慽，复以他事谈说许时。邀者益急，言主人候湖上久矣。余欲促之偕行，黄复身入内。余听之，闻刺刺訾声。余知其以妓故，不敢往也，故促之，黄不得已，与余相赴。日未晡，黄便谢归，主人留之不得，遂去。明日余往，佯问于黄。曰：'年余四十，遂乏血胤，虽一似人女婢，亦不能居命也。奈何？'更问昨者迟回之状，曰：'凡赴妓席必涕泣，至归方已。'又问：'如远出，何以制君？'曰：'出必歃血苴盟。'余因大嗟曰：'余方愧王茂弘九锡，不意足下更是冯敬通也。'"王茂弘即东晋第一位宰相王导。据《晋书》卷六五《王导传》载：其妻"曹氏性妒，导甚惮之，乃密营别馆以处众妾。曹氏知，将往焉。导恐妾被辱，遽令命驾，犹恐迟之，以所执麈尾柄驱牛而进。司徒蔡谟闻之，戏导曰：'朝廷欲加公九锡。'导弗之觉，但谦退而已。谟曰：'不闻余物，惟有短辕犊车，长柄麈尾。'导大怒。"由这些文字可知，胡应麟妻舒氏也应属于妒妇之列，而胡应麟之所以"每欲丛录古今史传中(妒妇)事迹"，读《夷坚志》时还特地抄录其中"妒忌门一事绝奇"者，并对历史上"妇人妒者"给予不近人情的苛刻评价，看来都与其个人现实生活直接相关。

童珮(1523—1576)卒。童珮在世时，曾把自己藏书目录寄呈胡应麟，胡应麟在复书致谢的同时，对古今私家藏书目录进行了一番品评，但具体时间不详。得知童珮去世后，胡应麟作诗哭之。

童珮《童子鸣集》卷五《藏书阁记序》："万历改元，余犬马齿五十有一。"

《少室山房类稿》卷一一六《报童子鸣》，卷三一《哭童山人子鸣二首》。

明神宗万历五年丁丑(1577) 27岁

正月,胡应麟在北京准备参加二月之会试。其间与在京诸友李言恭、何宇度、朱宗吉、黎民表、王世懋、陈文烛、康从理、殷都、胡汝焕、魏允中①、欧大任、何洛文等时有往还,并在何洛文处得见何景明手书真迹一卷。

《少室山房类稿》卷三七《同李惟寅、何仁仲集朱汝修观梅花》。

李言恭《青莲阁集》卷二《春日西郊,同黎维敬、王敬美、陈玉叔、康裕卿、朱汝修、胡元瑞、洪从周诸子》,卷六《同仁仲、元瑞集汝修修竹馆,即席得青字》。

《少室山房类稿》卷五〇《同殷无美、胡文父、魏茂权集欧桢伯博士,得情字》,卷一一〇《扇头跋五》。

欧大任《欧虞部集十五种》之《甔甀馆集》卷四《殷无美、胡文甫、魏懋权、胡元瑞过斋中》。

《少室山房类稿》卷三五《寄谢宗伯何公四首》("何公"即何景明之孙何洛文),卷一〇八《跋何仲默(何景明)诗卷》。

正月十五日,徐中行升江西右布政使。(《明神宗实录》卷五八)临行前过访胡应麟,胡应麟赋诗送行,后又寄诗问候。

《少室山房类稿》卷三一《徐方伯子与将之江右,过访有赠二首》,卷五二《送徐方伯之江右》,卷四一《送方伯徐公入梁》,卷六〇《寄徐方伯二首》。

正月二十八日,滕伯轮升广东按察使。(《明神宗实录》卷五八)胡应麟闻而赋诗寄贺。

《少室山房类稿》卷三一《闻大参滕公擢任岭南有寄二首》,卷五二《方伯滕公起任岭南,喜而有作》。

二月九日、十二日、十五日,会试举行。

胡应麟会试下第。

三月十五日,廷试天下贡士。十八日,赐进士及第出身有差。(《明神宗实录》卷

---

① 过庭训《本朝分省人物考》卷一〇《魏允中》:魏允中(字懋权),南乐(今属河南)人,万历四年举人,八年进士,授太常博士。允中以正自持,每每讥切时政。后迁吏部,竟以愤闷不平,抱郁成疾卒。

六〇)

朱维京举进士。胡应麟在下第南还前,与之订交,"称觞秉烛,穷日达旦"。胡应麟赋诗为其返家送行,朱维京则书赠胡应麟扇头小楷七言律诗一首。

《明史》卷二三三《朱维京》:"字(大可)[可大],工部尚书衡子也,举万历五年进士,授大理评事,进右寺副。九年京察,谪汝州同知,改知崇德。入为屯田主事,再迁光禄丞。"二十一年,三王并封诏下,首上疏反对,帝震怒,命谪戍极边,首辅王锡爵力救,得为民。家居甫二年卒。

《少室山房类稿》卷八一《两岳游序》,卷二一《送朱可大还万安》,卷一一〇《扇头跋九》。

在京期间,胡应麟结识绍兴黄应魁,以其善弈,赋《围棋歌》赠之。

《少室山房类稿》卷二五《围棋歌赠黄生应魁》。

按:同卷《后围棋歌再赠黄山人》末注:"会稽黄生,弈为过江第一流,而诗亦佼佼。一日邂逅黄金台上,持卷乞余赠言。嗣是亟见亟请,今且逾十八载矣。"此诗作于万历二十三年十一月,逆推之,则二人结识当在本年。

何宇度赴南京,胡应麟赋诗送行。

《少室山房类稿》卷一一九《报何仁仲》,卷三七《送何仁仲之南都二首》,卷五三《送何仁仲之白下》,卷五九《答何仁仲》。

三月,胡应麟南归。启程前,与殷都、胡汝焕、魏允中、康从理、李言恭、朱宗吉、何洛文、沈思孝、彭翼①等友人赋诗告别。

《少室山房类稿》卷五〇《南归留别无美、文父、茂权二首》《夜同裕卿诸子集惟寅宅,得中字》《留别惟寅、汝修》《送裕卿二首》《清源道中别裕卿二首》《潞河舟中同裕卿、文父作》《登天津阁望海,同康裕卿、胡文父作二首》《为文父题匡山读书处》《薜萝馆为裕卿题》《寄何内翰》,卷一一九《燕中与文父小牍二通》,卷四九《柬彭稚修》。

卷五〇《赠沈比部纯父》。按:沈思孝赠诗《胡元瑞将归兰溪,以诗言别,作此留之》,见沈季友《檇李诗系》卷一四《明沈继山先生思孝》。

胡应麟过苏州时,拜访周天球,但未造访王世贞,赋五言律十首抒怀,对王世贞给予高度评价,并盼望能握手晤面。

《少室山房类稿》卷一一四《再报公瑕》:"忆与足下晤金阊,迄今淹舟六

---

① 王兆云《皇明词林人物考》卷一二《彭稚修》:"公名翼,字稚修,江西南康(今江西赣州市南康区)人。……数困春官,去而为兰溪学博。会其令(张新)与邑大豪哄,稚修雅善令,率诸生助之理,豪为蜚语闻上,稚修度不能胜,弃官归豫章。而里中炉者大快其事,稚修意益不自得,疾竟甚,卒。"

载。"**按**：此信作于万历十一年，逆推之，知本年二人曾晤面。

卷三一《过吴门，不及访弇州王公，寄怀十首》。**按**：此诗即王世贞《弇州续稿》卷二〇六《答胡元瑞》第一书中所称"（足下）见怀五言十律"。胡应麟在诗题中说他是"不及访弇州王公"，这只怕并非简单的没有时间而来不及过访，更多地还应该是"无由"造访，即无人引荐，不敢贸然前往拜访。此意，胡应麟曾多次提及，如《少室山房类稿》卷八九《石羊生小传》中说："丁丑夏北还，杜门溪上。适王太常先生（王世懋）自吴中来，……曰：'生幸及家司寇，胡可弗一游其门？'先是，生读《弇州四部集》，谓古今文章咸总萃是。幸太常绍介，剧欢，辄以尺一通司寇。"卷一一一《与王长公第一书》："弱冠，从家大人宦游长安，业闻执事以文词起海上，靡然群一代而奔走之。……于时应麟方齿发盛强，沾沾自喜，天幸一当大君子于吾世，庶几者其以臭味之末，卵翼青云乎？……然而怀中之刺漶灭渐尽，迄今念载，而竟弗获贽姓名、达謦咳于龙门之下，河清难俟，人寿几何？……不佞蜷伏穷乡，微吟土窟，虽瓮天蠡海无异酰鸡，实于词坛鲜所降伏，惟一当执事，则心醉神驰，魂悸精夺，……然又不屑为延陀之倔强、扶余之攘据，敢徼惠次公世及之雅，驰献五言十章、七言百韵，皈正大方。"同卷《报长公》："不肖自总丱游燕，微吟短述，荐绅先达互缔忘年，盛欲引拔门墙、宾诸国士，乃不肖瓣香一炷，未敢遽有所属也。稍长，益搜雠载籍，综揽贤豪，知宇宙文章咸萃执事，侧身东望，实始系心。既因缘次公绍介坛坫，青云之附，窃幸庶几。"卷八一《弇州先生四部稿序》："应麟束发操觚，服膺大业，次公绍介，获附忘年。"胡应麟早就对王世贞学问相当佩服，很想拜访之，但苦于无人引荐，因而一经王世懋提出他可以介绍二人结识，胡应麟马上即投书致意。而这也恰好反证了"不及访弇州王公"之说并非简单的没有时间的问题，更重要的应是无人从中搭桥穿线。

过杭州时，胡应麟作诗七首，因会试不第，感叹"十载长安祇浪游"。康从理本已约同游杭州，但他以"归计迫不及待"，留诗一首致意，随后乘夜启程，以风涛迅甚，次日抵桐庐，登钓台游赏，但依然感叹"吾计渐沉冥"。

《少室山房类稿》卷七四《渡钱塘七首》《裕卿业与余为钱塘之约，余以归计迫不及待，辄留一绝》《夜发钱塘，以风涛迅甚，次日遂抵桐庐》，卷三四《暮行桐庐道中》，卷七四《登钓台四绝》，卷二四《严陵晚泊》，卷三四《泊舟登钓台作》。

按：康从理卒于万历八年，当年胡应麟未参加会试，则上述诗文应作于本年。

胡应麟到家后，杜门溪上，"旋绝进取念"，亦以奉母慈训，"不忍暂离也"。

《少室山房类稿》卷八九《石羊生小传》,卷九一《先宜人状》,卷一三《将负瓢笠入金华,从赤松三子游作》。

五月十五日,王世懋由江西启程,入贺万寿节。(王世懋《名山游记·游匡庐山记》)胡应麟寄诗送行,并约其在回程时顺路过访。

《少室山房类稿》卷四九《送王敬美先生入贺万寿二首,并寄徐子与右参、黎惟敬秘书》。

八月十二日,李维桢升陕西副使,提督学政。(《明神宗实录》卷六五)在李维桢任职陕西提学的三年间,胡应麟曾寄诗问候。

《少室山房类稿》卷三一《寄李本宁督学二首》。

秋,胡应麟复信并诗,问候新任周藩宗正朱睦㮮,对其来信中"过情推挹,至并举中原豪杰责望将来,公所以弘奖气类,庶几追配古人,藉第令一么么海上鄙生,胡以肩荷也?"深表感谢与不安,并拟于秋冬之际赴其邀游嵩山之约。

《少室山房类稿》卷一一四《报灌父宗侯》,卷二四《寄邺中王孙灌父,时约余为嵩少之游》,卷三二《寄灌父》。

《明史》卷一一六《太祖诸子一·周王橚传》附《镇国中尉睦㮮传》:朱睦㮮万历五年为周藩宗正,领宗学,又三年卒。

彭翼任兰溪县教谕,欧大任赋诗送行并寄问胡应麟。彭翼到任后,胡应麟赋诗相问,并为其书斋题诗。

嘉庆《兰溪县志》卷一一《儒学·教谕》。

欧大任《欧虞部集十五种》之《蠡馆集》卷四《送彭稺修之兰溪文学并寄胡元瑞》。

《少室山房类稿》卷三一《怀欧桢伯博士》,卷四九《柬彭稺修》,卷六六《听雨斋》。

十月,何宇度绘其所构林亭,千里致书胡应麟,索其和诗,并约期来访。胡应麟复信并寄诗问候。

《少室山房类稿》卷三五《得何仁仲书》,卷五三《答何仁仲见寄》(曩与晤于都下),卷一一九《报何仁仲》,卷二二《题何仁仲甘露园》,卷三七《题何仁仲园亭二首》《甘露园二首》,卷二二《梅窗歌寿何处士作》。

十月,沈思孝因上疏论张居正以父丧夺情事,被谪戍广东神电卫。王世贞致信述钦佩意,并告知途经兰溪时可访胡应麟、彭翼。沈思孝过兰溪时,胡应麟赋诗送行。

王世贞《弇州续稿》卷一九〇《沈纯甫》,卷四六《沈纯甫行戍稿序》。

《少室山房类稿》卷四九《送沈纯父之岭南》,卷五五《送迁客之岭南》。

十一月十七日,以论张居正夺情事,翰林院侍读赵志皋迁为广东副使。(《明神宗实录》卷六九)胡应麟赋诗送行。

《少室山房类稿》卷三二《送赵太史之岭南五首》。

王世懋以闰八月离京师归家小住,继而启程返江西任。(王世懋《名山游记·东游记》)途中经兰溪时过访在家小住的胡僖,胡应麟"趋迎为具,执通家礼甚恭",王世懋称其"朗润谁堪玉并夸",二人"浃谈竟两晨夕",并与彭翼及兰溪知县张新同游雪中。

《少室山房类稿》卷八九《石羊生小传》。

王世懋《王奉常集》文部卷六《胡元瑞诗小序》。

《少室山房类稿》卷四九《雪中同王少参集彭广文斋阁》《薄暮,同二君过集张明府署中》。

王世懋《王奉常集》诗部卷一〇《兰溪遇雪,奉柬张元鼎明府洎彭、胡二丈》。

《少室山房类稿》卷四九《明辰,邀三君集舟中,是日雪大作竟暮》。

王世懋《王奉常集》诗部卷一一《雪中元瑞挐舟为具,同彭、张二君纪兴之作》。

王世懋临行前,劝胡应麟与其兄王世贞联系,胡应麟遂借此机会,第一次致书并寄诗王世贞,在对其学术成就深表钦佩之余,明确表示他之所以愿意结交,也是自己深思熟虑后的选择,希望其给予指授。由此,胡应麟开始了他与王世贞之间的十几年交谊,这是他此番与王世懋相会的最重要成果,也是他一生中最重要的转机。

《少室山房类稿》卷八九《石羊生小传》,卷一一一《与王长公第一书》,卷四九《读弇州山人集二首》。

王世贞《石羊生传》。(《少室山房类稿》卷首、《诗薮》卷首)

王世懋来访时,彭翼恰在病中。不久兰溪知县张新"与邑大豪哄",彭翼率诸生助之,"豪为蜚语闻上",彭翼度不能胜,弃官归家,胡应麟作诗送之。

《少室山房类稿》卷四九《彭稚修以病乞假,暂还匡庐,诗送之》。

王世懋《王奉常集》文部卷六《彭稚修诗集序》。

彭翼于归途顺路拜访王世贞,时值王世贞正为胡应麟第一封来信作答书,遂在信末言及彭翼到来之事,并赋诗赠彭翼。

王世贞《弇州续稿》卷二〇六《答胡元瑞》第一书,卷一一四《兰溪司谕彭稚修中谗，移疾请告，轻舟过我山园，有赠》。

王世贞在给胡应麟的第一封答书中，述说了自己对胡应麟的了解情况，从才、格、气、节四个方面，勉之以"深造自得"，并以二律四绝谢其推崇之意。此前，先是王世懋和曹昌先，继而殷都，曾先后对王世贞谈起胡应麟，因而王世贞早已知悉胡应麟之名。此次王世懋在兰溪晤面胡应麟，劝其与世贞交往之后，又致书世贞，对胡应麟力为荐引。

> 王世贞《弇州续稿》卷二〇六《答胡元瑞》第一书："一邮卒自西南来者，得足下书累纸，纸累数百千言，见怀五言十律、读鄙集七言二律、他杂诗三卷。生不睹巨丽之观久矣，何幸于足下见之而又身当之耶？始者见家弟与曹甥子念称足下，已又见殷无美称足下，近得家弟一书，谓纵横艺苑中，自于鳞（李攀龙）外鲜所畏顾，独畏足下与李本宁（李维桢）耳。……足下宏放奔逸，若飞黄蹑景，顷刻千里，而步骤操纵有度，不至负啮决之累。诗格调高秀，声响宏朗，而入字入事皆古雅。家弟畏之固当，即令仆整帜而遇前茅，不亦三舍哉？……诚不意足下之过知仆若是。足下谓，诗、文、骚、赋虽用本相通，而体裁区别，独造有之，兼诣则鲜。又谓精思者隘而简于辞，博识者滥而滞于笔，笃古则废今，趣今则远古。斯语也，诚学士之鸿裁，而艺林之匠斧也。亡论目前，足下执是以程昔之人，而且难之，顾独过举以归仆，则岂仆所敢当哉？……以足下才，虽过于称仆，而晰于论学乃尔，仆尚何所道？勉旃！深造自得而已。才骋则御之以格，格定则通之以变，气扬则沉之使实，节促则澹之使和。非谓足下所少而进之，进仆所偶得者而已。"**按：**郑利华《王世贞年谱》称此信可见王世贞对胡应麟"惟恨交晚，于其诗文持论多有重誉之辞"。（第260页）

> 《弇州续稿》卷一四《胡元瑞见赠之作推挹过甚，聊此奉答，兼识赏怀》，其二："代兴天地有词坛，国士谁能不让韩？一字已知追古易，千秋宁复叹才难？天横削壁闽山住，溪带流云瀫水寒。此地由来饶八咏，阳春可许和人看。"

> 又卷二二《胡元瑞读鄙集有寄，走笔四韵答之》。

应胡应麟所请，王世懋在赴任途中为其诗集《计偕集》作序，胡应麟收到后作诗致谢，"成二律，录寄扇头"。

> 王世懋《王奉常集》文部卷六《胡元瑞诗小序》："盖余所亟称文章之士，曰李本宁（李维桢）、胡元瑞。本宁，余畏友，亡论其矫矫无前已。元瑞，余年家子，于诗直以年行相推耳，要其卓诡宏丽、奔诸秀出，非余所及也。元瑞本弱冠从父游京师，则已名能诗歌，声籍籍，余愿见之而无由。乃丙子岁过兰溪，元瑞方获俊，将计偕，余幸睹焉。谈艺过丙夜，元瑞出示所为诗，为之击节赏叹。越

岁再一过之,元瑞辄趋迎为具,执通家礼甚恭,而诗每见愈益奇进。是编盖其一岁中合作也,遗珠剩玉,犹足掩映一世,矧乃撮标选胜,何疑脍炙?元瑞既少游中原,早脱越吟,力追大雅,绝不为柔曼浮艳儿女子之态,故其诗多感慕意气,敦笃友谊,有燕赵烈士风。是犹足征其人匪独雕虫之业已。是编使本宁见之,亦当磬折称雁行交,而谓余言之不惭也。遂不辞而弁其帙。"

《少室山房类稿》卷四九《王次公敬美寄惠〈计偕集叙〉,走笔二律奉谢》。

卷一一二《与王次公》。**按**:此信作于明年,但据信末文字可知,胡应麟收到王序及作谢诗均在本年。

十二月底,王世懋到达江西任所。(王世懋《王奉常集》文部卷一四《江右述异记》)

明神宗万历六年戊寅(1578)   28 岁

正月初七日,胡应麟方卧病床蓐间时,接到王世贞第一封答书,拜读之后,再次修书致意,以涉世既晚、闻道亦晚、纳交又最晚,对其"奖以代兴,埒之国士"不敢承应。在信中,胡应麟纵谈自己对诗文与学术的认识,明确表述了自己"锐意成一家言,自树不朽","不敢以鸿硕自居,不致以空疏自废"的远大志向,并对明代学人进行品评,认为"上下数千载间,诚未有诗而文、文而诗,诗文而学术兼际,其盛如我弇州者",因此他自愿"没齿皈依",希望王世贞能"痛加绳削,指示迷途",最后表示:一旦母病好转,"便当负笈抠衣",登门拜访,"惟(望)执事毋讶其狂焉"。

《少室山房类稿》卷一一一《与王长公第二书》,卷四九《得弇州公书并见寄诸作,赋答四首》)。

接胡应麟此信之后,王世贞也再度复信,对其所论明代学界不良现象予以批评,对其学博予以称扬,希望其来家一聚,"倾筐倒庋,与足下连床作十日语"。

王世贞《弇州续稿》卷二○六《答胡元瑞》第五书。

按:此处所云"《弇州续稿》卷二○六《答胡元瑞》第五书",是指此信在今传文渊阁四库全书本该书中的编排顺序,而并非实指王世贞的第五次答胡应麟书信,以下所引王世贞《答胡元瑞》书均需做如此看。因为在《弇州续稿》中,王世贞答胡应麟信并非完全按时间顺序排列,王世贞虽临终托胡应麟校其文集并序之,但据胡应麟《弇州先生四部(续)稿序》,胡应麟只是作序,未校其集。

胡应麟本拟于新春时到江西拜访王世懋,但以事未果,遂致信王世懋,感谢其为文集赐序。

《少室山房类稿》卷一一二《与王次公》。

不久,胡应麟在雪后携樽小楼独坐,不由得想起去年冬与王世懋、彭翼、张新舟中游雪事,遂又寄诗王世懋,兼柬张、彭二人。

《少室山房类稿》卷四九《早春雪后,携尊小楼独坐,因忆客岁同三君子舟中饮乐甚也,辄赋四韵,寄麟洲公,并柬张、彭二丈》。

春,胡应麟寄诗问候陆可教。

王崇炳《金华徵献略》卷一二《文学传三·陆可教》:"陆可教字敬承,号葵日,兰溪人。……登万历(癸)[丁]丑(五年)进士第二人,授庶吉士,历官至南京国子祭酒,转北雍,寻升南京礼部右侍郎,丁父忧归,卒。"

《少室山房类稿》卷三二《寄陆太(守)[史]敬承二首》。

春,胡应麟得顾朗生①来书及诗,复书、诗问候,并约其来访。此前,胡应麟即已通过朱正初而知悉顾朗生,但一直未能谋面来往。在此信中,胡应麟再次表示"自去冬坐老母病,已无复计偕念"。并云或于本年深秋时节过访王世贞,届时亦将去拜访顾朗生,"徜徉薜萝,谈讨芝桂"。

《少室山房类稿》卷一一九《报顾朗生》,卷三七《赠琼树为顾朗生》。

春,以广东按察使滕伯轮过访不值,胡应麟赋诗二首相谢。

《少室山房类稿》卷三二《方伯滕公由岭南过访不值二首》。

八月初六日,滕伯轮升浙江右布政使。(《明神宗实录》卷七八)胡应麟寄诗问候。

《少室山房类稿》卷五〇《喜滕公擢任浙中方伯二首》。

八月初六日,徐中行升江西左布政使。(《明神宗实录》卷七八)胡应麟寄诗问候。

《少室山房类稿》卷五〇《寄徐子与》。

按:徐中行在万历三年十月升为福建按察使,(《明神宗实录》卷四三)去年正月升为江西右布政使,胡应麟此诗内云"几年方岳擅风流",加以本年十月徐中行卒于任上,故系此。

八月,胡应麟因生活所迫,将所得古玉文王鼎卖与歙县贾人,作《古玉方鼎铭》记之。又在醉中放歌明志,虽对会试不售和生计不佳有所遗憾,但随即明确表示:"五侯七贵俱浮云,邺侯万卷堪横陈。男儿大业在金石,那令七尺随风尘!"要以著述成家传世。

《少室山房类稿》卷九四《古玉方鼎铭》。

卷二三《夜饮芙蓉馆,大醉放歌,寄黎惟敬、康裕卿、李惟寅、朱汝修》。**按**:此诗内容为自述生平,重点是隆庆二年以来的北京生活及万历以来的回乡家居生活。以内有"生计犹余二顷田",暂系此。

八月十二日,王世贞起补应天府尹,十月启程赴任,十一月抵丹阳时遇劾,遂掉头返里,上疏辩驳,被解职听候别用。抵家而病,自谓"无意人世"。(《明神宗实录》卷七八,郑利华《王世贞年谱》第265—267页)时同里王锡爵以礼部右侍郎告归,二人往还无间。(钱大昕《弇州山人年谱》)

《明史》卷二一八《王锡爵传》:王锡爵字元驭,太仓(今江苏太仓市)人,嘉

---

① "朗生",胡应麟在其他文字中又称"朗哉",应为顾氏表字,其名不详。

靖四十一年进士。万历五年以谏张居正夺情,忤之。明年进礼部右侍郎,再忤之,旋乞省亲去。居正以锡爵形己短,益衔之,锡爵遂不出。十二年冬,即家拜礼部尚书兼文渊阁大学士,参机务。二十一年正月为首辅。后引疾致仕,三十八年卒,年七十七。

十二月,王世懋升江西副使。(《明神宗实录》卷八二)胡应麟致信祝贺,并再次对其去年为自己诗集作序深表谢意。

　　《少室山房类稿》卷一一二《与王次公》。

本年,彭翼卒,胡应麟作诗哭之。

　　王世懋《王奉常集》文部卷六《彭稚修诗集序》。

　　《少室山房类稿》卷五四《哭稚修博士》。

徐中行(1517—1578)卒。(王世贞《弇州续稿》卷一三四《中奉大夫、江西布政使司左布政使、天目徐公墓碑》)胡应麟作《存没篇四首》,对四位"忘年交",即已故梁孜、徐中行和在世之黎民表、欧大任,或哭或念。

　　《少室山房类稿》卷一七《存没篇四首》。

　　按:黎民表本年尚在京任职,明年春辞官归家;欧大任本年由国子博士改大理寺左评事。诗中既称黎民表"一官寄长安",称欧大任为"博士",则应作于十月十三日徐中行卒后的两个多月内。

明神宗万历七年己卯（1579）　29岁

春，黎民表致仕归家。此前胡应麟在北京时，曾读书真如寺，黎民表寄诗问候，并过访，但未遇。此次致仕南归途中过兰溪时，黎民表再次过访胡应麟，盘桓两天后离去。黎民表博雅好古，见胡应麟藏有元代陈樵、柳贯二人文集，一并携去，约刻成寄回。胡应麟"以二集刻本漫灭，因举赠，俾完此举"。可惜此后三年，黎民表去世，"遂并二书失之"。

　　万斯同《明史》卷三八八《文苑传三·黎民表》。

　　王世懋《王奉常集》文部卷二《送黎中秘惟敬假还岭南序》。

　　黎民表《瑶石山人稿》卷七《寄胡元瑞读书真如寺》《真如寺访胡元瑞不遇》。

　　《少室山房类稿》卷五一《黎惟敬得告还南海，过予草堂话旧，信宿别去》。

　　《少室山房笔丛》卷四《经籍会通四》。

四月，王世懋致信吴国伦，纵论诗坛人物，涉及其兄王世贞与屠隆、胡应麟等人，认为"今海内谈诗者，吾兄元美自是大家，而致思精稳，实称足下。次可及仆。……我辈外未见其人。后来之秀，有屠隆者，足下知其人否？又吾年家子胡应麟，亦其亚也"。

　　王世懋《王奉常集》文部卷三二《与吴明卿》第二书。

八月，胡应麟因侍母病，未能北上京师以应明年会试，乃赋诗与诸友言别，表示"亦知轩盖荣"，但高堂病卧已垂十年，因而宁愿安心敝庐，"彩服欢慈颜"，"俯仰中所欲，百岁聊自全"。随后又作《寓怀三韵七首》，明志抒怀："嗟嗟塞翁马，何失亦何得"，"鸣琴一室内，万象同蜉蝣"，"石户有遗民，古今称达人"，"俟彼千秋人，陈迹异代论"。

　　《少室山房类稿》卷一二《己卯仲秋，复当计偕北上，以家母病不赴，与诸友言别四首》《寓怀三韵七首》。

九月初一日，胡应麟赋诗《暮秋病肺梦中作》，叙写"药里翳青苔"，"华发已星星"的日常生活。

　　《少室山房类稿》卷四〇《暮秋病肺梦中作》。

九月,吴从宪升浙江右参政。(《明神宗实录》卷九一)胡应麟寄诗问候。吴从宪约游雁荡,但胡应麟未能成行。

《少室山房类稿》卷五四《奉贺观察吴公擢任大参二首》,卷四九《观察吴先生分署东瓯,与余期为雁荡之游,久不获赴,小诗奉寄》,卷五三《寄吴宪使先生》。

十月,曹昌先往永嘉访友人王叔杲①,兼游天台、雁荡诸山。(郑利华《王世贞年谱》第 272 页)

王世贞致信胡应麟,评论其诗之短长,称"足下诗大抵格调高古,音节鸿邕。目中所见,自屠青浦外鲜偶者,即老将,非十万卒、凭坚城当之,未易支也。唯歌行汹汹,不无才多之虑,小加裁损,乃惬中耳"。"念奇人如足下,非一促膝晤言,寓托千古,亦缺陷世界也",邀其利用参加会试和祭奠殷都亡父的机会来家相见,且云可与王世懋同行,并告知曹昌先已赴永嘉访"王使君"。在随信所寄诗中,王世贞对胡应麟再次推奖有加,最后以"莫夸终古神交在,所见俱应胜所知"之语,盼望胡应麟能快来会面。

王世贞《弇州续稿》卷二〇六《答胡元瑞》第六书。

卷一五《再寄答胡元瑞且邀相过二章》,其一:"飘然年少弃缥生,每出新篇令我惊。一字风云争吐气,千秋日月破藏名。无奇寂寞甘扬阁,有好嵯峨必汉京。五子见来今已尽,那能白眼向时英。"其二:"不独文章冠盛时,雅闻姑射并风姿。酬君一案非青玉,寄我诸篇并色丝。清节异时逾乃父,中庸今日亦吾师。莫夸终古神交在,所见俱应胜所知。"**按**:对此诗,郑利华《王世贞年谱》(第271 页)称为"寄诗胡应麟,盛加推许,且邀相过",甚是。"五子"即"末五子"赵用贤、李维桢、屠隆、魏允中、胡应麟。另屠隆去年十二月调青浦知县。

秋冬时节,喻均接替张新任兰溪知县。喻均娴于诗,意不可一世,独善胡应麟,游览倡和无虚日,以致"契分逾白头"。适康从理过访,遂有同游之乐。

万历刊、康熙补刊《兰溪县志》卷二《官政类上·知县》,嘉庆《兰溪县志》卷一一《职官志·县令》,光绪《兰溪县志》卷四《志官师·宦迹》。

王世贞《弇州续稿》卷五六《兰溪县治厅壁记》。

《少室山房类稿》卷八九《石羊生小传》,卷五四《喻明府邦相新至邑,适康山人裕卿自虔州还雁宕过访,同集署中,分韵得杯字》《冬夜,喻水部、康山人过集斋中》,卷三五《雪夜,邦相过斋中小集四首》,卷一三《夜梦裕卿、惟寅,觉赋

---

① 王叔杲字阳德,别号旸谷居士,永嘉人,过庭训《本朝分省人物考》卷五六有传。

此诗寄怀,并呈邦相》。

康从理告知胡应麟有关原姚安知府杨汝允的近况,胡应麟遂发信赋诗问候杨汝允。

《少室山房类稿》卷一一五《与杨使君》,卷五四《闻杨懋功辟园城中有寄》。

冬,潘季驯治黄淮两河工成。(《明史》卷二二三《潘季驯传》)胡应麟赋诗记事。其间行水徐泗时,潘季驯曾邀胡应麟晤语淮上,适黄河阻风,未果。

《少室山房类稿》卷四九《司空潘公行水徐泗间,订余晤语淮上,适黄河阻风,不及赴约,辄因使者报谢四章》,卷五三《司空潘公浚渠运工纪事》。

岁暮,曹昌先以入闽过兰溪,与胡应麟、喻均同游。

《少室山房类稿》卷五四《曹子念岁暮过访,夜同集喻邦相署中,分得云字》《同邦相携酒兰阴,送曹子念入闽作》《再送子念一首》《曹子念东归,同邦相携酒兰阴作》。

本年,唐邦佐任赣州通判,(天启《赣州府志》卷九《职官志一·通判》)胡应麟赋诗送行。

《少室山房类稿》卷五七《送唐别驾之虔州》。

朱彝尊《明诗综》卷五六《唐邦佐》:"邦佐字惟良,兰溪人,隆庆戊辰(二年)进士,知泰和、如皋、仪真三县,入为刑部主事,谪两淮运司判官,转赣州府通判,迁知光州。"

明神宗万历八年庚辰（1580） 30岁

　　正月十五，胡应麟到喻均官署中赏灯，因忆北京旧游，作诗怀之。喻均四子出房相见，胡应麟作短歌赠之，并对自己"年政三十"而尚无子嗣寄慨，但同时亦自我宽慰："生儿早晚会有命，何用蹙蹙愁心颜。君不见，喻侯膝下四男子，行年三十初得此，至今玉树森庭庑。"

　　《少室山房类稿》卷三五《上元观灯，有怀京华旧游，时集邦相署》，卷二二《夜饮喻邦相署中，酒酣，邦相诸郎君出见，咸朗朗玉立，可念也，因戏成短歌一章为赠》。

　　正月二十八日，林烃升为广西副使。(《明神宗实录》卷九五)胡应麟赋诗送行。

　　《少室山房类稿》卷六一《送林贞耀擢岭南大参》，卷一五《送林贞耀藩参之岭南》。

　　叶向高《苍霞续草》卷一三《明资善大夫、南京工部尚书仲山林公偕配陈淑人合葬墓志铭》：林烃字贞耀，别号仲山，闽县(今福建闽侯)人。生于嘉靖十九年九月初六日，四十年中举，次年成进士。隆庆时官至广西副使，弃官归，家居十六年。起备兵三衢，转参粤藩，擢太仆少卿。后徙南京工部尚书，辞归。万历四十四年正月二十八日卒于家。

　　二月会试，胡应麟未参加，京师中竟有传言他已病逝者，时胡汝焕方就试，闻而大恸。

　　《少室山房类稿》卷一三《余既不上春官，燕中遂有传余病不起者。孟发方就试院中，大恸。王次公过潋水，为余言之。余闻剧喜，命酒索笔，赋此寄孟发》。

　　胡应麟另一友人屠隆也不知他未参加会试，遂在致信李言恭时，请其在京代为问候胡应麟。

　　屠隆《由拳集》卷一七《与李临淮》。

　　按：屠隆去年十二月改调青浦令，以灾伤免本年入觐，因此他也不知胡应麟未参加本年会试，于是才在致信李言恭之时，请其代为问候。

　　二月二十八日，潘季驯加太子太保，升工部尚书兼都察院左副都御史。(《明史》

卷二〇《神宗纪一》,《明神宗实录》卷九六)继于六月改为南京兵部尚书。(《明神宗实录》卷一〇一)在其任职工部尚书的三四个月间,胡应麟曾为其题诗。

> 《少室山房类稿》卷三五《题大司空潘公芝林二首》。

三月寒食节时,胡应麟受邀赴喻均官署中聚会,并为其题诗。

> 《少室山房类稿》卷五四《寒食,喻明府以诗招集署中》《题邦相容滕轩》,卷三五《寒食夜集邦相署中,分韵得吟字》《又得厄字》。

三月,滕伯轮在辞官返家途中过兰溪,与胡应麟短暂相会,并邀其过访。当月,胡应麟致信并诗,问候滕伯轮,对其复出表示期望,准备在病体稍舒之时前去拜访,同时明言自己要"以著述自系千秋"。但因母病,未能赴约拜访,遂又敬赋八章奉寄。

> 《少室山房类稿》卷一一五《奉滕中丞先生》,卷五四《寄怀方伯滕师二首》(时方卜筑武夷),卷三五《滕汝载先生卜筑武夷,邀余过访,余以家慈卧床褥,尚孤此约,感念今昔,不胜怅惘,敬赋小诗奉寄,凡八章》,卷五二《怀滕方伯先生》。

胡应麟在病中寄诗答复李言恭,向其解释未参加本年会试的原因。

> 《少室山房类稿》卷三一《答李惟寅病中见寄》:"岂是趋朝懒,风尘损壮颜。闭门芳草合,高枕白云闲。柳色溪南棹,莺声郭外山。遥怜作赋客,魂梦屡跻攀。"

王世贞自二月造访王锡爵,报谢其女王焘贞,遂沉湎于王焘贞所为仙道事。四月初二日,王世贞拜见王焘贞,自称弟子。(郑利华《王世贞年谱》第274—276页)

王世懋以正月上计,三月十一日离京返职,(王世懋《王奉常集》文部卷五〇《太令送梨帖真迹》)途中回家休沐,四月至家,始知王世贞受记昙阳仙师王焘贞,遂亦致信昙阳,愿挂籍充都养,被许以扫除。(《王奉常集》文部卷三九《欧桢伯》第二书、卷四九《题群真图后》《书昙阳大师传后》,王世贞《弇州续稿》卷一四〇《亡弟中顺大夫、太常寺少卿敬美行状》)

四月,李能茂过访胡应麟,以诗见投,斗酒定交,留连浃夕。

> 阮元声、戴应鳌《金华诗粹》卷首《姓氏传略》:"李能茂字允达,东阳(今属浙江)人,邑文学,刻意攻诗,与元瑞倡和,时称'胡李'。天夭之年,士林惜之。"

> 道光《东阳县志》卷一八《人物志六·文苑》:"李能茂字允达,以其为侍御学道仲子,故又称仲子。少负气。……与同郡胡应麟善,应麟称之于太仓王世贞,世贞亦自雅知能茂,有俊朗之目,数遗之诗,所以属之者良厚。"

> 《少室山房类稿》卷八一《李仲子集序》,卷一二《东阳李茂才允达以古风六章、杂诗一卷见投,斗酒定交,留连浃夕,答赠四首》,卷五七《李允达过访赋赠》

《答李允达秀才四首》。

李能茂归家后，益肆力于诗文，手札寄胡应麟者数十，推挹过甚。胡应麟赋诗答谢，并在书信中详述二人相得之意，同时将王世贞所论作诗为文之法"不深不玄，不沉不坚，入之沉深，出之自然，完之粹然"，转授于他，称此数语乃"琅琊法眼，以终授不佞也"，"足下潜绎此而有得焉，其于琅琊之道，又思过半矣"。之后又将其推荐给王世贞。

　　　《少室山房类稿》卷二〇《李生归东阳，益肆力千载，手札寄余几数十返，推挹过甚，弥非所安，报赠六百字》，卷一一九《报李仲子允达》，卷一一一《荐李能茂书》。

王世懋携王世贞致胡应麟信，离家返江西任，五月端阳节时到兰溪过访胡应麟、喻均。其间，王世懋在端阳节当天先集喻均官署，然后过访正病体欠佳的胡应麟，晚上三人同聚于胡家。次日晨，喻均备酒食，三人同游兰阴山，王世懋为喻均、胡应麟作大书十余纸，傍晚，王世懋告辞启程。

　　　王世懋《王奉常集》诗部卷六《积雨驶流，未至兰溪，桐江舟中有怀邦相明府，时迫端阳，简书严甚二首》，《雨后过兰阴访胡先辈元瑞，兼柬邦相明府二首》。

　　　《少室山房类稿》卷五四《午日，王次公过访小斋，邀同邦相夜集二首》，《明晨，邦相为具，邀余同次公登兰阴山，迨暮乃别》。

　　　《王奉常集》诗部卷一一《邦相复偕元瑞挐舟出送，登兰阴山小酌。山堂弘敞，凉风骤至，金华山对耸，瀫水斜来，情境都适，即席纪胜》。

在胡家时，王世懋将所携王世贞书信交予胡应麟。从中可知，王世贞此前曾两次托曹昌先当面转交他写给胡应麟的信件诗文，但都未能成功转达，所以他此次又以书信及吴绫、诗扇托付于王世懋。自万历五年冬二人开始通信，至此已历两年余，但尚未晤面，因而王世贞在信中表示遗憾，"以为确然国士如兄，而至今不获一见，宁非缺陷世界也？""古所谓万里比邻者，独于兄乎？"他准备在八月间"削迹遁世"，希望胡应麟能早来相见，勿为"神交之人"。

　　　王世贞《弇州续稿》卷二〇六《答胡元瑞》第四书。

胡应麟阅后怅然，遂作诗奉寄。

　　　《少室山房类稿》卷五四《王长公两寄余书不值，乍次公之江右，始得之。时公雅慕长生，将以八月闭关，与尘世绝，书来云云，怅然奉寄二首》。

王世懋在来访时，还将本年二月会试期间，胡汝焕得知胡应麟已病故的虚假信息后，于试院中大恸之事，告诉胡应麟，胡闻听大喜，命酒索笔，赋诗寄胡汝焕，向友人表达了自己的人生观:"伟哉哲人见,我心获所如。死生固有命,寿夭讵足虞。戚戚儿女仁,毋乃曲士拘。愿言勖明德,今古流芳誉。乐哉白云丘,万代同斯须。""一代风期谁独往,百年肝胆自名流。相思倘逐飞鸿翼,彩笔同携八咏楼。"

《少室山房类稿》卷一三《余既不上春官,燕中遂有传余病不起者。孟弢方就试院中,大恸。王次公过濑水,为余言之。余闻剧喜,命酒索笔,赋此寄孟弢》,卷五〇《寄胡文父》。

大致在王世贞转托王世懋致信胡应麟的同时,胡应麟也有信及礼物致王世贞,由喻均派人转呈。王世贞阅后,在"初暑"时节及之后两度复信,强调自己将在八月闭关修玄,"独(与)足下未识面为恨",盼望胡应麟早来相见。时胡应麟正在为喻均准备刊行之宋濂诗集进行校勘工作。

王世贞《弇州续稿》卷二〇六《答胡元瑞》第十一书、第二书。

王世懋抵官署后,派人将在兰溪时所成诗文赠予胡应麟,胡应麟致信相谢,并邀其内迁返回时再来过访。

《少室山房类稿》卷一一二《奉次公敬美》。

五月二十二日,胡应麟三十岁生辰,自以"三冬学颇足,抽翰预时英,才非正平(祢衡)敌,赋夺文考(王延寿)声","群公竞识面,大匠遥寻盟",但如今却未能科举中式,"徒令终童策,默默不得鸣","时人不解识,往往呼狂生"。俯仰今昔,不胜感慨,遂信笔赋五言古诗六百字,叙述了自己在北京与家乡的生活,同时抒怀明志,宁愿隐居东山,"横金亦何有,拖玉非吾诚","逝将守初服,毕世穷遗经,鸿裁列琬琰,大业垂丹青"。

《少室山房类稿》卷二〇《庚辰夏五月念之二日,余三旬初度也,碌碌尘土,加以幽忧之疾,靡克自树,俯仰今昔,不胜感慨,信笔抒怀六百字》。

又作《卧游室午睡起题》《嵩山歌》等诗,在述说自己"散发狂歌","侧身高卧","户外时时狞狗,床头日日晨鸡","架上乾坤万卷,毫端日月千秋","游目惟图书","时援白雪琴"等家居生活的同时,继续申说自己"五鼎非我荣,万钟亦奚乐?达哉宗炳言,先民有遗媵"的志向。

《少室山房类稿》卷七四《斋中绘五岳为图,称卧游焉,各系以诗》,卷一三《卧游室午睡起题》,卷二三《嵩山歌》,卷七三《长夏闭关,散发高卧,吟诵之暇,时或焚香鼓琴,殊有羲皇之适,信笔六首》《端居述怀六首》。

夏,吴从宪过兰溪,招胡应麟于行馆。胡应麟作诗赋谢,之后又致书吴从宪,对自己因侍母病未能前往杭州拜访表示歉意。

《少室山房类稿》卷五四《夏夜,座主观察吴公招集行馆赋谢》。**按**:吴从宪去年九月升为浙江右参政,督漕运,从此诗中"登龙旧忝诸生列,倚马新参上客行"分析,此诗应作于本年夏季。

卷一一五《与吴大参座师》。

秋前,喻均将校雠同乡、原南京刑部尚书李迁文集之事交予胡应麟,不久李迁又以手书请胡应麟为文集作序,胡应麟复书并作诗寄谢,准备在凉秋时节为其作序。

《少室山房类稿》卷一一五《报大司寇李公子安》,卷五四《大司寇豫章李公以手书见贻,赋谢二首》。

雍正《江西通志》卷五四《选举六》、卷六九《人物四》:李迁字子安,新建（今江西南昌市新城区）人,嘉靖二十年进士。历官济南知府、湖广左布政使、兵部右侍郎兼佥都御史、南京刑部尚书等,致仕归家。

八月初十日,王世懋迁陕西副使,提督学政。（《明神宗实录》卷一○三）

中秋前夕,胡汝焕从北京会试归家过兰溪,造访喻均、胡应麟,但以思家亟归,于中秋日离去。告别时,胡汝焕在兰阴山作诗四章,胡应麟虽以病后"戒作诗",但读胡汝焕诗后,"酒酣耳热,不自抑按,援笔步武",作诗四章。当天夜里,胡应麟在小亭对月独酌,赋诗四首。

《少室山房类稿》卷五四《胡文父自燕中回,同邦相夜过斋中小集》《同胡文父集喻邦相署中》,卷三一《答文父见怀之作》《病中文父过访,兼携近作见示二首》,卷五四《中秋日,同邦相钱盂弢于兰阴山,得诗四首》,卷一一六《报胡盂弢》,卷七七《中秋夜,小亭对月独酌四首,末首怀邦相明府》。

胡汝焕离兰溪返家后,胡应麟又致书,对其在江西能与王世懋等人交游表示羡慕,并告知对方,自己"索居海上,互乡难言",自喻均任兰溪知县后,自己"始获一吐胸中块磊,第彼此相对,旁观遂无复人也"。

《少室山房类稿》卷一一九《报胡文父》。

八月中下旬,王世贞致信喻均,称自己即将闭关修玄,对王世懋在兰溪与他和胡应麟相会表示羡慕,并云王世懋即将在由江西北归途中过兰溪再续旧游。

王世贞《弇州续稿》卷二○一《喻邦相》第二书。

九月初九日,王世贞侍王焘贞羽化,为之作《昙阳大师传》。

王世贞《弇州续稿》卷一○《重九日,为庚辰岁昙阳仙师化辰,敬成长歌一章志感》。

王世贞致信喻均,答应为其作《兰溪县治厅壁记》,并随信将自己所作《昙阳大师传》和王锡爵及其子王衡有关文字一并赠给喻均,同时询问喻均,其所刊宋濂诗集是否脱梓,并请其赠送同时刊刻之喻均父亲诗集。从胡应麟为喻均父诗集所作序可知,其诗集亦由胡应麟校勘。

  王世贞《弇州续稿》卷二〇一《喻邦相》第一书、第三书。

  《少室山房类稿》卷八一《素轩吟稿序》。

  不久,喻均将王世贞致其第三书转给胡应麟阅览。此后东莞祁衍曾以诗投赠胡应麟,胡应麟遂将王世贞信中之语移入诗中答之,高唱"丈夫寸心在万古,那能龌龊随风尘!"并以此信问候去年致仕归家之岭南好友黎民表。

  《少室山房类稿》卷二四《岭南祁美仲以诗见贻,赋答并问惟敬秘书》。

  雍正《广东通志》卷四七《人物志·文苑》:祁衍曾字美仲,东莞(今属广东)人。万历四年中举,与计偕,名倾都下。既屡蹶会试,而好游益甚,所至诗墨淋漓。

  九月下旬"秋杪"时节,王世懋于返家途中再过兰溪,本欲与喻均、胡应麟同时相会,但喻均恰巧不在,遂作诗赠之。又值其父王忬忌日(十月初一日)临近,因而王世懋与胡应麟"仅作刹那会"便启程上路。胡应麟赋六诗送行。

  王世懋《王奉常集》诗部卷一一《归自豫章,再经兰阴东邦相明府》。

  《少室山房类稿》卷一一六《报胡孟弢》,卷五四《送王次公观察视学关中六首》。

  九月末,王世懋抵家,方知王焘贞已化去,遂手书王世贞所写《昙阳大师传》,付梓刊刻。(《王奉常集》文部卷四九《书昙阳大师传后》,汪道昆《太函集》卷六七《明故中顺大夫、南京太常寺少卿、琅琊王次公墓碑》)王世懋自恨未能见及昙阳最后一面,徘徊久之,不想再赴陕西任职,正巧风疾又乘寒骤发,直到腊月初,深为肺疾所苦。后在王世贞劝说之下,才启程赴任。(王世贞《弇州续稿》卷一四〇《亡弟中顺大夫、太常寺少卿敬美行状》,王世懋《王奉常集》文部卷三八《复冯汝迪宪长》第三书、卷三一《上潘中丞》第六书、卷四四《与王华岩》、卷四五《复卢肃庵》)

  秋,胡应麟到喻均官署赏菊,喻均因游烂柯山不遂,以长歌见示,胡应麟赋诗和之。

  《少室山房类稿》卷五四《秋日,邦相署中对菊作,篇末兼期枉过》《邦相游烂柯山,值雨不遂,以长歌见示,赋此奉嘲》,卷七四《邦相游烂柯不遂,戏为四绝询之》。

  按:以上三诗,前两诗前后相继,第三诗与第二诗作于同时。第三诗中有"一自移居兰水上"句,喻均是去年秋冬时节来兰溪任职,则该诗应作于本年秋,前二诗遂亦作于同时。

秋,王叔承到兰溪过访胡应麟。

　　《少室山房类稿》卷一九《孤愤篇挽王山人叔承八百字》,卷四九《病中王山人过访有赠》。

　　《明史》卷二八八《王叔承传》:王叔承字承父,吴江(今江苏苏州吴江区)人。少孤,治经生业,以好古谢去。其诗极为王世贞兄弟所许。

秋,李能茂卧病山中,来信邀胡应麟过访,胡应麟以诗寄答。

　　《少室山房类稿》卷五三《允达卧病山中,寓书拉余过访,先此寄答,并促挐舟》,卷六六《饮酒漫成寄李允达》。

晚秋,胡应麟得江西宗室朱多煃等人来信及诗,分别复信并诗以答之,并约明春或可到江西造访。

　　朱谋垔《续书史会要》:"(瑞昌王孙拱枘)侄多煃字宗良,号贞湖,一号密庵,博雅好修,以辞赋名。"

　　《少室山房类稿》卷一一九《报宗良王孙》,卷五四《寄答宗良王孙》。

　　卷一一九《报孔旸王孙》,卷五四《王孙孔旸以乃翁自号竹隐,因作亭曰依隐,走册索余赋诗》《寄答孔旸王孙》,卷五二《孔旸得王中丞所贻西僧自焚灰像,因立精舍奉之,乞余作诗,先是惟敬、永叔诸君咸有题咏,遂继七言一律》,卷四九《寄答同伯王孙》,卷五〇《江右鬼父、佳父二王孙以书翰见贻,赋此寄赠》,卷五二《题少玄宗侯册》。**按:**"孔旸""同伯""鬼父""佳父""少玄"等均应为其人表字,其名不详。

十月,胡应麟听乡人谈王焘贞坐化事奇甚,信笔赋诗奉寄王世贞。

　　《少室山房类稿》卷五四《乡人有自吴中来者,谈昙阳仙师坐化事奇甚,信笔奉寄王长公元美》。**按:**此诗即下文王世贞答书中所云"《昙阳登真篇》"。

十一月初二日,王世贞冒雨为王焘贞移龛入恬澹观,与王锡爵一起迁居观中,过起捐弃家累、避绝俗缘的修心养性生活。(郑利华《王世贞年谱》第277页)

十一月初四日,王世贞复信胡应麟,高度评价其《昙阳登真篇》"气色高华","令人两腋习习有飞动意",末以"仆老矣,拟办两青鞋,作西归津梁计,不意中道为易迁宫所要,然玄关一窍大较非异,足下仙材也,能有意捐夙障从我游乎?"约其前来相会。

　　王世贞《弇州续稿》卷二〇六《答胡元瑞》第三书。

胡应麟接王世贞信后,很快复信,专门谈论求仙学道事,并以此意为其小祇园题诗二首。

　　《少室山房类稿》卷一一二《再报元美中丞》,卷三四《寄题王中丞小祇园二首》。

王世贞入关修玄后,两度与友人通信,推荐胡应麟、屠隆、周天球、曹昌先、王叔承、王稺登等人,称其"皆虚左物也"。

王世贞《弇州续稿》卷二〇七《冯咸甫先辈》第一书,卷一七二《答黎丘王》。

十一月后,胡应麟致信胡汝焕,回顾中秋时相会盛况,连及王世懋秋杪过兰溪和王世贞入关修玄事,希望胡汝焕有新成诗作寄赠,并请其对已寄给朱多炡的自己和喻均在秋天游山时所成诗作"发兴倚和"。信末言及康从理近期来信中对胡汝焕的问候,想念之情,溢于言表。

《少室山房类稿》卷一一六《报胡孟弢》。

朱谋垔《续书史会要》:"弋阳王孙多炡字贞吉,号瀑泉,封奉国将军。诗才警敏,尝轻装游览吴越,所至倾坐。……兼精绘事,行草宗米南宫(米芾),杂以古字,自成一体。"

雍正《江西通志》卷六九《人物四·朱多炡》:"尝轻装出游,变姓名为来相如。"

对康从理来信,胡应麟连报两书答之,并作诗问候其病,又在送别友人时兼询问之。

《少室山房类稿》卷一一六《与康裕卿》《报康子》,卷三四《闻裕卿移居山中寄询》,卷三五《闻裕卿卧病有怀》,卷二四《送张英甫归永嘉,因询康山人裕卿》。

本年,胡应麟为李言恭编定四卷本文集《贝叶斋稿》,由朱多炡刊刻。(《中国古籍善本书目》"集部·明别集类"第822页)

按:据王重民《中国善本书提要》,今国家图书馆所藏明万历间刻本《贝叶斋稿》题"盱眙李言恭惟寅著,兰溪胡应麟元瑞编,寿州朱宗吉汝修校",有万历八年欧大任、王世懋、庄履丰、周训四人所作序和万历九年屠隆序,(上海古籍出版社1983年版,第633页)可知该书为胡应麟在万历八年时编定。

汪道昆致信喻均,言及胡应麟多次与弟道贯相闻问,"材故奇,亦仆所急,春秋鼎盛,何哉不与计偕?愿毋负俗为名高",通过喻均劝其参加会试。胡应麟在喻均处得知此事后,报书并赋诗四首致谢,从此与汪道昆订交。

汪道昆《太函集》卷一〇一《喻邦相》。

《少室山房类稿》卷一一三《报左司马汪公》,卷五四《奉寄左司马汪公四首》。

朱睦㮮(1511—1580)卒。胡应麟作诗送友人赴洛阳吊之。

《明史》卷一一六《太祖诸子一·周王橚传》附《镇国中尉睦㮮传》。

《少室山房类稿》卷四二《送李山人入洛吊灌父王孙》。

康从理(1523—1580)卒。胡应麟作诗五首哭之。康从理对胡应麟非常推重，称"唐有骆丞，今有元瑞"。在康从理卒前，胡应麟曾赋诗吊唁其独子之丧，此后又陆续写有文字怀念康从理。

何白《汲古堂集》卷一三《清明日，过康裕卿先生旧居。康久客燕市，归隐山中仅二载殁》。

《少室山房类稿》卷八一《方外吟序》："裕卿以诗名家，隆（庆）、万（历）间，余与交最久且善。裕卿下世，余亦谢病溪上，杜门高枕，不复通一客。壬午之岁，忽有投刺称永嘉林山人者，余倒屣揖进与语。"**按**：据此可知，康从理应卒于"壬午"即万历十年之前。而诗中所言康从理去世之后"余亦谢病溪上，杜门高枕，不复通一客"的情况，也与万历九年的实情大致吻合，则康从理去世更当早在万历九年之前。

孙诒让《温州经籍志》卷二八《康氏（从理）二雁山人集》条引"侯一元序"云：康从理"以疾卒，年五十八矣。……会有吴中曹君者[①]，诗人巨擘也，正来求君，后之仅数日，乃哀哭君，而遂删定其诗为若干卷。……是为序。时万历辛巳（九年）孟秋既望。"**按**：据此，则康从理必卒于万历九年七月其文集编订之前。

《少室山房类稿》卷三五《哭康裕卿五首》，首云："摇落龙蛇岁，天南坠客星。"**按**："摇落龙蛇岁"乃用郑玄典故。据《后汉书·郑玄传》：汉献帝建安五年春，郑玄梦孔子告之曰："今年岁在辰，来年岁在巳。"既寤，以谶合之，知命当终。有顷，寝疾，其年六月卒。本年为万历庚辰，则康从理应卒于本年。

《少室山房类稿》卷一〇六《题康裕卿诗册后》，卷一一〇《扇头跋八》，卷四九《康裕卿挈家临安，仅一子，复丧，为诗唁之》。

嘉庆《兰溪县志》卷一三《人物志·文学·胡应麟》："永嘉康裕卿序《还越集》，至谓'唐有骆丞，今有元瑞'。"

光绪《兰溪县志》卷五《志人物·文学·胡应麟》："永嘉康裕卿推重应麟，谓'唐有骆丞，今有元瑞'。"

---

① "曹君"即曹昌先。黄虞稷《千顷堂书目》卷二四："康从理《二雁山人集》。字裕卿，永嘉人，任侠能诗，与曹子念为死友，子念刻其遗诗。"

明神宗万历九年辛巳(1581) 31岁

正月初一日,喻均赴金华府,胡应麟赋诗送行。初七日,正当胡应麟苦于兰溪连雨十余天,"茅斋独卧愁晨昏"时,喻均前来过访,胡应麟"拂衣大笑愁颜开",留饮斋中竟夕,走笔放歌,回顾了自己和喻均的相识经过,称赞"喻侯意气天下无","相看吾汝真忘形"。既然昔日华阳诗社诸友不在近前,只有喻均可以"寄肝膈",胡应麟遂与喻均抒怀明志:汝是豫章一男子,余亦岂俯首低眉世间士?丈夫会合自有神,鸾翮哪能随鸡群?汝但为霖佐真主,我欲乘云归太清。浮荣一代非所希,大业千秋待吾属。异日中原共鞭弭,骐骥骅骝双绝尘。

> 《少室山房类稿》卷五四《邦相以新正趋府,舟中望金华雪色见怀赋答》《人日,邦相过访小斋,留集至暮,分得寻字,并怀燕社曩岁之集》,卷二九《早春苦雨,邦相明府见过,留饮斋中竟夕,走笔放歌为今雨行,并怀燕社诸子》(曩尝与惟敬、惟寅、子大、裕卿、文父、汝修集思伯馆,有中秋雨集卷)。

春,胡应麟养病索居,"病余天地骨全销,荏苒行藏付寂寥",再读王世贞所致诸札,深感"弹指岁年三十过","代兴总愧当年约","十载风尘国士知,论心深负白云期",掩袂太息,怀不能已,赋诗七言律八章,"亦知把臂濠梁近,愁绝兼葭尚一方",对一直未能到太仓拜访王世贞感到愧疚。诗成之后,意犹未尽,遂续写游仙诗六首,再寄王世贞,末云"华阳瞬息乘风到,一鹤能无洞口闻",很希望自己能尽快拜访王世贞。

> 《少室山房类稿》卷五四《王长公闭关修玄,谢绝一切,独期余过访禅堂。余以母病,迄今未赴。春日索居,读公所致诸札,掩袂太息,怀不能已,积成七言律八章,用摅鄙臆。词之荒陋,不暇计也》《游仙诗六首再寄王长公》。

养病期间,胡应麟为书斋题诗十六首。

> 《少室山房类稿》卷八一《方外吟序》,卷六八《长日抱疴,掩关谢一切客,朝夕相酬往者,惟斋中十六君焉,兴文托好,各赠以诗,岁寒之谊,要诸白首矣》。

深春时节,曹昌先以入闽,王叔承以游天台,一同顺路过兰溪造访胡应麟。此前,胡应麟已接到喻均转来的王世贞信。此后,胡应麟又再读王世贞所作《昙阳大师传》,遂复书王世贞,论其入关修道事,期望能在秋杪病体少苏之时,与返回的曹昌先一起前往拜访,"以摅夙生平宿抱",了却尚未识面的遗憾。与很多通信一样,其信仍由喻均派人转交。

　　《少室山房类稿》卷一一一《再报廷尉王公》,卷五一《子念、承父过访,同集喻邦相署中》。

浙江右参议顾养谦路经兰溪,停舟濑水,召胡应麟、王叔承燕集,迨暮乃别。

　　《少室山房类稿》卷五一《顾观察维舟濑水招集》,卷五二《顾观察维舟濑水招同王承父燕集,迨暮乃别》《顾观察益卿过访》。

　　按：顾养谦以去年十二月十一日由云南佥事升浙江右参议,(《明神宗实录》卷一〇七)胡应麟诗中有"昆明万里浮槎到""衡宇飞花暮不扃"语,则顾养谦过访当在本年春夏间。

　　万斯同《明史》卷三三二《顾养谦传》：顾养谦字益卿,南通州(今江苏南通)人,嘉靖四十四年进士,授户部主事。历福建佥事,迁广东参议,"进福建副使,以与巡抚争礼,左迁云南佥事。"

四月初七日,胡僖升云南右参议。(《明神宗实录》卷一一一)

五月初一日,王世贞为胡应麟《绿萝馆诗集》作序,对其诗作给予高度评价,并称"后我而作者,其在此子矣夫!"此序被王世贞外甥曹昌先认为是对胡应麟"有衣钵之许"。王世贞则在明年说此序一出,"诸为元瑞者沾沾,而不为元瑞者明明矣",并劝吴国伦不要因自己把衣钵传于胡应麟而不满。是知王世贞也把此序看成是自己对胡应麟传授衣钵。

　　王世贞《弇州续稿》卷四四《胡元瑞〈绿萝馆诗集〉序》："自余结发而好言诗,所与海内豪俊游,亡不以诗进者。犬马齿日益,稍见所论著,则诸豪俊自喜行其诗,少不以序请者。余之不能工为佞,不能使人人极意,以为艰而思谢去之,几且焚笔研,而最后乃为胡元瑞序《绿萝馆诗》。元瑞之为言曰：'子所可必者一,所大可恨者与我所不子负者各二,子甚幸哉! 而我荐其敝帚以希一言之华衮,则可必。子许我而即宠施我,即子一旦不可知,大可恨;我虽晚,犹幸及子,而不终子之惠,使后世疑其异时不相当,大可恨。即子过许我,而我竭蹶步武以求践子之许,不子负;有所弹射,而我惕焉,以子为镆铘,不子负。子以为奚若?'余乃谓元瑞：'毋刺促,请息焉,而为若叙。'余之得元瑞于余仲者,半岁所而元瑞进其诗,余睹之,未尝不三击节叹也。天不靳人以材而人顾取其凡者,气之流行亡所择而取其浊者与弱偬者,古人不秘格于后人而取其下中者,天又不秘其声色以供吾诗而声取其蛙哇者、色取其黝黮者,象日吾接,吾汰其精而英者,情自吾发,吾不衷其肺腑者。以是而治诗,以是而号于人,曰吾善诗、吾善诗者,何也? 元瑞材高而气充,象必意副,情必法畅,歌之而声中宫商而彻金石,揽之而色薄星汉而摅云霞,以比于开元、大历之格,亡弗合也。余尝语余仲:'诸前我而作者,涵洪并纤,与亭毒并,吾故推献吉(李梦阳),然不能讳其滓;绝尘行空,卿云烂兮,吾故推昌穀(徐祯卿),然不能讳其轻;鸣鸾佩琼,万象咳唾,吾故推仲默(何景明),然不能讳其屏;刻羽雕叶,舍陈而新,吾故推子业(高叔嗣),然不能讳其促;鞭风驭霆,以险为绝,吾故推子相(宗臣),然不能讳其疏;融而超之,于鳞(李攀龙)庶几哉! 然犹时时见孤诣焉。后我而作者,其在此子矣夫! 其在此子矣夫!'以今证之,抑何左契不爽也。亡已而有子规者,在昔鞫傅之称田光曰:'智深而勇沉。'不深不玄,不沉不坚,入之沉沉,出之自然,完之粹然,如大钧雕物而不见工,如良玉夜辉而泯其痕,斯三百篇、西京、建安之懿乎? 是集也,其始基之矣,而犹未也。

按:《少室山房类稿》卷首载录此序,末署"万历辛巳仲夏朔日弇山人吴郡王世贞撰",不过其内容应该已非本年王世贞所作原文。王世贞曾说,"序既成,而元瑞以新刻全集凡十种至",于是在原来"序《绿萝轩稿》"的基础上,他又"重叙其意",胡应麟在征得王世贞同意后,将之作为"《少室山房诗》"序。《弇州续稿》卷四四《胡元瑞〈绿萝馆诗集〉序》文字既与《少室山房类稿》卷首王世贞序相同,则其也应为后来"重叙"改作者。

王世懋《王奉常集》文部卷三九《答胡元瑞》第一书:"昨子念为仆言,家兄作足下诗序,有衣钵之许,尚未暇索观之,此非枯木朽株可以先容得者。"

王世贞《弇州续稿》卷四五《冯咸甫诗序》,卷一九二《吴明卿》第十一书。

按:《少室山房类稿》卷五二《将过娄江奉访王长公,先柬二首》:"千秋一钵劳先赠,万里孤筇愧后期。"可知"授衣钵"之事当发生于二人明年第一次见面前。但其具体时间,吴晗《胡应麟年谱》置于万历五年二人初次通信之下,并加注云:"《婺书》卷四《胡应麟传》眉注:元瑞有印章,其文曰瑯琊衣钵。"这当然是补充正文,但显而易见的是,它说明的只是胡应麟有"瑯琊衣钵"的印章,却不是授衣钵的具体时间。实际上吴先生此论当是据胡应麟万历十六年自草之《石羊生小传》的回忆性文字。其文云:"幸太常(王世懋)绍介剧欢,辄以尺一通司寇(王世贞)。司寇业闻生,得生恨晚,首为生序《少室山房诗》,挈衣钵授焉。生自揣亡能万一,弗敢承也。"但这段话是有问题的。首先,胡应麟在给王世贞第一封信时,只是随信附上了一些诗作,并未请王世贞作序,王世贞答书中也说:现在还要给别人写信,很忙,所以"(来)诗不能尽和,聊成二律四绝,少酬来美。"可见,当时根本不会有序《少室山房诗》之事。而王世贞之二律四绝也并无"授衣钵"之意,其二律只是奖以代兴国士,胡应麟答书中亦只是对此事弗敢承,没有提到"授衣钵"之事。因此,胡应麟此处的"首为生序《少室山房诗》,挈衣钵授焉"一语,当是承上文"得生恨晚"一句连类而书,此乃行文之便,不可据以指实。古人为行文之便而合后于前或合前于后,往往多有,既不为误,更不可拘泥其说。王世贞在胡应麟自草小传的基础上写成《石羊生传》,但他却将"序《少室山房诗》"一事系于万历十年二人初次见面之下,这也可证胡应麟自传所述之事与时间不合。其次,胡、王二人都提到的"序《少室山房诗》"一事,缘起即是本年王世贞序《绿萝馆诗集》之事。其序既成,而胡应麟"以新刻全集凡十种至",于是王世贞在原来"序《绿萝轩稿》"的基础上,又"重叙其意",王世贞将"序《少室山房诗》"系于万历十年,即是指"重序其意",胡应麟在征得王世贞同意后,将之作为《少室山房诗》序。胡、王在万历十六年的回忆中,都是以后起之书名来指代七年前的序书之事。第三,清末陈田在其《明诗纪事》己签卷六《胡应麟》条中说:"元瑞著《诗薮》,附和《卮言》,元美大激赏之,许传诗统,谓后我而作者,其在此子矣。"其实,《诗薮》刊于万历十七年,次年春刊成,"许传诗统"与《诗薮》并无关系,而是指序《绿萝馆诗集》事,陈田对"许传诗统"的解释是"谓后我而作者,其在此子矣",正可说明这一点。也就是说,王、胡二人衣钵相授之事,即是王世贞作序"许传诗统"一事。这既与胡应麟、曹昌先、王世懋等人称王世贞"序诗授衣钵"的说法相合,也与胡应麟所述其发生时间在二人会面前相合。同时也证明,在本年王世贞撰写此序、传授衣钵之前,胡王二人从未相见,吴晗先生所云二人相见于万历八年夏的说法是错误的。

作序之后,王世贞致书胡应麟,说明作序之意,对其来信所论求仙学道事予以答复,并再度高调评价其诗文"气色高华,声调爽俊,而纵横趷趚,有挥斥八极、凌厉千古意。仆三十年中所接,如足下,真耳目中无两。所望者,思西京未雕之质、平原才多之戒而已",对其予以提点。

　　　王世贞《弇州续稿》卷二〇六《答胡元瑞》第七书。

胡应麟接到王世贞所寄《绿萝馆诗集序》后,作诗四首赋谢,其三有云"代兴聊一钵,默默少林传",可知他自己也认为王世贞此序有传衣钵之意。

　　　《少室山房类稿》卷三五《王长公寄惠集序,赋谢四首》。

五月二十二日,胡应麟三十一岁生日,时值外出,途中作诗慨叹"平生四方志,览镜一茫然"。

　　　《少室山房类稿》卷三四《(壬申)[辛巳]夏生日途中作》(时余年三十一):"此

日还初度,葵榴照绮筵。鲲鹏聊息翼,犬马渐增年。贾傅(贾谊)书难上,终童(终军)策浪传。平生四方志,览镜一茫然。"

按:此诗中所述时间自相矛盾。壬申为隆庆六年,时胡应麟二十二岁,并非诗题下所注"时余年三十一"。胡应麟自隆庆二年随父入京,直至隆庆六年九月下旬前,一直随父在北京过着优游生活,从未应科举,更未谈"四方志"。而自万历五年第一次参加会试失败后,虽说不愿走科举之路,但也不时流露出对科举不顺的牢骚,谈志向的诗文也逐渐增多,可惜直到本年时,虽然不断得到王世贞等人的奖勉称赞,但毕竟距离自期尚远,这符合"平生四方志,览镜一茫然"之意。因此笔者以为,诗题下所注"时余年三十一"不误,而是诗题中的"壬申"应为"辛巳"之误。

胡应麟过苏州时,泊舟垂虹,访王叔承不遇。

《少室山房类稿》卷一九《孤愤篇挽王山人叔承八百字》。

胡应麟路过檇李(今浙江桐乡),不禁油然而怀念谪戍广东神电卫的沈思孝。

《少室山房类稿》卷五二《过檇李怀沈纯父》。

按:此诗作于沈思孝谪戍广东神电卫期间,即万历五年冬至十年秋间。胡应麟本年既曾路经苏州,则亦必路过檇李才可返家,故系于此。

六月,王世懋因王世贞被劾而受牵连,遂两度移疾乞休,于二十四日冒雨返潼关候疏。(《王奉常集》文部卷一二《关中纪行》,王世贞《弇州续稿》卷一四〇《亡弟中顺大夫、太常寺少卿敬美行状》)

在得知王世懋即将告归消息后,胡应麟接到王世贞来信,遂晨起作书复之,既对其诗学成就深表推崇,又贺其兄弟即将相会。

《少室山房类稿》卷一一二《报王中丞先生》。

王世贞复信相谢,答应一定会为胡应麟阳春馆赋诗,"必须了此,而后焚笔研",但"兴不易发","日来已断苦思,俟其自来,毋为日可也",希望胡应麟不要着急,并对其如何拟作"古诗十九首"进行指点,指出"十九首最难言,离之则虞落节,前辈俱所不免,合之则虞捧心,于鳞(李攀龙)亦微用为累,足下加之矣,唯在更刓锋巧,露其质木而已"。

王世贞《弇州续稿》卷二〇六《答胡元瑞》第十二书、第十七书。

夏,赵志皋由广东副使被谪归家后,建灵洞山房,并为山中十景各题诗一首,胡应麟与之唱和,成诗十首。

赵志皋《灵洞山房集》卷上《灵洞山房纪事》。

顾天埈《顾太史文集》卷五《赵文懿公墓志铭》(代朱相公作)。

按：万历十四年九月前，赵志皋又增二景并题诗，即《灵洞山房集》卷下《十二景》诗，同时将胡应麟等人唱和诗作全部附录于《十二景》诗之后，一并付刻，万历十七年二月刊成，但其中所附各人唱和诗作皆删去题名，是为遗憾。

《少室山房类稿》卷七五《灵洞山房杂咏为赵太史题五首》，即古洞栖霞、中巘干霄、三山环壁、片石飞云、山亭樵语。按：赵志皋书收录胡应麟所作十首，第一首与《古洞栖霞》诗第二、三、四句多有不同；第二首、第六首、第七首、第十首则为《少室山房类稿》所无，说明今传胡应麟著述有散佚；第九首为《少室山房类稿》卷七七《小憩长春圃作》，诗曰："谷口云深护翠峦，科头长日对盘桓。一声山鸟夕阳堕，满榻长松生夏寒。"可知作诗时应为夏季。赵志皋在《十二景·小叙》中说，他和胡应麟、陆可教往来唱和是在他"应召"出山为官前的"息山房几二年"间，则胡应麟这些诗文作于本年夏或明年夏，暂系于此。

秋，胡应麟梳头时发现数根白发，遂漫题二绝志感，慨叹"未到潘(岳)年已二毛"。

《少室山房类稿》卷七四《秋日南轩栉发，忽数茎班班焉，漫题二绝志感》。

七月二十八日，萧廪升右佥都御史，巡抚陕西地方。(《明神宗实录》卷一一四)胡应麟寄诗问候。

《少室山房类稿》卷五四《奉寄中丞萧公》。

王世懋自七月十三日启程返家，八月初五日被许以疾乞休，初七日抵家。(《王奉常集》文部卷三〇《答徐存翁相公第五书》，《明神宗实录》卷一一五)之后别筑澹圃于城西南隅，距王世贞弇园半里许。(钱大昕《弇州山人年谱》)

得知王世懋归家，喻均携胡应麟致书问候，并各赋诗慰藉。

《少室山房类稿》卷五四《闻王次公自关中回，寄此问讯》。

王世懋《王奉常集》诗部卷一一《余自关中弃官归，邦相携元瑞从兰阴贻书慰藉，各赋新诗，率尔奉酬》。

王世懋接喻均和胡应麟信诗之后，作一诗答谢二人，并各致书信一封。在与胡应麟信中，王世懋说他尚未见到王世贞所作《绿萝馆诗集序》，但曹昌先已告诉他，王世贞序中对胡应麟"有衣钵之许"，他认为其兄此举并无不妥，"此非枯木朽株可以先容得者"。

王世懋《王奉常集》诗部卷一一《余自关中弃官归，邦相携元瑞从兰阴贻书慰藉，各赋新诗，率尔奉酬》，文部卷三九《答胡元瑞》第一书。

十月二十九日，喻均与胡应麟等人游灵洞山。秋时，赵志皋次子赵凤翀即曾多次邀请喻均游览灵洞山四洞，被喻均以"救过不给，钜复游意山水"为辞拒绝。十月底,赵凤翀与其从祖又来邀请,遂有此行。喻均、胡应麟等各自作诗多首。

喻均《游四洞诗》序:"十月晦"游灵洞山,"同游则有若赵建平汝申(赵佑卿),孝廉赵子信、徐敬舆、胡元瑞、郭叔清、徐殷夫,茂才唐宗胤、童孔宾、范如金具在"。(赵志皋《灵洞山房集》卷中附录)**按**:赵志皋灵洞山房建于本年,明年即万历十年十月时胡应麟已在赴京会试途中,十一年春夏间返回家中,此时喻均早已赴任杭州府同知,则"十月晦"必属本年。

《少室山房类稿》卷五五《冬日,同喻水部、赵观察(赵佑卿)、赵、徐、章、叶、郭、郑六孝廉、赵、唐、童、范四文学,游灵洞山房十首》;《初抵碧霞宫,集赵明府汝申别墅。宫,汝申新创,祀碧霞元君,有升仙岩、礼斗台诸迹》;《午过青芝馆小憩。汝申丈墅中炼药之所》;《薄暮游涌雪洞。洞,山之麓乳泉流漫,蜿蜒如雪中,甚奇邃,炬尽辄返,未有穷其穴者》(邦相先有"日对寒泉自咏诗"之句);《夜投紫霞洞,童、范二文学携具小酌。洞突出山腰,高明宏敞,羽流宅焉,宋隐士于介翁以古诗有"轻举乘紫霞"之句,故名,即其诗所云"洞门相对是吾家"者也》;《同邦相集赵太史山庄作。地故白云寺址,四山围合,中忽平敞,清泉奇石为一方最,太史公选胜得焉》;《山行观飞来石。山堂之后,巨石千尺,峭立平地,峰峦秀出,势欲飞动,灵隐之具体而微者》;《登洞山绝顶至白云洞。邑东南最高处,云气出入其中,岩壑宏朗,径路窈窕,游人至者往往忘返》;《自白云返,由故道抵新洞。久蔽榛莽,近樵妇堕其中,居氓踵入得之。洞类白云而深窅峻绝,游人鱼贯累累而下,秉炬千盘始抵石室,路中复断,用梯乃得达平敞处》;《新洞或以飞龙名之,余谓弗善,与邦相谋更他名。洞中最胜者苍壁陡立,飞泉数十道,回旋直下。邦相击节目余曰:"水帘哉!"余因为更赋二首,洞虽晚出,故不谓不遇也》。

本年,朱维京谪汝州同知,(《明史》卷二三三《朱维京传》)先后游泰山、嵩山,以游览所成诗文,请胡应麟作序。时胡应麟正在病中,但仍欣然命笔,认为其诗"气骨高华,声调闳爽,真若与泰岱嵩高争雄万仞之表者,非其才横绝一世,能然乎哉?昔屈原、贾生皆以忤时贵见摒斥,比余读其文词,诚极才人之致,而凄怆愤郁,识者病之。可大少年材美无谢两生,顾所为诸诗,特悠然旷适,过长沙(贾谊)、三闾(屈原)远甚,固宜随试辄效。当盘错位卑冗,而卓然颖脱无难也"。

《少室山房类稿》卷八一《两岳游序》。

胡应麟收到黎民表所寄新诗,复信致谢,"追忆曩时乐事如彼,轸念兹辰离索乃尔",不免心酸扼腕。在赞叹黎诗及其长子黎邦琰之余,倾诉了自己对妻子舒氏"牝鸡在室,无晨不鸣,狞狗当门,有时而噬"的不满,慨叹自己"下驷程材,黔驴较技,二毛滋见,一善靡闻,微长康(顾恺之)之黠而类其痴,匪嗣宗(阮籍)之狂而慕其达,崎岖大于冯衍,历落甚于桓伦",以致"雄图几于尽掷",还好"壮志尚尔未灰",希望黎民表再来相聚。

《少室山房类稿》卷一二○《与黎惟敬秘书》,卷五二《寄黎惟敬》。

吴从宪卒。

按:据沈茜、秦越《明朝官人的"像赞"后人一直保存至今》,(《晋江经济报》2013 年 7 月 3 日,http://roll.sohu.com/20130703/n380548014.shtml)吴从宪卒于十二月初八日。"像赞"背刻"南海门人陶格"为吴从宪妾室沈氏所写长诗,从中可知吴从宪去世后,沈氏终日以泪洗面,清茶代饭,一个月后即万历十年正月初八辞世,年仅十七。

嘉庆《大清一统志》卷四二八《列女》有吴从宪妾沈氏"夫亡殉节"的记载。实际上,沈氏卒后,其事迹即被时人撰成《贞烈沈氏实编》,胡应麟读过该书并因而赋诗怀念座师吴从宪,即《少室山房类稿》卷三三《过淮上,读〈贞烈沈氏实编〉作。沈为侍御吴公妾,余丙子吴公所取士也》,其二:"忆昔吴公赏,真同贾傅看。凄凉神武阙,早挂惠文冠。旧事悲桃李,高风想蕙兰。酬知万行泪,愧汝大江干。"可惜具体作年不详。

明神宗万历十年壬午(1582) 32 岁

春,王世懋复信胡应麟,对其赠书表示感谢,告知为其阳春馆题诗尚未写就,谦称"仆才仅清耳,洸洸易尽,故不如足下才大,宜家兄之厌心于代兴也"。

王世懋《王奉常集》文部卷三九《答胡元瑞》第二书。

三月初二日,兵部右侍郎张佳胤巡抚浙江。(《明神宗实录》卷一二二,《明史》卷二〇《神宗纪一》)

《明史》卷二二二《张佳胤传》:张佳胤字肖甫,铜梁(今重庆市铜梁区)人,嘉靖二十九年进士。隆庆五年冬,擢右佥都御史,巡抚应天。万历十年,以兵部右侍郎兼右佥都御史巡抚浙江。寻进左侍郎,拜兵部尚书,兼右副都御史,总督蓟辽、保定军务。以功加太子少保,复进太子太保。召还理部事。遇劾,谢病归家二年卒。

王世贞致信张九一叙旧,言及文坛事,认为后进中,屠隆文笔不可当,胡应麟"益矫厉,异日囊鞬中原,须厚集其陈以待"。

王世贞《弇州续稿》卷一八七《张助甫》第六书。

过庭训《本朝分省人物考》卷九三《张九一》:张九一字助甫,新蔡(今属河南)人,嘉靖三十二年进士。历官湖广参议、兵备甘州等职,以功历都察院右佥都御史,巡抚宁夏。后被劾调归。卒年六十有六。

乾隆《新蔡县志》卷七《人物志》:张九一字助父,号周田,二十岁举进士。

五月,张佳胤入杭州。(《明神宗实录》卷一二四)不久致信王世贞叙旧,内中言及胡应麟,称自己"诚慕其人,寻当图一会"。

张佳胤《居来先生集》卷五七《与王元美》。

秋,胡应麟听闻谪戍广东神电卫的沈思孝将被赐还,赋诗寄怀。

《少室山房类稿》卷五二《闻沈纯父将还有寄》。

秋,胡应麟以母病稍愈,父亲亦屡屡督促,又考虑王世贞五年来一直邀请过访,"非假北上亡从面",遂决定参加明年之会试,以便途中顺路拜访王世贞,于是开始准备行装。

《少室山房类稿》卷八九《石羊生小传》。

胡应麟接到朱衡来信,寄诗问候。此前,朱衡屡以手书招游,但因母病,胡应麟一直未能赴约。

《少室山房类稿》卷三五《寄大司空朱公六首》,卷四九《怀大司空朱公》,卷一一五《奉大司空朱公》。

曹昌先过兰溪,造访病中的胡应麟,告知王世贞近况,并诉说了此前他曾以王世贞手书来访,但考虑到胡应麟可能赴京参加会试,致有中途折返之事。

《少室山房类稿》卷一一一《奉报中丞王公》。**按:** 此信作于明年"新春"时节。

胡应麟寄诗王世贞,告知即将登门拜访的消息。

《少室山房类稿》卷五二《将过娄江奉访王长公,先柬二首》,其一:"西风船下越江湄,恍入三天问路岐。云满大罗朝宴日,雪飞中岳夜来时。千秋一钵劳先赠,万里孤筇愧后期。笑杀卢敖游汗漫,丹台咫尺是蓬池。(公与余相闻问十载余,数订期奉访,以病不果,今秋北上,实以践此盟云。)"其二:"片刺飞扬国士情,登龙迢递阖闾城。一身海岱依元礼,双眼云霄属正平。下里乍堪酬郢曲,中原能许问齐盟。莫言把臂词场晚,蹑跻天门象纬迎。"

按: 胡应麟此诗是事件发生当时所写,并非出于后来追忆,因而不会有误忆之事发生。诗中"千秋一钵劳先赠,万里孤筇愧后期"及自注均已明确说出此前胡王二人从未会面的事实。

王世贞得诗大喜,随即复信,表示"生平交友垂尽",不意晚年"复接海内贤豪如足下,于愿足矣","然与足下神交十余年,彼此邮筒所致,肝膈底里,亡不具陈,所少者惟一面耳","即握手片言,固贤于十年众也"。称赞胡应麟日后"诗必大家,文必名家",但既体弱善病,"宜稍节泛酬驰骛之作,四十以后,必须讲求出世住世学问",以为规劝。

王世贞《弇州续稿》卷二〇六《答胡元瑞》第九书。

按: 王世贞此信显然也明白无误地说出了此前二人从未会面的事实。胡王相会的两个当事人都说本年以前二人从未会面,则吴晗先生所云"万历八年二人相会之说"绝无可能,亦绝非事实。

八月初一日,胡僖为罗汝芳《明道录》作序。

胡僖《叙近溪罗先生〈明道录〉》,末署"时万历壬午岁仲秋之吉,赐进士第、朝列大夫、云南布政使司右参议、前礼部仪制司郎中、奉敕理湖广粮储、兰溪公泉胡僖撰。"(罗汝芳《近溪子明道录》卷首)

八月,永康知县吴安国路经兰溪访胡应麟,胡应麟以诗相赠,并赋诗送其同喻均试士杭州。

> 《少室山房类稿》卷五四《吴文仲明府过访有赠,并柬喻水部》,卷五二《送喻邦相、吴文仲试士省下》。

> **按**:喻均在万历七年秋冬时节来兰溪任知县,本年底升杭州府同知,故其"试士省下"只能在本年八月。

胡应麟赋诗送李能茂赴杭州乡试,称自己宁愿"负奇癖","遐思太古上,时俗非所钦,栖栖卧一壑,委怀甘陆沉",以便"他时树大业"。不久,李能茂罢归,胡应麟再作二首寄之。李能茂则赋诗为胡应麟北上会试送行。

> 《少室山房类稿》卷一三《送李子赴试钱塘》,卷一二《"娟娟苎萝女"二首寄李生,时秋试罢归》。

> 李能茂《赠胡元瑞会试》。(道光《东阳县志》卷二六《广闻志四·诗》)

> **按**:胡应麟在万历八年四月结识李能茂,则其送李能茂参加乡试、李能茂送其参加会试,最早均应在本年,故暂系于此。

九月重阳节前,漳州推官丁此吕携滕伯轮书信,过兰溪造访胡应麟。当夜,胡应麟遂梦游武夷,拜访滕伯轮。重阳节日,二人又同集喻均署中对菊。之后丁此吕赴京上计。

> 雍正《江西通志》卷六九《人物四》:"丁此吕字右武,新建(今江西南昌市新城区)人,万历(五年)进士。自漳州推官历湖广参政,所至皆著政绩,权贵以计典修怨,谪戍粤东。寻以荐起天津海防赞画,未赴卒。"

> 光绪《漳州府志》卷一一《秩官二》:丁此吕万历五年任漳州府推官,十二年聂应科接任。

> 《少室山房类稿》卷五四《丁节推以滕公书过访,夜遂梦游武夷》《九日,丁、喻二丈约访太史赵公山庄,值雨不遂,夜遂同集署中对菊》《送丁右武入都》。

> **按**:喻均在万历七年秋冬间任兰溪知县,八年、十一年为上计之年;滕伯轮在万历八年正月辞官归家,卜居武夷;胡应麟称此次相会在重阳,又"梦游武夷"拜访滕伯轮,之后丁此吕"驷马于公新上计",则此次相会在万历十年即本年。

喻均北上京师入计,胡应麟赋诗为之送行。

> 《少室山房类稿》卷五〇《送喻邦相之都下》。

九月,胡应麟离家启程,北上会试。过檇李(今浙江桐乡)时,谒严光祠;又以"道出檇李"而不及往访王叔承,遂寄诗问候,并订明春约会之期。随后拜访已由广东神电卫戍地返家居住之沈思孝,时已十月初。沈思孝以自己即将应召北上,请其赋长歌为赠,胡应麟遂"援笔慷慨得六百字","歌辞莽莽,直吐胸臆",沈思孝则书赠扇头行草二。

《少室山房类稿》卷三二《壬午秋,以家君命北上,舟过严光先生祠戏作》,卷二三《钓台谒严祠作》,卷三二《舟次樆李,寄王承父山人》,卷三三《舟次樆李,寄王承父山人》。

卷二九《折槛行送沈纯父北上》。**按**:王世贞《弇州续稿》卷二〇六《答胡元瑞》第八书:"送沈纯父七百言,气骨铮铮,并驰北地(李梦阳),尤为当行。"

卷一一〇《扇头跋十》,卷四一《秋夜过沈纯父,同王文学、汪山人联句》,卷三四《夜卧沈子书斋,出素笺索题,信笔赋》。

过苏州时,胡应麟先去拜访周天球,与游天池山莲华峰,回来后又与张凤翼、张献翼兄弟痛饮侠香亭,乘舟载周天球同游虎丘,啜茗千顷云。

《少室山房类稿》卷一一四《再报公瑕》。**按**:此信作于万历十一年即明年。

在苏州时,胡应麟又寄诗问候苏州友人、时任永康知县吴安国,并过访曹昌先。

《少室山房类稿》卷三三《泊姑苏寄吴文仲》,卷七六《再寄文仲一绝》,卷三三《访曹子念戏赠》。

胡应麟继而过太仓,以朝圣般心情拜访王世贞,并以"新刻全集"《少室山房诗》请其作序,世贞喜不自胜,答应作序。这是二人第一次相见。

《少室山房类稿》卷八九《石羊生小传》:"壬午,宋宜人病稍瘳,而宪使公屡自滇发使,督生偕计。生顾长公知厚,非假北上亡从面,因努力治装。过吴,谒司寇弇山堂,叩昙阳大师恬澹观,恍如蹑阆风、升兜率,揖金母而拜木公。"

卷一一一《奏报中丞王公》:"应麟满意去秋计偕之便,移舟海上,一登龙门,用慰十余年窳寐之想。"

王世贞《弇州续稿》卷一九二《吴明卿》第十一书:"十月初,兰溪胡元瑞来。"

王世贞《石羊生传》:"时余方禅居昙阳观,称病谢客,闻元瑞来,喜不自胜,与语久之。出其所著《少室山房诗》,余得而序焉,所以属元瑞甚重。"(《少室山房类稿》卷首、《诗薮》卷首)**按**:综观胡王二人通信,王世贞此时只是答应作序,但尚未立即动手撰写。

《弇州续稿》卷一二《曩余为胡元瑞序〈绿萝轩稿〉,仅〈寓燕〉、〈还越〉数编耳。序既成,而元瑞以新刻全集凡十种至,则众体毕备,彬彬日新富有矣。五言古上下建安,十九首、乐府等篇遂直闯西京堂奥。余手之弗能释也,辄重叙其意,并寄答五言律二章》。

　　按: 吴晗《胡应麟年谱》将胡应麟与王世贞二人第一次相会列在万历八年,其根据是《少室山房类稿》卷一〇六《书二王评李于鳞文语》:"庚辰夏,过小祇园,长公谭艺。……是冬,次公(王世懋)访余溪上,夜评骘当代诸名家。……偶读于鳞文,辄识简末,俟精月旦者定之。"但此文显然是后来"偶读于鳞文"时追记,并非当时"长公谭艺"事件发生时所记。特别是内中"是冬,次公访余溪上"的时间性说明也是出于后来误忆。《少室山房类稿》卷五六《夜泊金阊,寄奠王敬美先生八首》序:"不佞卝岁游燕,则次公以年家见知,凡竿牍下询家君,齿及不佞,亡虑十数。顾不佞未尝识面也。丙子秋,次公以参知赴江右,过访兰阴,邂逅蓬茆,片语投合,杯酒扬扢,形骸顿忘。尔后,不佞挐舟阊阖者四,次公停车瀫水者三。每一把臂,辄潦倒淋漓,濡首乃别。"此诗作于万历十六年冬,王世懋已卒于当年闰六月。万历四年秋,王世懋路过兰溪,在拜访胡应麟父亲胡僖时结识胡应麟,这是二人第一次相见。胡应麟说尔后"次公停车瀫水者三",但其具体情况实为四次:万历五年冬,王世懋过兰溪时第二次与胡应麟相会,并劝其与兄王世贞交往。八年五月端阳之际,王世懋在返江西任途中,过兰溪与胡应麟第三次相见;四个月后王世懋离江西任,"秋杪"过兰溪时第四次与胡应麟相会,但因要在十月初一的父亲忌日前赶回家中,于是"仅作刹那会遽行"。万历十四年夏,王世懋以福建左参政的身份入贺万寿节,途中过兰溪第五次与胡应麟相会。大概胡应麟是把万历八年两次相会因发生于同一年而计作一次,所以才说第一次相见后"次公停车瀫水者三"。以上即是王世懋一生因顺路而到兰溪过访胡应麟的情况,每次二人都有诗文往来,可证这五次相见的情况不会有误。而从胡应麟与王世懋所有传世文字中,根本找不到王世懋曾经并非顺路而径直造访胡应麟者。所谓"是冬,次公访余溪上,夜评骘当代诸名家"云云,王世懋与胡应麟在万历八年九月秋杪时"仅作刹那会遽行",抵家后方知昙阳仙师已经化去,王世贞已写《昙阳大师传》,遂由他手书,付梓刊刻,但他自恨未能见及昙阳最后一面,徘徊久之,不想再赴陕西任职,正巧凤疾又乘寒骤发,直到腊月初,深为肺疾所苦。后在王世贞劝说之下,才启程赴任。可见,万历八年冬,一直在家养病的王世懋不可能径直过访胡应麟。与此相关,二人在上述五次会面时,都留下了互相唱和的诗文;而"是冬,次公访余溪上",则不仅王世懋遗书中找不到任何材料,就是胡应麟自己的论著中也找不到任何佐证材料。这也可证明,万历八年冬,王世懋没有过访胡应麟。退一步说,即使胡应麟所说的二人"是冬"之会,就是指这次"秋杪"的会面,但它也只是时间极其短暂而紧迫的"刹那会",不可能有过夜闲谈的充裕;也就是说,即使从当时会面的情景来看,胡应麟的这一回忆性自述也是存在问题的,并不可信。

再从上文所述胡应麟与王世贞往来通信考察,万历十年冬前,二人并不曾会面,更无胡应麟到王世贞家中拜访之事,但吴先生却忽略了对二人往来书信的考察。另外,二人本年相会的盛况,也可以说明此次见面的初始性。而考察他们各自所作的《石羊生传》,还可以明显发现,二人都把昙阳观相会列为惟一相见之事,并且都把这次相会作为一件盛事来叙述。这就产生了一个问题:对于神交已久的胡王二人来说,是十余年寤寐之想后的第一次相见对他们更为向往和重要,还是第二次相见呢? 从情理和常识上说,当然是第一次。总之,从各种资料和情况分析,"万历八年二人相会之说"绝无可能,亦绝非事实。相会期间,胡应麟与王世贞分别作诗纪胜。

《少室山房类稿》卷五二《初至昙阳观访长公作二首》。

王世贞《弇州续稿》卷七《元瑞计偕,过吴,入访弇中,留饮有赠》。

胡应麟同时拜访王世懋,并留宿其澹圃,谈诗论学。次日,胡应麟以手札形式,将自己对王世懋评论王廷陈与吴国伦诗学成就的话语进行发挥,同时对王世懋所藏邓元锡《函史》进行评论,并进而论及陈耀文所编类书《天中记》。胡应麟认为类书之体有二,匪博则精,但他认为陈书于二者皆未达到,因而对之评价不高。

《少室山房类稿》卷五二《次公于昙阳观傍新构澹圃落成,适余过访,留宿其中,敬赋》《又题澹圃一首》《小饮昙阳观中,呈两王先生作》《次公携酒招游弇园山池,登缥缈楼二首》,卷一一二《报王敬美先生》《杂柬次公四通》(其一、二、三)。

胡应麟得知王世贞长子士骐得中解元,喜而赋诗。并诗赠王世贞从孙王孟嘉。时又巧遇闫道人来访王世贞,即席赠其五言律诗一首。

《少室山房类稿》卷三三《闻王同伯领解南都,喜而有作》,卷五六《赠王孟嘉,弇州公从孙也》,卷三五《题野鹤孤云卷赠闫道人》。

胡应麟在王世贞家里逗留三天后,与世贞作诗相别,并约明年春间再来拜访。

《少室山房类稿》卷五二《再别元美长公》。

吴县县令傅光宅晋京上计,王世贞作诗相送。(徐朔方《王世贞年谱》第 658 页)

于慎行《穀城山馆文集》卷二二《明故中宪大夫、四川按察司提学副使、金沙傅公合葬墓志铭》:傅光宅字伯俊,别号金沙居士。隆庆四年举人,万历五年进士。历官灵宝知县、吴县令、河南道监察御史、南京兵部郎中、工部郎中等职。万历二十九年进四川副使,三十二年辞官归,当年五月卒,距生嘉靖丁未,得寿五十八岁。

胡应麟至镇江时,与老友茅溱同登甘露寺绝顶,重游金、焦二山,夜宿金山,并赋诗为友人送行。

《少室山房类稿》卷五〇《同茅平仲登甘露寺绝顶作》,卷五二《登甘露台望金、焦作》,卷五〇《重游金山四首》,卷三二《再游焦山》《夜宿金山作》,卷七二《送祥光还白门四首》。

按: 上述各诗均无时间性说明,但《少室山房类稿》卷五二中各诗都在该卷所收胡、王二人初次见面所作诗文之后,而且北上路线也正相合,故系于此。

随后,胡应麟到南京,与欧大任、张献翼、刘绍恤、顾大典等游处,欧大任为其《卧游集》作序,并书赠扇头行草二,顾大典则赠其扇头"行草一""山水一"。

欧大任《欧虞部集十五种》之《欧虞部文集》卷五《卧游集序》:"卧游集者,婺州胡元瑞所为诗也。元瑞岳峙一方,其诗寓名山大川者名卧游云。予尝过钱唐,南望天目诸峰,郁郁葱葱,多奇气焉,慨然念其时岂鲜特达磊砢之士,如古所称述哉?乃今元瑞当之,否耶然耶?元瑞鬐鬐娴于古文辞,即卓荦雄艺苑中,遂籍名乡书,数上春官,既归,图五岳于室①,曰:'此身为吾有矣,能终作两渖地白眼儿耶?'乃恣意上媚千古,猎百家之薮读书,益自喜,而时与邑明府喻君邦相酒相劳而相乐也已。至要其所托慷,靡不欲撼天地万物之精而归于吾之学,然及于陈廷之隼、防风氏之骨、商羊之舞而龙威丈人之秘文,则若拭囊而取,而北地、济南所扬抁者,西京六代而下指掌如也,盖彬彬成一家言云。而欿然走千里于都,而属不佞序。不佞以为司马子长好观名山大川,足迹遍天下,游江淮,涉汶泗,窥九疑,浮沅湘以归,其所谓子长文有神来者,独任少卿(任安)耳。元瑞卧游而天下名山大川周不窬寐亲焉,其所谓元瑞诗有神来者,独一不佞乎哉?不佞尝读元瑞《长夏闭关》诗,曰:'尼父六经日诵,邺侯四部时开。领取千秋万世,从他九棘三槐。'志盖恍恍洋洋如也,其伟人哉!而其所向往者瑯瑯矣,睹《游仙诗》可纪焉。盖古之人文成,而欲传之通邑大都,又欲藏之名山大川。传之通邑大都,而欲遍于不知者之耳,而入于真知者之心,其寓意浅也;藏之名山大川,还乎造化,非名山弗称也,其寓旨深也。夫以元瑞之材甚高、气甚雄,即持上驷以驰天下之中,搜山川之奇瑰、风俗之羁夷、鬼神幻变之状、侠客博徒之好,尽挟而极意于千秋之业,靡不可,而乃托之卧游,以外足

---

① 欧大任说胡应麟"图五岳于室"在"数上春官"之后,不确。本年前,胡应麟仅参加过万历五年会试。

于象、内足于理为愉快,元瑞岂不意且旨也? 元瑞业进于道已,则何事于不佞言? 不佞因所托而笔之叙,曰不佞述而遂重洛阳纸,而紫气烛天乎? 异日者,当问诸天目名山也。"

《欧虞部集十五种》之《秣陵集》卷三《张太学幼于、刘大理长钦①、顾司勋道行②、胡孝廉元瑞枉集徐氏东园,迟李临淮惟寅不至,共赋心字二首》。

《少室山房类稿》卷一一○《扇头跋五》。

梁维枢《玉剑尊闻》卷九《排调》:"欧桢伯在虞部时,置酒高会,胡应麟、刘绍恤在座,初不相识。刘问张幼于曰:'何人?'幼于答曰:'胡孝廉。'刘犹未知也,曰:'今日桢伯会同调,如何滥及举人?'幼于笑曰:'胡亦云:今日会同调,如何滥及评事?'(绍恤时官大理寺评事。)"(原文中两处自注略)

《少室山房类稿》卷一一○《扇头跋十》《扇头画跋上》。

胡应麟又同张献翼、潘纬造访李言恭,为其题诗。

《少室山房类稿》卷五二《访李惟寅话旧作》《同张幼于、潘象安③集李临淮,即席作二首》(末注"惟寅已见二毛,余亦安仁之岁"),卷六九《题李惟寅山房三十八咏》。

李言恭《青莲阁集》卷九《张幼于、张英甫、潘象安、胡元瑞、屠和叔过集清啸园,得过字》。

在南京期间,胡应麟独游燕子矶,题诗凤凰台怀李白,作《金陵杂诗二十首》,并赴太学同人邀饮。

《少室山房类稿》卷五二《独游燕子矶作》《凤凰台怀李白题》,卷三二《金陵杂诗二十首》,卷三三《长干道中书事》(时太学同人邀饮)。

南京兵部尚书潘季驯得知胡应麟抵达南京,几次致意李言恭,希望胡应麟能前来一会。但因北上时间较紧,胡应麟未能前往拜谒,遂寄诗相赠,并为其书斋题诗。

《少室山房类稿》卷五二《奉赠大司马潘公》《题留余堂为潘大司马》。

在南京时,胡应麟还偶遇进京上计的绍兴府推官吴献台。

《少室山房类稿》卷七二《河梁话旧十绝句,送左辖吴公之山西》,卷六五《方伯吴公过访话旧。先是,吴公北上,余邂逅于金陵,至是垂廿载矣》。

---

① 王兆云《皇明词林人物考》补遗《刘长钦》:刘绍恤字长钦,安陆(今湖北安陆市)人,隆庆二年进士,官至云南金事。好读书,谭经术夜分不倦,归田益肆力于著述。工临池之技,章草颇得史游笔意。

② 朱彝尊《明诗综》卷五六《顾大典》:"大典字道行,吴江(今江苏苏州吴江区)人,隆庆戊辰(二年)进士,历官福建提学副使,谪禹州知州,改开州。"

③ 《四库全书总目》卷一八○《潘象安诗集》:潘纬字仲文,一字象安,歙县(今属安徽)人,万历中以贡官武英殿中书舍人。其诗"音节畅而性情少,所谓得皮而未得髓者也"。

康熙《兴化府莆田县志》卷二三《人物·列卿》:"吴献台字启衮,万历庚辰(八年)进士,授绍兴府推官,改济南,……历吏部四司主事、考功员外郎,出为浙江参政,转江西左布政,擢顺天府尹,致仕归。"

毕自严《石隐园藏稿》卷四《顺天府尹霞城吴公墓志铭》:吴献台字启衮,别号霞城,生于嘉靖二十七年,卒于崇祯元年十月,得寿八十有一。

离南京前,胡应麟作诗与李言恭相别。

《少室山房类稿》卷七四《别惟寅入燕四绝》。

胡应麟渡江北上,在仪征遇李枞。

《少室山房类稿》卷五二《真州逢李季宣》,卷五〇《别李季宣》,卷三一《寄李季宣二首》。

万历《济阳县志》卷六《职官志·县官》:"李枞,仪真(今江苏仪征市)人,由举人万历二十九年任。"

乾隆《江南通志》卷一二九《选举志》、卷一六六《人物志》:李枞字季宣,万历元年举人。

至扬州,胡应麟作诗怀顾养谦,谒董仲舒祠。又乘夜访陆弼,托以买宅。

《少室山房类稿》卷五二《泊广陵怀顾益卿》,卷七五《嘲小杜。舟泊广陵,忆杜紫薇"青楼薄悻"之句,戏成此绝》,卷四〇《谒董江都祠二首》,卷五八《舟过广陵,访陆无从夜集,托以买宅桥东,因寄赠此作》。

嘉庆《重修扬州府志》卷五一《人物志六》:"陆弼字无从,江都(今江苏扬州市江都区)人。治博士家言,日夜不少废。又好结纳贤豪,尝为诗曰:'匣有鱼肠堪结客,世无狗监莫论才。'"

至宝应,胡应麟登碧霞宫竟日,恍然有驭风遗世之想,为赋二首。

《少室山房类稿》卷五二《宝应碧霞宫宏丽甲天下,其后玉皇阁高寒特立,环以大河,东望淮海,莽苍无际。余维舟其下,登临竟日,恍然驭风遗世之想,为赋二首》。

至淮上,胡应麟在通玄禅寺听明上人说法,与之造室玄谈至丙夜,次日留二诗为别,且订后期。

《少室山房类稿》卷五二《明上人居少林三十余年,以游方淮上,说法于通玄禅寺。余从大众谛听,异焉,造室玄谈,遂至丙夜。诘旦,留诗为别,且订后期》。

至沛上,胡应麟作诗怀古寄喻均。次夏镇,谒当地所建朱衡新祠,赋诗纪念,盼望朝廷能将朱衡复官。

《少室山房类稿》卷五二《沛上怀古寄喻邦相》《次夏镇调朱公新祠》

至卫河,晤广东高明举子区大相等人。区大相以端研见贻,胡应麟赋诗相报。继而胡应麟登陆行齐、鲁、赵间,至安平镇时,闻傅光宅已先一夕经过,未能相遇,怅然作诗。

道光《肇庆府志》卷一八《区大相》:区大相字用孺,高明(今广东佛山市高明区)人。为文有奇气,援笔数千言。万历元年与兄大枢举于乡,十七年与弟大伦成进士,选庶吉士,授检讨,历赞善、中允、掌制诰,居词垣十五年。调给谏,又调南太仆寺丞,移疾归。

《少室山房类稿》卷三二《区用孺以端研见贻,索余一诗为报》,卷三六《卫河阻风,同张、陈两生小饮作》《登陆行齐、鲁、赵间二首》《余从陆至安平镇,闻傅伯俊明府先一夕过此,怅然有寄》。

到北京后,应试举子冯大受以诗草见贻,胡应麟赋诗相赠。

《少室山房类稿》卷五二《初抵都下,冯咸父以诗草见贻,赋此奉赠》。

朱彝尊《明诗综》卷五八《冯大受》:"大受字咸甫,松江华亭(今上海市松江区)人,万历己卯(七年)举人。"

胡应麟离开太仓后,王世贞长子王士骐也北上参加会试,王世贞命其携手书转呈胡应麟,对此次短暂会面表示满意,祝其科举顺利,望其此后能更多致力于诗文写作。

王世贞《弇州续稿》卷二〇六《答胡元瑞》第十书。

在王士骐启程北行之后,王世贞致信张九一,告之近况,并特别告之以胡应麟对他的崇敬之情。

王世贞《弇州续稿》卷一八七《张助甫》第八信:"胡元瑞七言,霍骠骑(霍去病)也,沾沾自喜,以得御足下,云:'舍瑯琊君而外唯张君,舍张君,无所措意。'吾为之击节慨赏,足下读仆前后语,将无疑。"

十月九日,王锡爵父卒。(王锡爵《王文肃公文集》卷一一《诰封詹事府詹事兼翰林院侍读学士、先考爱荆府君行实》)此后王锡爵作书答胡应麟,"窃谓如足下振古豪杰,当推弘风雅之道,润色太平,毋姑以翰仙墨士自处",劝其努力科举。

王锡爵《王文肃公文集》卷一四《胡元瑞孝廉》。

王世贞致信、诗问候吴国伦,并云胡应麟刚刚来过,劝其不要对自己把衣钵传给胡应麟有所不满。

王世贞《弇州续稿》卷一九二《吴明卿》第十一书:"十月初,兰溪胡元瑞来。……兄念我爱我,然得无衣钵一事,于孺子有深私耶?渠巳北上。"

卷一六《壬午初冬，忽传明卿有非常耗者，得书喜剧，因成一律，情见乎辞》。

十一月十六日，胡僖升云南副使。(《明神宗实录》卷一三〇)

十二月初一日，王世懋起补浙江提学副使，以疾辞。(《明神宗实录》卷一三一，《王奉常集》文部卷五〇《归去来辞第二跋》、卷二七《病势增剧，不能赴任，恳乞天恩，容令仍旧调理以保余生疏》)胡应麟闻知后，寄诗问候。

《少室山房类稿》卷五二《寄王次公敬美，时方辞督学越中之命》。

喻均于北上途中得报，升杭州府同知。胡应麟得知后赋诗寄怀。

《少室山房类稿》卷四一《喻邦相束装入计，中途忽有迁杭之命，寄怀二首》。

康熙《杭州府志》卷二〇《守令上》。

王世贞致信胡应麟，称其新刻全集《少室山房诗》"瑰奇雄丽，变幻纵横，真足推倒一世"，"古诗、乐府，已深入汉人壶奥"，歌行中"才思滚滚，不减信阳(何景明)"，"气骨铮铮，并驰北地(李梦阳)，尤为当行。近体自是当世所推，于鳞(李攀龙)外，首称独步可也。仆老境，何幸获此大观?"遂在前作《绿萝馆诗集序》基础上，"重叙其意"，并寄答五言律二章。

王世贞《弇州续稿》卷二〇六《答胡元瑞》第八书。

卷一二《曩余为胡元瑞序〈绿萝轩稿〉，仅〈寓燕〉、〈还越〉数编耳。序既成，而元瑞以新刻全集凡十种至，则众体毕备，彬彬日新富有矣。五言古上下建安，十九首、乐府等篇遂直闯西京堂奥。余手之弗能释也，辄重叙其意，并寄答五言律二章》，其一："穆穆清风至，泠泠白雪传。登坛牛耳定，绝代凤毛骞。崛起三曹后，横行七子前。预知千载下，重数建安年。"其二："屈指中原业，居然大国风。名方千古借，才岂万人同。历块孙阳骏，摩霄北地雄。让君称鼎立，吾已问空同。"

胡应麟决定以王世贞新序作为新刻诗集之序，并将此意呈请王世贞，王世贞复信表示同意，并告知已为其阳春馆赋绝句二十咏。

王世贞《弇州续稿》卷二〇六《答胡元瑞》第十三书，卷二一《为胡元瑞题绿萝馆二十咏》。

对王世贞的几次高度夸奖，胡应麟不免沾沾自喜，遂"为群喙所噪，几无避处"。他们二人虽对之"俱弗顾"，但王世贞也不能不因人言可畏而"不惩其口"了。

王世贞《弇州续稿》卷一八一《华仲达》第七书，卷四五《冯咸甫诗序》。

王世贞《石羊生传》。(《少室山房类稿》卷首、《诗薮》卷首)

胡应麟在北京接到曹昌先从太仓来信,得知王世贞给自己书信已转寄都下,继又在喻均处看到王世贞书信,对其"垂神恳笃,再三不厌",非常感动。

《少室山房类稿》卷一一一《奉报中丞王公》。**按**:此信作于明年"新春"。

本年,黎民表卒。胡应麟作诗哭之,此后又曾多次提及二人交往。

欧大任《欧虞部集十五种》之《欧虞部文集》卷一九《黎惟敬两诗卷跋》。

卓明卿《卓澂甫诗续集》卷中《哭黎秘书先生诗并序》。

《少室山房类稿》卷三二《哭黎惟敬秘书四首》,卷一一〇《扇头跋五》。

《少室山房笔丛》卷四《经籍会通四》。

明神宗万历十一年癸未(1583)　33 岁

正月,胡应麟在京准备会试。

胡僖在大计中被以"不及"论,遂辞云南副使,致仕归家,王世贞赋诗相慰。胡僖"为人持大体,捐小苛,乐拊循,恶迎合,属僚自守、令、椽、丞,感刺骨靡二,而同列文深,与直指贵倨者往往枘凿"。

《少室山房类稿》卷八九《家大人履历述》。

王世贞《弇州续稿》卷七九《胡观察传》,卷一六《胡宪使归自滇中,年六十》(末注"时元瑞将上春官")。

雍正《浙江通志》卷一七〇《人物三·循吏四·胡僖》。

胡应麟在朱宗吉处邂逅进京入觐之山西按察使张九一,二人片语投合,肝胆形骸,几欲为一,各自恨相遇晚。胡应麟赋诗四首相赠,张九一则赠其手书四幅。二人"契密无间","遂为旁观侧目,至征色发声"。

《少室山房类稿》卷八九《石羊生小传》,卷一二〇《报张中丞助父》,卷五三《赠张观察助甫四首》,卷一九《四知篇·汝南张中丞助父六十一韵》,卷一一〇《扇头跋四》。

《诗薮》续编卷二《国朝下》。

王世贞《石羊生传》。(《少室山房类稿》卷首、《诗薮》卷首)

陈文烛《二酉园文集》卷五《胡元瑞诗集序》。

正月二十七日,张九一升山西右布政使。(《明神宗实录》卷一三二)

二月初五日,镇守蓟永等处总兵官、少保兼太子太保、左都督戚继光被命以原官镇守广东地方。(《明神宗实录》卷一三三,《明史》卷二一二《戚继光传》)戚继光在北时,胡应麟曾寄诗问候,此次改南,胡应麟又赋诗送行。

《少室山房类稿》卷三一《寄戚总戎》,卷五七《送戚都督之岭南二首》。

二月九日、十二日、十五日,会试举行。

胡应麟会试下第。

在京期间,胡应麟与来京上计的陈文烛、屠隆诗文互赠,二人为其诗集作序,屠隆还书赠扇头小楷一。

陈文烛《二酉园文集》卷五《胡元瑞诗集序》:"嘉(靖)、隆(庆)间,余官大理评事,海内谈艺之士,自荐绅以及韦布,莫不与交。而婺州胡观察在礼部,其子元瑞幼敏有俊才,盖年十六即操染雄一时。余未见元瑞,见元瑞诗宛致有法,叹曰:终军十八草西征,人以为山东英妙;杨收十三善属文,乞言者至压其藩;子美思语不惊人至死不休,自言咏凤凰财七龄耳。脱略时辈,结交老苍,盖天成云。即元瑞弱冠所交,非大人行,则海内知名之士,此其颖异,岂在古人下耶? 今上十年,余以参政候补阙下,元瑞举于乡,偕计吏而北,诗名岳岳,重海内矣。相见甚欢,手《少室山房诗》,请余序焉,且曰:'王先生业有言,弇州而外,舍公,谁为麟子期耶?'元美爱元瑞调高声秀,李于鳞不死矣。时张助甫在都门,目元瑞,奇之:'此嘉(靖)、隆(庆)间人也,假令五子并驱中原,安知孰先孰后乎?'二先生才华盖代,重元瑞如此。乃余尤爱《岩栖》一编,周旋于芙蓉、紫薇之间,挟白龙而骖赤豹,饭青精而食瑶草,语带烟霞,一洗尘俗,斯大奇矣! 康裕卿、童子鸣每谈金华三洞之盛,元瑞悉吐之,真有得于山灵之助者哉! 或谓:吾子胡不品元瑞诸体耶? 余曰:'有二先生之言在,直论其《岩栖》草耳。'或谓:元美称于鳞,助甫称五子,元瑞方壮,骎骎作者,果如二先生言,则时人岂无出于于鳞、五子之上,可为标的者耶? 余无以应,是在元瑞懋之而已。元瑞名应麟,别号少室山人。"

《少室山房类稿》卷五二《题陈玉叔雪坡草堂二首》,卷五七《题陈玉叔天尺楼》。

陈文烛《二酉园诗集》卷一〇《邢子愿(邢侗)侍御、屠长卿、傅(俊伯)[伯俊](傅光宅)二明府、胡元瑞、莫廷韩(莫是龙)孝廉饮朱汝修(朱宗吉)馆,谈李于鳞(李攀龙),感赋》。

屠隆《白榆集》诗部卷六《燕市逢胡元瑞》。

《少室山房类稿》卷五二《答屠长卿》《再赠长卿明府》。

屠隆《白榆集》诗部卷六《春夜,同陈玉叔、莫廷韩、傅伯俊、邢子愿、胡元瑞集朱汝修斋中》。

文部卷二《少室山房稿序》:"夫诗难言哉! 标拔艺苑,掩罩人群,盖搦管者率多雄心,然定精而索之,必有所不探,毕力而趋之,必有所不至。览观古今学士大夫之作,事胜则伤致,情胜则伤裁,理胜则伤韵,气胜则伤格,浮艳则伤骨,紧迫则伤神,是诗家之魔事也。世有小才,猎得一体,辄自斐然,骤之鼓吹而徐之音死,揽之春华而味之嚼蜡,翳岂不力,天则刑之,夫夜郎王恶知汉大哉? 余友胡元瑞,束发治诗,骎骎高步阔视,比千蒲稍蹑浮云而上,其气盛,其才丰也。
十九首,如洞庭云门,千秋寥寥,用其语则袭,不用其语则远,作者为短气罢尔。
元瑞独奋而嗣响,不袭不远,庶几古人典刑。曹氏父子以下,取法而裁,匠心而
运,诣妙境矣,而尤长于五七言近体,无音不亮,无思不沉,无体不厚,无骨不
劲,无韵不飘,无法不比,其雄大而峭峨眉、剑阁之秀,其纵横而整昆阳、巨鹿之
师。人曰于(麟)[鳞]不死,固诚知言。然其离合变化,则不尽出于(麟)[鳞]
也。弇州兄弟泛爱兼容,为世溟渤,一至此道,便持不下,而独盛推元瑞海鱼龙
鲊,非司空畴赏哉? 余与元瑞同举于乡,兄弟之义甚好。知元瑞诗,自两王公
外,宜无如余者,虽令元瑞自言之,大都若此矣。盖自余为吏,与元瑞不相闻者
六年。癸未,握手都门,数从海内诸名士游,余两人遂益欢。元瑞谓余曰:'子
修辞海上,士争执牛耳而盟,子家藏灵蛇,人厌鼎鼒,独胡生眇不闻謦咳之声久
矣。子且悬书以诧海内,海内冠带同盟之士,载书登籍,累累如云,而独寂然于
金华牧羊儿,余则不遭,亦子他日千秋之恨也。家有山房敝帚,徽享千金,子盍
图之?'余曰:'子诗业乞言两琅琊,其为千金大矣,余奈何复为冲风之末乎?'乃
元瑞请不已,而余之车马复有行色,于是勉尔抽毫,面目沙土,口吻烟霞,余则
愧之。顾余两人之好,与余之知元瑞诗若此其深也,非是言,则天下不得闻,余
恶能已哉?"

《少室山房类稿》卷一一〇《扇头跋九》。

又与余寅、丁应泰、胡汝焕、区大相、李桢、王士骐、王士昌、黄建衷、冯大受、金
九成、莫是龙、吴叔嘉、张应泰、汤显祖、刘子大、陈泰来、傅光宅、盛泰甫、殷都、王
萱、刘仲清、俞安期等游,离京前则赋诗相别。

《少室山房类稿》卷五一《余君房①招同刘子玄、胡孟弢、盛太父、李季宣夜
集言别》《寄余君房》《将出都,丁元父②过访数四,且贻诗饯别,意甚惓切,赋此
奉酬》《南归留别胡孟弢、区用孺、李季宣、王同伯、王永叔③、黄季主④、冯咸父、

---

① 朱彝尊《明诗综》卷五八《余寅》:"寅字君房,一字僧杲,鄞县(今属浙江)人,万历庚辰(八年)进士,除
工部主事,转礼部员外,历郎中,出为陕西提学副使,迁山东参政,入为太常少卿。"

② 傅梅《嵩书》卷六《宦履篇·丁应泰》:丁应泰字元父,武昌江夏(今湖北武汉市江夏区)人,万历十一
年进士,授休宁知县,十七年升刑科给事中,二十五年升兵部职方司主事。不久赴朝抗倭,于时局有所不平,
上疏纠论,事连阁部大臣,不胜而归。

③ 朱彝尊《明诗综》卷六〇《王士昌》:"士昌字永叔,临海(今浙江临海市)人,万历丙戌(十四年)进士,
历官右金都御史、巡抚福建。"

④ 沈德符《万历野获编》卷二三《黄取吾兵部》:黄建衷字季主,号(或一字)取吾,麻城(今属湖北)人,万
历七年举人,二十九年进士。素负时名,材器可用。

金伯韶①八子》《赠莫廷韩②》《同诸子集吴山人叔嘉③馆二首》,卷七五《同胡孟弢、王永叔、李季宣游曲中,戏为二绝》。

卷八六《(张应泰)艺葵园草序》。**按:**光绪《重修安徽通志》卷二二六:"张应泰字大来,泾县(今属安徽)人,……万历壬辰(二十年)进士。授泰和令,累官至泉州守,吏民敛戢,盗不入境。后为吉安守,未莅任卒。"

卷五一《汤义少④过访赋赠》,卷五三《汤义仍过余,适余命工梳发,欲起,义仍亟止余,对谈竟梳,因相顾大笑出:"竹林风致,何必晋人!"俄,余鼓枻南归。兴会相思,辄有此寄》。

卷六三《花朝,过刘金吾斋阁小饮即席赋》,卷五一《集刘金吾子大第作》,卷三五《寄刘子大金吾》,卷一一七《报梅客生⑤》(内云"畴昔邂逅刘金吾座上")。

卷五一《同黄季主、金伯韶两生过伯符⑥宅,时傅明府先在坐》,卷三六《夜宿黄季主,对弈决赌,金伯韶为点筹,酣饮达曙,题壁间》。

卷五一《送盛山人泰父奉母南归》,卷五三《别殷无美》《王季孺⑦过访寓中,值余偶出,诘旦往报,季孺已得第迁居矣》《别章、陈二进士》《别刘仲清⑧》。

卷八一《两都游草序》:"比入都晤俞羡长⑨。"

---

①　沈季友《檇李诗系》卷一五《金举人九成》:金九成字伯韶,号望虞,秀水(今浙江嘉兴)人。万历四年中举,时年十九,屡上公车不售,乃弃去。浮沉肆志,与酒人剑客、禅衲道侣缔遗世超方之交。年三十九卒。

②　王兆云《皇明词林人物考》卷一一《莫廷韩》:"莫云卿初名是龙,字廷韩,号后朋,即方伯如忠伯子也。……律宗杜工部(杜甫),文法西京。尤长于书画,皆为世所珍。公性豪举,不拘小节,尝嗜弈,终夜较不倦。……以拔贡为国子生,名重都下。归则杜门著述,不事干请。生平矜恤贫士,傲睨富贵人。间或阴植亲友,亦绝不令人知。方以学行立帜吴下,倏遭疾而亡,闻者浩叹。"莫氏赠胡应麟扇头手书二,当亦发生在此期。《少室山房类稿》卷一一〇《扇头跋七》:"莫廷韩七言律,……又一小楷五言律,……书各精美,翩翩逼晋唐。"

③　"叔嘉"应为吴山人表字,其名不详。

④　过庭训《本朝分省人物考》卷六一《汤显祖》:汤显祖字义仍,临川(今江西抚州市)人。隆庆四年举人,万历十一年进士。乐留都山川,乞得南太常博士,转南祠部郎。谓两执政使私人而塞言者路,抗疏论之,谪广东徐闻尉。久之,转遂昌令。告归,已无意仕路,而忌者不察,遂于二十九年大计夺官。性喜奖与后进,又喜任达,急人之难甚于己。《明史》卷二三〇《汤显祖传》:"汤显祖字若士,临川人。少善属文,有时名。张居正欲其子及第,罗海内名士以张之。闻显祖及沈懋学名,命诸子延致。显祖谢弗往,懋学遂与居正子嗣修偕及第。显祖至万历十一年始成进士。"

⑤　《明史》卷二二八《梅国桢传》:梅国桢字克生,麻城(今属湖北)人。少雄杰自喜,善骑射。举万历十一年进士。除固安知县,擢御史。万历二十年,宁夏致仕副总兵哱拜反,国桢监军讨平之,擢太仆少卿。逾年,迁右佥都御史,巡抚大同。久之,迁兵部右侍郎,总督宣、大、山西军务。在镇三年,父丧归,未起而卒。

⑥　《明史》卷二三一《陈泰来传》:陈泰来字伯符,平湖(今属浙江)。年十九举万历五年进士,授顺天教授,进国子博士。万历十三年引疾归,后起礼部主事,进员外郎。疏请建储,不报。逾年卒,年三十六。

⑦　朱彝尊《明诗综》卷五九《王莒》:"莒字季孺,慈溪(今浙江慈溪市)人,万历癸未(十一年)进士,改庶吉士,授编修。"

⑧　"仲清"应为其人表字,其名不详。

⑨　潘柽章《松陵文献》卷九《人物志九·俞安期》:"俞安期字羡长,孤贫流离,潜心诵读,以博洽闻。……年三十,为五言长律五十韵投王世贞,世贞奖厉甚至。……后徙家阳羡山中,老于金陵。"乾隆《江南通志》卷一六五《人物志》:"俞安期字羡长,吴江(今江苏苏州)人。慷慨尚气节,盱衡抵掌,意兴勃如。"

其间,胡应麟因再次下第,不禁想起已故浙江右参政、其乡试座师吴从宪,遂赋诗怀之。

《少室山房类稿》卷五一《怀吴大参》。

二月二十二日,陈文烛复除四川左参政。(《明神宗实录》卷一三三)胡应麟赋诗送行。

《少室山房类稿》卷五一《送陈玉叔大参之蜀》。

胡应麟离京南归,过天津时拜访赵南星。南星欲留为三日饮,不料胡应麟以迫归先发,南星遣人追送百里,并出橐装为赠。

《少室山房类稿》卷五一《天津访赵梦白,邀同林登卿夜集,并迟陶别驾,不至》《梦白业留余为三日饮,余迫归解维,辱遣人追送百里,并出橐装为赠,赋谢此章》。

朱彝尊《明诗综》卷五七《赵南星》:"南星字拱极,高邑(今属河北)人,万历甲戌(二年)进士,除汝宁推官,入为户部主事,改吏部,历员外、郎中。谪平定州判官,起太常寺卿,寻升工部侍郎,拜都察院左都御史,进吏部尚书,谪戍代州卒。"

钱谦益《列朝诗集小传》丁集中《赵尚书南星》:"南星字梦白,高邑人,万历甲戌进士。……公忠强直,负意气,重然诺,有燕赵节侠悲歌慷慨之风。……其雄健磊落、奔轶绝尘,北方之学者未能或之先也。"

行至山东境内,胡应麟以诗纪行,并赋诗怀史继书、李言恭、朱宗吉,又与胡汝焕同登泰山,之后赋诗为胡汝焕归家送行。其间,因不及拜祭已故好友祝鹤墓,赋诗二首寄怀。

《少室山房类稿》卷五〇《齐东道中》《怀史元秉[①]、李惟寅、朱汝修》《同文父登泰山四首》《送文父还匡庐》,卷七四《送胡文父还匡庐五首》,卷七七《过齐东,不及持斗酒酹鸣皋墓,二律寄怀》。

继而,胡应麟又于途中,暮登太白楼望泰山。

《少室山房类稿》卷五一《暮登太白楼望岱宗题》。

闰二月初一,张九一升右佥都御史,巡抚宁夏。(《明神宗实录》卷一三四)胡应麟闻而赋诗祝贺。

《少室山房类稿》卷五一《闻张助甫擢宁夏中丞,喜而有作四首》。

---

① 据沈德符《万历野获编》卷一三《褐盖》"史元秉(继书)……为缇帅";《明史》卷二一三《张居正传》"居正乞归葬父,帝使尚宝少卿郑钦、锦衣指挥史继书护归",可知史继书字元秉,曾任锦衣卫指挥。

　　三月,胡应麟南至太仓,重访王世贞、王世懋兄弟。时世贞病甚,强起卧榻间,隐几对谈,得闻胡应麟对张九一、冯大受之高度评价。胡应麟以迫归,仅留宿两日,其间孙七政、徐益孙同日先后来访,亦以行迫而未及报谢。

　　　　王世贞《弇州续稿》卷四五《冯咸甫诗序》,卷一九二《吴明卿》第十三书,卷二〇六《周公瑕》第三书。

　　　　《少室山房类稿》卷五一《再过娄江访二王先生二首》《长公偶以小恙,为余强起卧榻间,隐几对谈,阅二晨夕。迫归告别,意殊恋恋,再赋此》,卷一一二《报王敬美先生》,卷二四《余在娄江日,孙齐之①、徐孟孺②同日先后过访,余以行迫,不及报谢,追忆二君,辄成短歌》。

　　过苏州,胡应麟造访张凤翼,出素卷索书,张凤翼赠以《洞山》十绝句。

　　　　《少室山房类稿》卷一一〇《跋张伯起诗卷》。

　　胡应麟入浙江,舟泊檇李(今浙江桐乡)时,沈思孝邀游烟雨楼。

　　　　《少室山房类稿》卷五一《舟泊檇李,沈纯父邀同陈茂才登烟雨楼》。

　　过崇德(治今浙江桐乡市崇福镇)时,胡应麟过访新任知县朱维京。朱维京出示周天球手书朱衡《河工叙》,胡应麟纵观移日,为作跋。

　　　　道光元年刻嘉庆《石门县志》卷一一《职官·县职》。

　　　　《少室山房类稿》卷五一《过崇德访朱可大,留饮吕明府园亭二首》,卷一〇七《跋周公瑕书朱司空河工叙》。

　　胡应麟到家后,致信王世贞叙旧,在感激其厚爱之余,对返程中未能在其家游处多日表示歉意,并特别对去年的第一次会面深表“满意”,“用慰十余年寤寐之想”,表示“倘高堂药物稍酬”,一定再来拜访。

　　　　《少室山房类稿》卷一一一《奉报中丞王公》。

　　胡应麟同时致信王世懋,对其“惓惓盛心,勖以大业”表示感谢,但窃恐力不从心,请其“终始造之”。并将与友人对当代学者的评论,特别是对其兄弟二人的高度评价全盘告知,认为“必求神化无方,古今悉备,词人周、孔,艺苑唐、虞,长公一人而已。至如精诣则历下(李攀龙)、武昌(吴国伦),兼体则信阳(何景明)、北地(李梦

---

　　① 乾隆《江南通志》卷一六五《人物志》:“孙七政字齐之,常熟(今属江苏)人。淹通五经,由诸生入太学,与四方名士酬和,篇什名称日起,王世贞、汪道昆皆折辈行与交。性任侠,喜结客,尊酒论文,座中常满,而生产月挫。延名宿顾宪成课诸子,敦重孝友,不苟取予,苦吟羸瘦卒。”

　　② 何三畏《云间志略》卷二二《徐太学孟孺公传》:徐益孙字孟孺,号与偕,华亭(今上海市松江区)人。十岁丧父,母鞠育之甚勤,而教诲之甚严。万历七年补博士弟子,后以母卒,绝意仕进。然博览能文。王兆云《皇明词林人物考》卷一一《徐长孺》:徐益孙字长孺,号与偕。年十七补博士,入游国子,名倾都下。事母至孝,母卒,绝意进取,年未半百而卒。

阳),而且绝出群蹊,自建旗鼓,如迦文之后,少林西来,独启禅宗、别开甘露者,执事一人而已。同调犁然颇称确论"。

《少室山房类稿》卷一一二《报王敬美先生》。

胡应麟寄诗问候四川左参政陈文烛,并为其题诗。

《少室山房类稿》卷四二《寄陈玉叔十韵》,卷四一《鱼竹轩为玉叔大参赋》。

胡应麟又致信周天球叙旧,邀其在高秋凉爽时来浙游览。

《少室山房类稿》卷一一四《再报公瑕》。

五月,冯大受拜访王世贞,请其为诗集作序。王世贞"感慨于世路之末杀文雅",评论了胡应麟与冯大受诗作的长处,并从作诗方法上予以指点。

王世贞《弇州续稿》卷四五《冯咸甫诗序》,卷五三《冯咸甫〈竹素园集〉序》。

夏,胡应麟闭关家居,因检拾旧草,点缀联络,作《拟古十九首》《拟古八首》。

《少室山房类稿》卷一一《拟古十九首》《又拟古八首》。

又作《寓怀十二首》《咏史八首》二古诗,抒发其科举不顺的失意心情,抱定不走仕途,以著述传世的志向,高唱"文章实大业,宁与富贵谋",准备一生过着"文章亦大业,富贵宁重轻。勉哉事著述,三代追遗英"的生活。

《少室山房类稿》卷一一《寓怀十二首》《咏史八首》。

按:此二诗具体作年不详,但与上引《拟古十九首》《又拟古八首》同卷,且均为会试下第归家后所作,暂系于此。

又作《二酉山房记》,自记藏书兴趣、购藏经过、书房结构、读书生活及学术志向。

《少室山房类稿》卷九〇《二酉山房记》:"二酉山房,余所构藏书室也。书以经类者三千七百余卷,以史类者再倍之,子三倍,集四倍,凡三万六千卷有奇。友人黎惟敬过而乐之,题'二酉山房'云。

始余受性颛蒙,于世事百无一解,亦百无一嗜,独偏嗜古书籍。七龄,侍家大人侧,闻诸先生谈说坟典,则已心慕艳之,时时窃取翻阅。十一二从家大人官游燕,燕中四方都会,故鬻书薮也,而家大人亦雅负兹好,每退食,诸贾人以籍来,余辄从史其旁,市得辄乞取尽读。而是时肃皇帝末年,旱蝗迭见,大父母复就养京师,俸入不足,恒乞贷乡里,以故帙繁而价重者,率不能致,间值异书,顾非力所办,则相对太息久之。已,家大人再丁内外艰,余再从还越。戊辰复上京师,时余年十七,始娶,亦会家大人官礼部,俸入稍优,于是极意购访。凡寓燕五载,而家大人出参楚,束装日,宦橐亡锱铢,而余妇簪珥亦罄尽,独载所得书数十箧,累累出长安。

自是,余奉母宋宜人里居十载,中间以试事入杭者三,入燕者再,身所涉历,金陵、吴会、钱塘皆通都,文献所聚,必停舟缓辙,搜猎其间,小则旬余,大或经月,视家所无有,务尽一方乃已。市中精绫巨轴坐索高价,往往视其乙本收之。世所由贵重宋梓,直至与古遗墨法帖并,吴中好事悬赀购访,余则以书之为用,枕籍揽观,今得宋梓而束之高阁,经岁而手弗敢触,其完好者不数帙而中人一家产立尽,亡论余弗好,即好之,胡暇及也。至不经见异书,倒度倾囊,必为己物。亲戚交游,上世之藏,帐中之秘,假归手录,卷轴繁多,以授侍书。每耳目所值,有当于心,顾恋徘徊,寝食偕废,一旦持归,亟披亟阅,手足蹈舞,骤遇者率以为狂,而家人习见,弗怪也。自余为童子至今,年日益壮,而嗜日益笃,书日益富,家日益贫。家大人成进士,扬历中外滋久,乃敝庐仅仅蔽风雨,而余所藏书,越中诸世家顾无能逾过者。盖节缩于朝晡,展转于称贷,反侧于寤寐,旁午于校雠者,二十年于此矣。

山房三楹,中双辟为门,前施帘幕。自余四壁,周列度二十四度,尺度皆齐一,纵横辐辏,分寸联合。中遍实四部书,下委于础,上属于椽,划然而条,岌然而整。入余室者,梁柱、榱桷、墙壁皆无所见,湘竹榻一,不设帷帐,一琴,一几,一博山,一蒲团。日夕坐卧其中,性既畏客,客亦畏我。门屏之间,剥啄都绝。亭午深夜,焚香鼓琴,明烛隐几,经、史、子、集环绕相向,大而皇王帝霸之事功,显而贤哲圣神之谟训,曲而稗官野史之纪录,葩而墨卿文士之撰述,奥而竺乾柱下之宗旨,亡弗涉其波流、咀其隽永。意所独得,神与天游,陶然羲皇,万虑旷绝,即南面之荣、梵天之乐,弗愿易也。

昔人谓醯鸡处瓮中,蔑知六合之大,而终日饱食,没世无闻,为天地间一蠹。余自束发受书,即妄意掇拾一家,追随百代,乃今甫壮而衰,亡能万一自见,而徒以七尺之躯,沈痼于遗编敝简而弗能出,则当今为二物,靡宜莫余过者。顾余父子累积之勤、嗜好之笃,与诸书之聚余室,皆非偶然。于是历叙梗概所由,志之山房,为一公案,非海内同好,不敢以出示也。”

按:此文在自述经历时,以隆庆六年离开北京,“自是,余奉母宋宜人里居十载,中间以试事入杭者三,入燕者再”为最晚。“入杭者三”是指万历二年、三年和四年事,两次入京会试分别是在万历四冬至五年春、十年冬至十一年春,则本文应写于万历十一年即本年下第归家之后。

关于二酉山房,《兰溪县志》等多有记载,提供了有关胡应麟读书生活的更多资料。

万历刊、康熙补刊《兰溪县志》卷六《杂志类上·古迹》:“梿茶:在思亲桥侧。高接云汉，阴蔽池塘，夏月新绿，暑气不侵。胡少室建二酉山房，藏书于此。夏每□□长吟，且刳小舟，架于分校之处，以备游观。今归唐骧家。追慕风流，尝思继其躅。"

嘉庆《兰溪县志》卷一六《古迹志》："楂茶：在思亲桥侧。高接云汉，阴蔽池塘，夏月新绿，暑气不侵。胡少室建二酉山房，藏书于此。夏每倚树长吟，且刳小舟，架于分舟之处，以备游观。后归唐骧，颜曰'古楂书屋'，延东阳王崇炳讲学于此。"又："二酉山房：北城思亲桥畔，胡元瑞藏书于此，王世贞记。"

光绪《兰溪县志》卷八《杂志·古迹》："二酉山房：在城北后官塘思亲桥畔。明胡应麟建，初名少室山房。王世贞《记》云：'元瑞自髫鬌厌薄荣利，一切泊然，而独嗜书籍，筑室储之，黎惟敬大书其楣曰二酉山房。'旁有古楂树，高接云汉，俯蔽池塘，夏日浓荫绿缛，暑气不侵，每倚树长吟。又尝刳小舟，架于分枝处，以备游咏。（章有成《过山房有感》诗：'空余池馆胜，遥想旧登临。当代文章手，穷年著作心。六书翻鸟迹，四部隔蝉吟。寂寞（元）[玄]亭下，桓谭独赏音。'国朝象山姜炳章诗：'瀫水藏书家，首推云山楼。又家方鉴翁，书种贻孙谋。赵家灵洞山，石室躬校雠。吾乡周考功，分韵相倡酬。读书买书少室氏，大酉小酉书无比。聚书三万六千卷有奇，驱蜗逐蠹纠亥豕。溯金陵，走燕山，轻车画舫北与南，月明风送古书还。世人攻王李，攒矛及诸子。讵知沧海胸，罗列星辰贯经史。少年曾读《笔丛》书，今日仍斟二酉稿。虽然只眼输前贤，新都弇州许分道。我主云山席，书楼书已空。安得君家书万轴，令我椠床酣叫朱黄中！'）后归唐骧家，改颜曰'古楂书屋'。"又："古楂书屋：在城北隅，即二酉山房故址。国朝康熙间武进士唐骧建，易此名。"

嘉庆《兰溪县志》卷一七《艺文志·诗》收录有清朝象山人姜炳章《二酉山房》诗："瀫水藏书家，首推云山楼（纯孝乡黄石所建）。又家方鉴翁，书种贻孙谋（郑方鉴有《书种记》）。赵家灵洞山，石室躬校雠。吾乡周考功，分韵相倡酬。（赵文懿有石室藏书）。读书买书少室氏，大酉小酉书无比。聚书三万六千卷有奇，驱蜗逐蠹纠亥豕。溯金陵，走燕山，轻车画舫北与南，月明风送古书还。世人攻王李，攒矛及诸子。讵知沧海胸，罗列星辰贯经史。少年曾读《笔丛》书，今日仍斟二酉稿。虽然只眼输前贤，新都弇州许分道。我主云山席，书楼书已空。安得君家书万轴，令我椠床酣叫朱黄中！"

汪启淑《讱葊诗存》卷三《兰溪棹歌》第四十六首："谁将二酉号山房，日拥书城坐古香。流转已归唐贡士，亲贤赚得姓名芳。"下注："二酉山房在北门城内思亲桥畔，明胡应麟藏书处也，其址今归贡士唐正学。"（续修第1446册第272页）

夏,胡应麟接欧大任自南京来信,复信并诗,对去年南京相会表示满意,特别对其为诗集作序表示感谢,并约凉秋时赴南京拜访,"当令燕矶、牛首山川色飞耳"。

　　《少室山房类稿》卷一一四《报欧桢伯》,卷五二《寄欧桢伯水部》(时乡人以桢伯秣陵书至)。

七月上旬,青浦知县屠隆以升礼部主事赴京任职,(徐朔方《屠隆年谱》第337页)胡应麟作诗送行。

　　《少室山房类稿》卷五二《送屠长卿北上》。

八月,浙江巡抚张佳胤过兰溪时造访胡应麟,但因胡应麟正在杭州,未能相遇。张佳胤请已经致仕归家的胡僖代为转告,约胡应麟赴杭州相见。胡应麟返家后,遂又重赴杭州谒谢,张佳胤果以上客客之。

　　《少室山房类稿》卷八九《石羊生小传》,卷五七《大司马张公秋日过访溪上,余时留武林不值,抵舍后再往谒谢二首》,卷一一四《报张肖父司马》。

　　王世贞《石羊生传》。(《少室山房类稿》卷首、《诗薮》卷首)

胡应麟拜见张佳胤后,汪道昆携弟汪道贯、汪道会等人也来到杭州,胡应麟前往拜谒,这是他和汪道昆第一次会面。继而戚继光亦至杭州来会,汪道昆与戚继光各出精铁百炼宝剑示坐中,精彩射人,毛发洞鉴。汪道昆遂命胡应麟"吐奇语"赋之,胡应麟援笔赋长歌《双剑篇》,戚继光为之赞叹赏服。

　　《少室山房类稿》卷八九《石羊生小传》,卷一二《入新都访汪司马伯玉八首》,卷一八《八哀诗》其六《少保山东戚公继光》。

　　王世贞《石羊生传》。(《少室山房类稿》卷首、《诗薮》卷首)

　　《少室山房类稿》卷五七《秋日,湖上奉访汪司马伯玉,时仲淹、仲嘉①同至》,卷三一《寄汪仲淹伯仲》,卷二九《双剑篇》,卷一九《四知篇·新都汪司马伯玉七十二韵》。

中秋前,胡应麟在杭州与知府张振之②、同知喻均及徐桂、吴充、杨思悦、王叔承等人同游。

　　《少室山房类稿》卷五二《秋日张使君招饮湖上作》《张使君招饮舟中作》,卷五一《同喻邦相别驾话旧作》,卷七四《喻邦相即署中建楼,题曰信美,索诗,为赋四绝》,卷三五《为邦相题蕉石图》(图出元人张伯雨,贞吉所临),卷六五《湖上

---

①　朱彝尊《明诗综》卷六七《汪道会》:"道会字仲嘉,休宁(今属安徽)人,亦道昆弟,诸生,有《小山楼稿》。(李本宁云:'仲嘉秀色天然,尽去雕饰。')"

②　王世贞《弇州续稿》卷一五○《像赞》:张振之字仲起,太仓州(今江苏太仓市)人。嘉靖七年生,三十八年举进士。历官处州府推官、广信府同知、南京兵部员外郎、杭州知府、浙江副使等职,得疾乞休卒。

同喻邦相泛舟,离净慈入玉泉,观鱼池上,徐茂吴以家酿至,余迫暮同吴生德符①先归》,卷七九《吴德符损饷宣德茶盂二枚,因瀹天池新焙,赋二绝以赏之》。

卷五一《杨思悦②茂才招同沈侍御、金观察、李山人集湖上,得长字》《小饮杨思悦馆》《夜同俞、蔡二子集杨茂才馆》,卷四一《杨思悦邀集涵碧亭遇雨作》,卷六〇《沈侍御、杨茂才同邀太虚楼燕集,余适留滞湖上,以薄暮过,则宾主偕行矣,戏束一律》。

卷五七《湖上逢王承父》。**按**:此诗之前为上引《秋日,湖上奉访汪司马伯玉,时仲淹、仲嘉同至》诗,故系于此。

中秋夜,汪道昆、戚继光与胡应麟、卓明卿、周天球、邬佐卿、孙七政、方元淇、王伯稠、莫是龙、邵正魁、方尧治、潘之恒等吴越名士十余人集会西湖。席间,胡应麟与卓明卿赋诗相赠;因胡应麟评论周天球书法事,"莫生"借酒骂座,胡应麟夷然弗屑,继而其人"旋即创艾长跪乞盟者再,指天画地而自誓者三",胡应麟"第付之一粲而已"。

卓明卿③《卓澂甫诗续集》卷中《癸未中秋,胡总戎(胡守仁)载酒西湖,集戚少保、汪司马、周公瑕、邬汝翼④、孙齐之(孙七政)、方景武⑤、王世周⑥、汪仲淹(汪道贯)、仲嘉(汪道会)、莫廷韩(莫是龙)、俞孟武、邵长孺⑦、方翁恬⑧、胡元瑞、潘景升(潘之恒),分得八庚韵》《湖上逢胡元瑞》。

---

① "吴德符"即吴充,兰溪人。曹学佺《石仓文稿》卷三《适越记》(壬寅秋日,同吴德符、陈惟秦),末云:"同游者为吴充、陈仲溱。兰溪与吴别,陈同余归。"谈迁《北游录·纪咏下》有《新建喻叔虞(应益)、古歙吴德符(充)、海盐姚叔祥(士奘)并嗜学追述》诗,其《枣林杂俎》和集《丛赘·梅花诗百首》记屠隆事,末云:"歙县吴德符充时在座,为予言之。"均可证"德符"为吴充表字。吴充随胡应麟学诗,来往较多。
② "思悦"应为杨氏表字,其名不详。
③ 徐象梅《两浙名贤录》卷四七《光禄寺署正卓澂甫明卿》:卓明卿字澂甫,仁和(今浙江杭州)人。天性亢爽,为人烈亮薄章句。所交倾海内,以失一名下士为耻。北上拜宗光禄,父艰服阕,补光禄寺珍羞署正,以疾卒。
④ 王兆云《皇明词林人物考》卷一二《邬汝翼》:邬佐卿字汝翼,丹徒(今江苏镇江市丹徒区)人。弱冠补郡博士弟子员,惟潜心坟史,不屑屑于制义。中岁谢博士业,一志于文词。诗虽稍伤率意,而该博雄浑,每出人意表,以故海内名流乐与之交好。晚年粗涉二氏之典。万历二十二年秋,殁于杭州西湖禅林,年六十有三。
⑤ 佘翔《薛荔园诗集》卷二《寄方景武》,题下注云:"讳元淇,工近体,在戚将军幕府。"王世贞《弇州四部稿》卷三九有《调方景武。方长仅三尺,而为戚大将军幕客》。
⑥ 张大复《昆山人物传》卷一〇《王伯稠》:王伯稠字世周,为儿时即已寄兴倏远,歌咏多非意表所及,时号神童,王世贞嗟赏之。诗名大噪,抒所自得为快,多大山长谷之想,口鼻眉眼尽载烟霞气色。得年七十有三。
⑦ 据欧大任《欧虞部集十五种》之《欧虞部文集》卷七《送邵长孺归休宁寿母序》,邵长孺名正魁,休宁人。
⑧ 陶元藻《全浙诗话》卷三三《方尧治》:方尧治字翁恬,一字六如,号元畅,兰溪人。与吴国伦往来声气,亦通"七子",然所作诗豪气激越,不尽规抚王世贞、李攀龙。

《少室山房类稿》卷五一《答卓澂父》,卷五七《中秋夜,司马汪公招同吴越诸名士湖上玩月,得秋字》。

王世贞《石羊生传》:"会伯玉(汪道昆)来湖上,大将军戚元敬系至。……元瑞性孤介,时时苦吟沉思,不甚与客相当,而当其挥麈尾、品时藻,不能无置雌黄唇吻。有莫生者,躁而贪,以品不登上中,恨元瑞切骨,属伯玉、元敬游西湖,故遍詈坐客,欲以为哄端,元瑞夷然弗屑也。及在弇,仲淹倚酒侮元瑞,元瑞拒弗受。客谓元瑞:'彼莫生詈者,胡以受之?'元瑞徐曰:'莫生者,庸渠足校也?仲淹,司马公介弟,而又挟贤,吾侪当爱之以德,独奈何成人过耶?'客乃服。"(《少室山房类稿》卷首、《诗薮》卷首)《弇州续稿》卷一八七《张助甫》第一书:"元瑞以吾曹假之,故恶少若莫生辈力肆讪谍。"**按:**胡应麟、王世贞均未明说"莫生"为谁,但据上引卓明卿诗,当夜集会的十余人中只有莫是龙为莫姓。

《少室山房类稿》卷一一三《中秋,湖上饮归,柬伯玉司马并元敬大将军》:"夫诗文参天地、关盛衰,书画亦合神明、符造化。……历证古能书之名,书于人果何负也?而称彼能书,又实匪不肖意也,藉令不肖意,而所称又实匪其人也。湖山盛集,触目琳琅,家享黄初,户餍大历,其孰非诗而且文者?至于书,则不必人人能,不肖所以举公瑕而独赞之也,犹之乎颂明公之武功,而美戚大将军之文事也。夫公瑕之诗,不肖固赞之不啻口出者,而彼以为讥,则仆于公瑕亦有所讥耶?盖不佞有是言,诚为公瑕,而未尝为彼。而彼以沉湎之余,乘哄詈之后,修睚眦之隙,报畴昔之故,跳梁于湖光山色之间,叫叫于朗月清风之下,使其林惭无尽、涧愧不歇,王衍无暇于清谭,贾谊屡为之太息。盖自有中秋、有西湖,以至今日,未有若斯会之奇,亦未有若斯会之厄者也。虽然,其人醉矣甚矣,而与较是非、计得失,是不肖亦醉也而亦甚也,况其始而怒号,旋即创艾长跪乞盟者再,指天画地而自誓者三,皆金观察、沈侍御所目击。当其时,不肖第付之一粲而已,而何所复芥耶?"

《弇州续稿》卷二○六《周公瑕》第三书:"中秋后先月色佳甚,明圣之会,公与伯玉作赵武、屈到,而群诗人捧盘敦以从,诚大奇事。足下所言坐骂者何人?……公有意于偕肖甫(张佳胤)、伯玉而过我,弇园目界虽小,根脚自大,一筋一咏,足令公肺腑楚楚也。"

沈德符《万历野获编》卷二三《金华二名士》:"胡元瑞亦好使酒。一日寓西湖,适汪太函司马携乃弟仲淹来杭,王元美伯仲并东南诸名士大会于湖中。仲淹已病,其诗颇有深思秀句,心薄胡之粗豪,忽傲然起,谓弇州曰:'公奈何遽以诗统传元瑞?此等登坛坫,将置吾辈何地?'汪、王三先生出仓猝,不及答。元瑞亦识仲淹气盛,第怒目视。时戚元敬少保实偕二汪渡江,因同席饮,出软语两解之。胡大怒移骂,至目为粗人,戚惊避,促舆度岭去,满座不欢而罢。时人作杂剧嘲之,署题曰:'胡学究醉闹湖心亭,戚总兵败走万松岭。'"按:沈德符此文错误有四。一是诚如徐朔方《王世贞年谱》所云:"王氏兄弟不与会,醉晋西湖者是莫生。传闻失实,不足信。"二是,汪道昆兄弟来杭州并非如沈德符所说"戚元敬少保实偕二汪渡江",而是汪道昆兄弟三人先到,而后戚继光才赶到。三是王世贞兄弟未参加西湖之会,沈德符是把此后发生之汪道贯与胡应麟闹酒事误当作"莫生"之事了,但他所记汪道贯"谓弇州"之语应该可信,详见下文。四是,孙七政、王伯稠留下的聚会诗文中没有胡应麟与戚继光发生冲突的记载,因此沈德符所说胡应麟对戚继光"大怒移骂,至目为粗人",亦非事实。

孙七政《孙齐之松韵堂集》卷六《中秋夕,戚大将军、胡督府招诸词客,同汪司马燕集西湖舟中,得七阳》《邵长孺以诗投赠,答之》(邵,新安人,号楚岳,为戚大将军幕客),《赠戚大将军》。

王伯稠《王世周先生诗集》卷九《戚大将军元敬置酒西湖,集诸名士觞咏,予亦与焉,因有此赠》,卷一二《中秋夕,汪司马、戚少保、(吴)[胡]总戎携尊湖上,与诸名士赋诗,予得潭字》,卷一三《中秋夜,胡大将军招饮湖上,以诗奉谢》。

当夜集会归后,胡应麟致信汪道昆、戚继光,详细解释与"莫生"发生冲突事,以答其惓惓相问之谊。

《少室山房类稿》卷一一三《中秋,湖上饮归,柬伯玉司马并元敬大将军》。

(主要内容见上引此信)

八月十六日夜,喻均邀同汪道昆、胡应麟、孙七政、王伯稠等人重集俞园,后喻均以公事先行,胡应麟同汪道昆移舟六桥,布席堤上,箫管间作,诸君剧欢,丙夜乃返。

《少室山房类稿》卷五七《十六夜,喻别驾邀同汪公重集俞园,得池字》《是夕,邦相以公事先行,余同司马移舟六桥,布席堤上,澄湖月色,万顷如昼,箫管间作,诸君剧欢,丙夜乃返》《陈观察留饮赋赠》。

孙七政《孙齐之松韵堂集》卷六《十六夜,喻司马招同汪司马西湖玩月,得十一真》。

王伯稠《王世周先生诗集》卷一二《中秋后一日,喻使君邦相招饮湖上,时汪司马昆季及诸词客共赋,予得微字》。

中秋节间,胡应麟过访王伯稠寓所,巧逢汪道会、潘之恒,赋诗赠之。王伯稠赠胡应麟以长歌及七言四律,勉以"千秋代兴在吾子","愿生努力追遐轨",并书赠胡应麟扇头小楷七言律诗一首,胡应麟则赋答七言二首,称其为"侠气""标海岳","昆冈片玉才"。

《少室山房类稿》卷三四《秋日过王世周寓,逢汪仲嘉、潘景升,赋赠》,卷六二《饮王茂才园亭戏作》。

王伯稠《王世周先生诗集》卷六《长歌赠胡元瑞》,卷一六《寄怀胡元瑞》(四首)。

《少室山房类稿》卷五七《王山人世周以长歌及七言二律见贻,赋答二首》,卷一一〇《扇头跋九》。

游西湖时,胡应麟偶遇张允文,未及问姓名,别去。次日张允文持俞安期信,前来拜访并请序。胡应麟以前曾读其父张元凯《伐檀斋集》,"辄恨与若人并世而不获把臂于东西双阃间",去年在北京遇到俞安期时,俞氏又曾向他盛称张允文"其材诣亡谢乃翁",胡应麟"私衷愈益向往焉"。于是在张允文登门拜访时,胡应麟倒屣出迓,拂席命坐,坐定命酒,酒至命酌,而展其书读之,则"韵高而旷,思沉而澹,调逸而新,如片石孤峰,清池皓月,兴象泠泠,标揭人外,即骤见似坦易无奇也者,而微词隽致,引之弥长而绎之弥远",遂欣然命序,并赋诗答之。

《少室山房类稿》卷八一《两都游草序》,卷六四《遇张孟孺于湖上,未及问姓名别去,诘旦以美长书泊新作来谒,赋答此篇》。

不久,汪道昆离杭赴太仓访王世贞,请其为先父撰写碑文,(徐朔方《汪道昆年谱》第68—69页)胡应麟等一同前往。途中,汪道昆为胡应麟作《〈少室山房续稿〉序》,并赋诗四首相赠。

王世贞《石羊生传》。(《少室山房类稿》卷首、《诗薮》卷首)

汪道昆《太函集》卷二四《〈少室山房续稿〉序》:"元瑞籍诗三百篇,则元美序矣,概以当世二三作者,瑜不掩瑕,由前推于鳞(李攀龙),由后则推元瑞,申之耳目无两,要以代兴。元美自信,平生之言于人无誉。及其修元瑞也,务入沉深出自然,期于质有其文,追风雅而薄汉魏。元瑞唯唯,遂辍经艺,罢计偕,时而卧游,揽百家,猎千古,称诗,视故策等,抵孤序之。

初,学士盟葵丘而主于鳞,即元美争自下,孤独高于鳞而大元美,心窃窃未敢言。于鳞集既行,元美属孤为之序,孤时俟论定,卒谢未遑。倾之,《弇州四部稿》成,孤始吐私臆,不敢终隐。

元瑞起屦而从历下(李攀龙),放于瑯琊(王世贞),卒尸元美而祝之,以于鳞配,且言大成之尊柱下,亦犹元美之右于鳞,瀛海稽天,吞岱宗者不啻三五,不茹而吐,其斯为有容。夫以于越少年,直将排泰山,蹢梁父,何嘐嘐也?齐吴更霸,鲁幸与盟,元瑞业已求多于一匡,鲁于何有?

且也元美藉藉元瑞,孤无庸赞一辞,其进元瑞者两端,其言具在。元瑞挟策固请,善言必三。窃惟言志为诗,言,心声也。吾道卓尔,惟潜心者得之。元瑞直以稽古而废明经,尸居而绝户屦,坐忘而冥合,官止而神行,其心潜矣。潜则沉深,自然之所由出也。元瑞益矣,其日刊锋藏巧,露其质木,此于元瑞何难? 揆之天时,必时至而后可。盖天有至教,各以时行,不春不华,不秋不实,时有必至,天且不违。元瑞早岁之业则春也,吾见其巨丽,吾见其日新。及其壮也,春而夏矣,吾见其蓄滋,吾见其峻茂。过此以往,于时而秋,秋实告成,坚矣硕矣。改柯易叶,无用芬华,岁功毕矣。藉令如驰且尽,恶可凌节乎哉! 元瑞待之,无所容尔力矣。"

卷二六《〈少室山房四稿〉序》:"余遇元瑞东省,方舟而入娄江。《少室山房初稿》成,长公序矣。中道并出《续稿》,属余序之。"

卷一一六《舟中赠胡元瑞,时从余过弇园》。

汪道昆、胡应麟离杭州后不久,萧廪到任浙江巡抚,原巡抚张佳胤入京任职,亦顺道赴太仓过访王世贞兄弟,遂与胡应麟、汪道昆等同于八月二十八日至太仓。第三天九月初一,张佳胤别去,王世贞、王世懋、胡应麟等作诗送行。其间,王世懋、曹昌先、王世望、王锡爵等人与游。

王世贞《石羊生传》。(《少室山房类稿》卷首、《诗薮》卷首)

王世贞《弇州续稿》卷一七《汪伯玉司马同淹、佳二仲、徐孟孺、胡元瑞过我弇园,而张司马肖甫亦至》。

《少室山房类稿》卷五二《司马汪公伯玉拉余过海上访两王先生,适司马张公肖父同日至,留集弇园者三,宿澹圃者再,实一时之盛事,因成七言四律纪之》《赠王瞻美①》《王宗伯(王锡爵)督学招同张、汪二司马、王长公、次公、洪山人、汪太学同集园亭赋》,卷一一一《报元美廷尉》,卷一一三《奉少司马汪公》。

王世懋《王奉常集》诗部卷一二《喜汪伯玉张肖甫两司马同日至》,卷一一《肖甫平乱还朝,晋秩御史大夫,仍佐司马。舟过吴门,迂道见访。留连不能为别,敬赋近体二首赠行,于时九月之初吉也》。

王世贞《弇州续稿》卷一六《肖甫兄治浙师功成,召拜御史大夫,行左司马事,道过吴门,轻舟入访弇中,赋此赠别,得二章》,卷二一《余自庚辰来抱影景靖,不识城西水面者三载余矣。癸未八月,乃送张肖甫大司马;九月送汪伯玉

---

① "王瞻美"即王世望。王世懋《王奉常集》文部卷一七《太学生陶君墓志铭》:"王世望即予从兄瞻美。"

少司马;十二月送陆与绳(陆光祖)少宰。甲申三月送吴明卿(吴国伦)大参;八月送李本宁(李维桢)大参,贞吉与焉;九月送欧桢伯(欧大任)虞部。远或泊清洋,近亦关外,而明卿独相蝉援,遂抵昆之玉龙桥泊焉。见者当骇传,以为且破木义,而不知是六君子皆生平故人。张、范之好,而命千里,嵇、吕之驾,恨不能泛一叶舟,裹百日粮,相从于五湖之涘,何论木义也。今吾巳徙处深林,而所谓故人者,亦且尽矣。闲居无事,忾叹之余,人成(五言)一绝,以纪其事》(其中第一首为《送肖甫司马于清洋江口》)。之后又各作同题七言绝句,见该书卷二四)。

　　《少室山房类稿》卷五七《送大司马张公还朝四首》。

　　汪道昆《太函集》卷七六《沧州三会记》。

汪道昆、胡应麟等继续留弇中、澹圃,其间游处甚乐,但汪道贯在酒会时,因醉酒与胡应麟发生冲突。

　　王世贞《石羊生传》:"伯玉数与元瑞相闻问,把臂剧欢。……遂同过弇州园。伯玉道为《少室山房集序》,其重不下余。时偕元瑞至者,伯玉弟仲淹、仲嘉,而张大司马亦以内召,迹伯玉而来,寻先别去。余兄弟与伯玉、元瑞诸君积日游弇中,甚乐也。元瑞性孤介,时时苦吟沉思,不甚与客相当,至其挥麈尾、扢艺文,持论侃然,尤慎于许可。有莫生者,躁而贪,以品不登上中,侧目元瑞甚,属伯玉、元敬游西湖,故遍詈坐客为哄端,元瑞夷然弗屑也。及在弇,仲淹被酒狃元瑞,元瑞拒弗受。客谓元瑞:'襄湖上之役,胡以异兹?'元瑞徐曰:'莫生者,庸讵足校也? 仲淹,司马公介弟,吾侪当爱之以德,独奈何成人过耶?'客乃服。"(《少室山房类稿》卷首、《诗薮》卷首)

　　汪道昆《太函集》卷七六《沧州三会记》。

　　《少室山房类稿》卷一九《四知篇·新都汪司马伯玉七十二韵》。

聚会时,王世贞当面应许胡应麟,准备为其作《二酉山房记》。

　　王世贞《弇州续稿》卷二〇六《答胡元瑞》第十八书:"二酉山房日与作者揖逊,念之神王,见委《记》,系岁前面许。……去岁已作得《末五子篇》。"**按**:此信作于明年。

王世贞作《末五子篇》,将胡应麟收入其中,即《赵太史用贤》《李参政维祯》《屠仪部隆》《魏博士允中》《胡先辈应麟》。

　　王世贞《弇州续稿》卷三《末五子篇·胡先辈应麟》:"胡郎天挺豪,弱龄富篇咏。突窥济南室,摆脱信阳境。高岭秀繁条,何所不辉映? 顺风扬妙音,畴能不倾听? 沉思穷正变,广心饶比兴。牛耳终自归,蛾眉竟谁并? 已睹千仞翔,徒劳众口竞。"

聚会期间,王世懋接到胡应麟父亲胡僖来信,连夜作书答之,内称"令郎一日千里,骎骎欲度家兄前,若弟更不足道。自恨不娴于揄美之辞,宁当复有吝许?"

> 王世懋《王奉常集》文部卷四〇《答胡公泉》第一书。

九月五日,胡应麟、汪道昆等告辞返家。王世贞先在弇园为之饯行,与汪道昆约定明后年互贺六十寿辰,继又与王世懋、王世望、曹昌先送众人至昆山。王世贞泣下沾襟,四座皆掩泣。

> 汪道昆《太函集》卷七六《沧州三会记》。

> 王世贞《弇州续稿》卷一七《送伯玉同二仲、元瑞清洋,将抵玉龙桥,望玉山作》,内云:"骄从麈尾争名晚(仲淹被酒,与元瑞争名而哄),老向刀头忍泪难(伯玉与予最老而最相知)。"

> 卷二一《余自庚辰来抱影昙靖,不识城西水面者三载余矣。癸未八月,乃送张肖甫大司马;九月送汪伯玉少司马;十二月送陆与绳(陆光祖)少宰。甲申三月送吴明卿(吴国伦)大参;八月送李本宁(李维桢)大参,贞吉与焉;九月送欧桢伯(欧大任)虞部。远或泊清洋,近亦关外,而明卿独相蝉援,遂抵昆之玉龙桥泊焉。见者当骇传,以为且破木义,而不知是六君子皆生平故人。张、范之好,而命千里,嵇、吕之驾,恨不能泛一叶舟,裹百日粮,相从于五湖之涘,何论木义也。今吾已徒处深林,而所谓故人者,亦且尽矣。闲居无事,忾叹之余,人成(五言)一绝,以纪其事》,其中第二首为《再送伯玉至清洋口》。后又各作同题七言绝句,见该书卷二四,其中《再送伯玉至清洋口》末注:"君舟有胡元瑞及淹、嘉二仲,我舟有曹子念及瞻、敬二美。"

> 《少室山房类稿》卷一九《四知篇·新都汪司马伯玉七十二韵》。

胡应麟南行至苏州时,拜访周天球,索其手书王世贞前后所赠诗三十二章。

> 《少室山房类稿》卷一一〇《跋周公瑕书王司寇诗卷》。

王世贞致书汪道贯,叙谈此次太仓相会事,特别对其与胡应麟闹酒事进行劝解,称"足下篇什自足笼罩时辈,元瑞器不胜才,吻不谋腕,脑满肠肥,谈笑间柴棘,何足与较也?"劝其勿与胡应麟争胜。

> 王世贞《弇州续稿》卷一八一《汪仲淹》第四书。

王世贞致信胡僖叙旧,内称胡应麟"天士国器,举世不能二三","富矣美矣,蔑以加矣",但此评应有客气乃至客套之意。

> 王世贞《弇州续稿》卷二〇七《与胡观察伯安》第一书。

汪道昆与胡应麟离开太仓分手时,约明年同游金华、台、雁诸山。之后汪道昆先到嘉兴访沈思孝,欲待胡应麟前来会合,不果。继又于初九日重阳到杭州,与喻均、卓明卿等集孤山四照阁,时胡应麟尚留于槜李,亦未能至。

汪道昆《太函集》卷一○二《胡元瑞》第一书。

《少室山房类稿》卷一三《九日,喻邦相邀司马汪公泊诸君登高天竺,属余尚留槜李,不及会,以"遍插茱萸少一人""插"字为韵》《寄怀司马汪公》(公与余期是岁游金华、台、雁诸山),卷五二《重九舟中怀汪司马》,卷一一三《奉少司马汪公》。

卓明卿《卓澂甫诗续集》卷中《癸未九日,喻郡丞邦相、李祠部含之、陈给事广野携酒,招汪司马伯玉、王世周、汪仲淹、俞孟武、汪仲嘉暨余集孤山四照阁故址,得宽字》。

九月到家后,胡应麟致信王世贞,从自己最初对王世贞学术的认识、二人结交的过程以及自己对其学术地位的维护以致"招尤启衅"谈起,答复王世贞对汪道贯与自己闹酒事的两相解劝之意,明确表示:"藉令不肖材至驽劣,藉令不肖不遇明公,犹将踯躅中原,披倡小岛,秋蛰春蚓,不窍自鸣,宁至与此辈较量身手,挈竞短长?"自己既不会与汪道贯一般见识,也"久已忽忘,(然)执事拳拳,聊复缓颊",故而来信说明。胡应麟告诉王世贞,自己"业已杜门息交","是非臧否,一切置之罔闻",而专心于学问著述,特别是写作"羽翼《卮言》"的著述,这就是五六年后完成的《诗薮》。胡应麟表示,要以此书传诸后世,以成不朽,"彼呶呶者,恶能恣衷臆于九京,斗唇吻于百代哉?"

《少室山房类稿》卷一一一《报长公》。

胡应麟以萧廪到任浙江巡抚,喜而赋诗寄问。

《少室山房类稿》卷五二《中丞萧公自关中来越,喜而有作》。

胡应麟回忆起与汤显祖在京相遇情节,乘兴寄诗汤显祖。

《少室山房类稿》卷五三《汤义仍过余,适余命工栉发,欲起,义仍亟止余,对谈竟栉,因相顾大笑出:"竹林风致,何必晋人。"俄,余鼓枻南归。兴会相思,辄有此寄》:"散发逢君易水头,红尘紫陌并追游。狂呼楚客青丝骑,醉拥吴姬白玉楼。三馆地堪容执戟,五湖天欲问归舟。江声月色能相望,九月鸿书到敝裘。"

按:对此诗,李思涯指出:"诗歌的题目点出二人相见之下的相互倾慕,而诗写得感情真挚、热烈,期盼能继续与汤显祖书信来往。"(《胡应麟文学思想研究》,中国社会科学出版社 2012 年版,第 323 页)但也诚如徐朔方所说:汤显祖"初交胡应麟而后绝";(《汤显祖年谱》第 269 页)胡应麟此诗"说明汤胡二人同在北京应试时颇相亲密。从常情来说,当时汤显祖应当也有和赠之作。而现在汤氏诗文集中没有一字提到胡应麟。可能的解释是后来知道胡应麟求得王世贞的衣钵之传,引起汤显祖不满,才在诗文集中删去有关作品而不留痕迹。"(《汤显祖和晚明文艺思潮》,《徐朔方集》第一卷,第373页)不过,"王世贞的衣钵之传"并非"胡应麟求得",而是王世贞主动赠予,徐先生此言非是。

张九一致信胡应麟,对其"慰谕拳拳",称其可与李攀龙、王世贞等五子"并驱",胡应麟复书相谢,对其升为都察院右佥都御史、巡抚宁夏再次表示祝贺,并特别忆及年初时会于京师,"莫逆于衷,相视而笑",希望能得其"终始玉成"。

　　《少室山房类稿》卷一二〇《报张中丞助父》。

秋,胡应麟夜梦与赵南星论文久之,遂寄诗问候。

　　《少室山房类稿》卷五一《寄赵梦白计部》(秋夜梦与梦白论文久之,因寄)。

秋冬"新霜乍寒"之际,朱衡来信招胡应麟过访,胡应麟以病卧不能成行,遂复信并诗相谢,告知以自己的家居著述生活情形,说自己"欲以雕虫自见,而幽忧疾疢,日寻汤药,文园病躯、青莲傲骨、长康憨态、孟郊穷愁,兼兹四子,合为一身,无昔人之寸长,有古者之众疾。当今弃物,自揣其尤"。惟"图书万轴,金石千卷,蜗涎鼠壤,差用自娱。且遁迹广川长谷,遂其幽深,间以耕钓之余,成一家之业,庶几上酬教毓盛心,生成大德,而二亲在堂,旁无庶弟,下寡弱息,顾恋徘徊,未便长往"。

　　《少室山房类稿》卷一一五《奉大司空朱公》,卷五四《大司空朱公招余过访,余以病卧不获赴,意甚感焉,辄成小诗奉寄》,卷五〇《寄大司空朱公》《再寄朱大司空》。

十月初六日,顾养谦调蓟州兵备道。(《明神宗实录》卷一四二)胡应麟作诗送行。

　　《少室山房类稿》卷五二《送顾观察之蓟中二首》。

十二月初一日,陈文烛升福建按察使。(《明神宗实录》卷一四四)胡应麟得知后,寄诗问候。

　　《少室山房类稿》卷三四《陈方伯自(闽)[蜀]中移(蜀)[闽],寄柬》。

本年,胡应麟寄诗问候李能茂。

　　《少室山房类稿》卷三五《寄李允达二首》。

明神宗万历十二年甲申(1584)　34 岁

正月,王世贞起补应天府尹,二月升南京刑部右侍郎,但他对此二任先后上疏,以病请辞。(《明神宗实录》卷一四五、卷一四六、卷一四九;钱大昕《弇州山人年谱》)

胡应麟致信王世懋叙旧,劝其有机会再赴仕途,询问去年聚会时"面乞诸题"事,盼其"万希挥掷,以慰渴饥",并对自己因"新正病卧,未能走候辎轩,专人代叩"表示歉意。

《少室山房类稿》卷一一二《与王太常敬美》。

王世懋阅后复信,告知"半稿脱编","所幸家兄文亦未得就,许假异时,仆或有趣,合时能并寄谢耳";至于仕途,则暂未有出山之想,"家兄连被召命,足下闻之色喜,定当复有劝驾之什,第其高卧意坚,行当奈何? 若在不才,更无再辱之理,惟以不及为幸,足下毋烦缓颊也"。

王世懋《王奉常集》文部卷三九《答胡元瑞》第三书。

同期,王世懋接到胡僖第二封书信及所赠文集后,复书致谢,并言"贤郎诗道日振","秀句频投",但自己"迂懒了不能答,非但病体妨诗,兼亦怯于旗鼓也。幸为致区区之感,须假日月,总有献酬耳。至于入宫见妒,蛾眉所招,千载业在,何足与世人斗吻哉!"最后对胡僖劝他出仕之意,表示目前惟以不出为幸。

王世懋《王奉常集》文部卷四〇《答胡公泉》第二书。

王世贞致信胡应麟,告知"除命两至"均已"上辞疏、草辞启",称去年晤面"真足千古",一定会为其书房作《记》,此乃"岁前面许,必不敢负",但须稍宽时日,"俟兴至,即命笔";至于其藏书目录序,则以"标榜之畏",不好再为撰写。王世贞随信寄来手书《末五子篇》诗,并称张九一最近来信中对胡应麟亦有推服之意,而对屠隆则不以为意。

王世贞《弇州续稿》卷二〇六《答胡元瑞》第十八书。

王世贞致信胡僖叙旧,称其"笃生贤子",虽"含饴未遂,然亦只在早晚间耳",劝其不要担心胡应麟尚无子嗣问题。告知已对迁官一事"恳疏力辞,冀必获请"。对胡僖的"饰奖兼贲大贶"表示感谢,"不腆附于献缢,仰祈鉴纳"。

王世贞《弇州续稿》卷二〇三《胡观察伯安》。

春深,胡应麟致信张佳胤叙旧并问候。

《少室山房类稿》卷一一四《报张肖父司马》。

五月,胡应麟《三坟补逸》二卷刊成,自为序,后收入《少室山房笔丛》,列为戌部(该书以天干顺序分部)。

《少室山房笔丛》卷三三《三坟补逸引》:"三坟,太上之典也,自仲尼赞《易》、叙《书》、删《诗》而三坟不经见,则春秋倚相所尝读固可疑矣,况乎隋刘炫氏所上也、宋毛渐氏所传也,浅陋弗根,恶睹所谓三坟者乎?夫书出于三代者,时有先后,文无古今,义有精粗,文无踳粹。晋《纪年》、周《逸书》《穆天子传》皆三代典也,作于春秋、战国,烬于秦,轶于汉,显于晋之太康,其书竹简,其文科斗,其出丘墓,经而参之,史而伍之,燕郢而说之,凡以强之于坟,亡弗协也。质诸倚相所尝读,吾弗敢知,以较隋、宋之伪书,匪什伯而千万矣。夫《祈招》数言不足当《穆天子传》之一简,而楚臣且以穷倚相,刿汲冢其斐然若是也。吾举而跻之于坟,以补其亡者而革其伪者,奚不可也?夫三书之文,世亡有弗伟之,而三书之事,世亡有弗悖之。顾余之所概于三书,则弗惟其文,惟其事也。因稍辑其略,俟好古之士商焉。甲申夏五识。"

王世贞为胡应麟作《二酉山房记》。此文是在胡应麟自作之《二酉山房记》基础上"信笔点染"而成,对胡应麟的嗜书情趣、书房结构、藏书类别等皆有详细介绍,特别对胡应麟的读书生活给予了生动而形象的介绍,指出"世有勤于聚而倦于读者,即所聚穷天下书,犹亡聚也;有侈于读而俭于辞者,即所读穷天下书,犹亡读也","元瑞既负高世之才,竭三余之晷,穷四部之籍,以勒成乎一家之言,……以余力游刃发之乎诗若文,又以纸贵乎通邑大都,不胫而驰乎四裔之内,其为力之难,故不啻百倍于前代之藏书者。盖必如元瑞而后可谓之聚,如元瑞而后可谓之读"。

《少室山房类稿》卷一一〇《周公瑕书〈二酉山房记〉跋》:"公瑕年已望八,犹自力为余书此《记》,其精工密致,有壮岁不如者,由弇州生平知己,意气所发,故自超然耳。此《记》乃长公闭关修玄日,谢绝一切文债,独为余破例成者。书来,谓'仆已息虑葆和,非复曩时元美。拙《记》皆按足下原草信笔点染,不足尘大雅青缃也。'《记》文之末大概与书旨略同,由当时刻日引接上直,阔略提君一切舍置,刿复余者?比出关后,稍稍摄拾前业,如《弇山别集》之类,意况顿自不侔。余丙戌入都,谈及神王,意取前《记》点缀之,则后半尽易矣,因笑曰:'昔嘲扬子云"雕虫小技,壮夫不为"语,顾晚为足下作此,得无益甚后来之诮乎?亟毁前草,勿示人可也。'余以公瑕书,弗忍,且前草亦自有深致,因并存之。"

按:此《跋》提到《弇山堂别集》,则必作于万历十八年十月《弇山堂别集》刊成之后,但内中所记之事则大都属之前发生者。从中可知,王世贞《二酉山房记》完成后,由周天球亲手书写赠予胡应麟;万历十四年时王世贞又对后半有所修改,并要求胡应麟以修改者代替初写者,但胡应麟以初写者为周天球手书,不忍舍弃,加以其"亦自有深致,因并存之",没有用后来修改者直接替换初写者。

王世贞《弇州续稿》卷六三《二酉山房记》:"余友人胡元瑞性嗜古书籍,少从其父宪使君京师,君故宦薄,而元瑞以嗜书故,有所购访,时时乞月俸,不给则脱妇簪珥而酬之,又不给则解衣以继之。元瑞之橐无所不罄,而独其载书,陆则惠子,水则宋[米]生,盖十余岁而尽毁其家以为书,录其余赀以治屋而藏焉。屋凡三楹,上固而下隆其址,使避湿,而四敞之,可就日。为庋二十又四,高皆丽栋,尺度若一。所藏之书为部四,其四部之一曰经,为类十三,为家三百七十,为卷三千六百六十;二曰史,为类十,为家八百二十,为卷万一千二百四十四;三曰子,为类二十二,为家一千四百五十,为卷一万二千四百;四曰集,为类十四,为家一千三百四十六,为卷一万五千八十;合之四万二千三百八十四卷。元瑞自言于他无所嗜,所嗜独书,饥以当食,渴以当饮,诵之可以当韶濩,览之可以当夷施;忧藉以释,忿藉以平,病藉以起色。而是三楹者无他贮,所贮亦独书。书之外,一榻,一几,一博山,一蒲团,一笔,一研,一丹铅之缶而已。性既畏客,客亦见畏。门屏之间,剥啄都尽。亭午深夜,坐榻隐几,焚香展卷,就笔于研,取丹铅而雠之,倦则鼓琴以抒其思,如是而已。故人黎惟敬以古隶扁其楣,曰'二酉藏书山房',而属余为之《记》。按,古所称小酉山上石穴中有书千卷,相传秦人于此学,因留之,故梁湘东王文有云'访酉阳之逸兴[典]',见《荆州记》甚详。一曰藏书之所有大酉、小酉二山,在楚、蜀间,今宣抚之所由名。而段成式之著书,谓之《酉阳杂俎》者也;惟敬之所标,当亦云是。余因以慨夫七雄之前,盖不惟周之藏史为老聃之所掌者,而名山奥窟如宛委、石䇮、禹穴、洞庭之类,其灵文秘检,往往有之,第既为造物之所吝惜,而人间之迹,困于漆书竹简而未易广,盖自七雄而后,一烬于秦火,再溃于(王)莽,三燹于(董)卓、(李)催,四毁于湘东(萧绎),五佚于(黄)巢,六窜于宣和,虽随散随聚,而周之藏史其所余能几何?况阛阓之浅而责之守,疋夫之力而望之致也?夫以刘向之《七略》仅三万六千卷,任昉又减其三之一,隋之嘉则殿名为三十七万余卷,而正本亦仅三万七千而止耳。开元之际最为极盛,至八万卷,然亦多一时之所著,而宋《崇文》之目又减其大半,后之益者,积数十年而增募不过万卷。今元瑞以匹夫之致而阛阓之守,仅十余年而至四万二千三百八十四卷,不亦难哉?虽然,世有勤于聚而倦于读者,即所聚穷天下书,犹亡聚也;有侈于读而俭于辞者,即所读穷天下书;犹亡读也。元瑞既负高世之才,竭三余之晷,穷四部之籍,以勒成乎一家之言,上而皇帝王霸之猷、贤哲圣神之蕴,下及乎九流百氏,亡所不讨核,以藏之乎名山大川,间以余力游刃发之乎诗若文,又以纸贵乎通邑大都,不胫而驰乎四裔之内,其为力之难,故〔殆〕不啻百倍于前代之藏书者。盖必如元瑞而后可谓之聚,如元瑞而后可谓之读也。噫! 元瑞于书,聚而读之几尽矣。屠龙之伎殚,而世亦无所用子矣,盍亦舍而从我游乎? 玉京人鸟须弥之顶有祖龙之火不能燔,而仲尼之博,姑存之勿论者,吾将发其一二以窥子焉,即二酉之藏与子读于二酉之所得,皆糟粕已〔矣〕。作《二酉山房记》。〔弇州老友王世贞撰〕。"

按:仔细体味文末"屠龙之伎殚,而世亦无所用子矣,盍亦舍而从我游乎? 玉京人鸟须弥之顶有祖龙之火不能燔,而仲尼之博,姑存之勿论者,吾将发其一二以窥子焉,即二酉之藏与子读于二酉之所得,皆糟粕已",联系上引胡应麟《周公瑕书〈二酉山房记〉跋》所云"书来,谓'仆已息虑葆和,非复曩时元美。拙《记》皆按足下原草信笔点染,不足尘大雅青缃也。'《记》文之末大概与书旨略同,由当时刻日引接上直,阉略提君一切舍置,知复余者?"可知此《记》为初写者,并非万历十四年修改者。胡应麟《经籍会通二》收录此文,其中几处文字不同,上文中加"〔〕"者便是。

福建按察使陈文烛以书扇赠胡应麟,胡应麟赋诗答谢,并索鲜荔枝。

《少室山房类稿》卷五一《陈玉叔书来赋答》,卷五三《陈玉叔方伯以书扇见贻,寄答并与索鲜荔子》,卷一一〇《扇头跋十》。

六月二十五日,萧廪升南京工部右侍郎。(《明神宗实录》卷一五〇)胡应麟赋诗送行。

《少室山房类稿》卷三二《送萧司空之南都四首》。

六月,胡应麟代陆可教为金华知府张守约作五十寿序,并为题诗。

《少室山房类稿》卷八四《寿郡伯张公五秩序》(代陆太史),卷五二《岭右张使君辟园城中,台榭池沼皆桂林胜绝处。予闻,窃向往焉,赋得六题》。

康熙《金华府志》卷一一《官师一·明知府·张守约》、雍正《广西通志》卷七九《乡贤·张守约》、汪森《粤西文载》卷七一《传·张守约》:张守约字希曾,广西永福人,嘉靖四十四年进士。万历十一年任金华知府,历陕西道御史、巡按直隶、巡按广东,直声振天下。

胡应麟致信并寄诗汪道昆叙旧,告知从去年九月离开太仓"返舍后,困卧衡茆,日寻汤药,马齿浸长,树立茫然,未审将来能以寸尺慰藉盛心否? 公硕德伟望,大业

"鸿猷",应积极寻求出仕。倘能如此,自己"虽病且瘥",仍将努力为壮行色。

　　《少室山房类稿》卷一一三《奉少司马汪公》,卷一三《寄怀司马汪公》(公与余期是岁游金华、台、雁诸山)。

　　江西朱多炡北游,过兰溪时造访胡应麟,并与唐邦佐同游,胡应麟为二人题诗多首。

　　《少室山房类稿》卷一一一《与长公》,卷五二《江右来相如过访,同唐惟良夜集,分冬字韵》,卷七五《戏赠贞吉中尉,兼柬唐惟良》,卷三二《秋日题唐惟良山房二首》,卷五〇《竹在亭为王孙贞吉题》,卷五三《贞吉以秦镜并短歌见贻,赋此奉答》。

　　胡应麟听闻王世贞将赴南京任职,走使发信,感谢其多方提携,告知年来"益知世途榛棘,凿枘难谐,科头杜门,谢绝一切,轩盖浮荣,雅非凤愿,笔研狂习,渐亦扫除。方且遁迹大山穷谷中,友麋鹿,食蕨薇,遣送余日,所未能决然长往者,远则执事,近则二亲耳"。称朱多炡来访时告知《弇州续稿》已就梓,相比《弇州四部稿》卷帙过之,自己不免"方寸怦怦,寤寐瞻切",希望能予赐赠,"慰我渴饥"。随信寄上结夏时新作乐府、铙歌等诗作,"希明箴得失,指镜然疑"。

　　《少室山房类稿》卷一一一《与长公》,卷四六《效阴铿〈安乐宫〉体十首》《结夏西山诸佛刹,效初、盛体为排律十首》,卷一《拟大明铙歌曲十八首》,卷二《补蜀汉铙歌十二首》。

　　九月,欧大任自南京虞部郎中致仕返粤。(王世贞《弇州续稿》卷四七《欧虞部桢伯归岭南诗卷序》,欧大任《欧虞部集十五种》之《诏归集》卷一《赐休始出尚书省》《答都门诸公》)辞职前,欧大任两度致信胡应麟,告知即将辞官事,并以两部文集相赠,胡应麟复书并寄诗,对其文集给予高度评价,邀其在南归途中顺路来家相会,"仆病且瘥,犹能携斗酒相迟溪头,为布衣十日饮"。

　　《少室山房类稿》卷二四《两得欧桢伯书及致〈西署〉、〈秣陵〉二集,走笔寄谢,询其苍头李英》,卷一一四《再报欧桢伯》。

　　欧大任南下经兰溪时,过访胡应麟。此前赵志皋从南京致书胡应麟,请其陪同欧大任同游六洞山。不料当天大雨,未能成行,遂在胡应麟家中赏菊留饮。

　　《少室山房类稿》卷五二《欧桢伯南归过访赋赠》。

　　欧大任《欧虞部集十五种》之《诏归集》卷一《兰溪大雨,不得游六洞,胡元瑞馆中菊花盛开,留饮共赋,因报赵太史》(太史自金陵书戒元瑞导余游六洞,不果往)。

　　王世懋在夏时起福建提学副使,(王世懋《王奉常集》文部卷七《黄宪子临华新草小叙》)

初不欲赴,经王世贞劝,于十一月二十日起程。(赵用贤《松石斋集》卷一三《太常王敬美传》,王世懋《王奉常集》文部卷三二《与石拱辰》,卓明卿《卓澂甫诗续集》卷下《王敬美得请家居,诏数征为督学使,再辞弗获,兹仲冬至日往闽中,赋别二首》)在其起行前,胡应麟寄诗问候。

《山室山房类稿》卷五二《敬美使君再起督闽中学,闻将于岁杪暂出,寄讯》。

王世贞致信张九一叙旧,以"世界故缺陷耳",劝其不要做"倦世"想。并言胡应麟正"杜门而事千古益笃",虽有"恶少若莫生辈力肆诋諆",但与胡应麟相比,"此曹子当不战屈也"。同时告知,王世懋已启程赴福建提学副使职。

王世贞《弇州续稿》卷一八七《张助甫》第一书。

十二月初二日,王锡爵进礼部尚书兼文渊阁大学士,预机务。(《明史》卷二○《神宗纪一》)胡应麟代人作贺启进之。

《少室山房类稿》卷一二○《贺大宗伯王公启》(代)。

冯时可第二次致信王世贞,专门评论胡应麟,认为"彼固翩翩可儿,后来之秀",但"意广气浮",因而在得王世贞赞赏后,"遂肆狂象之纵横,目邈前哲,口轹时流",以致"眣眣者众,良由自取","乃若所长,胡宁终没?""遒音亮节,步骤历下(李攀龙),读之令人爽然,所逊者,沉雅闲适耳。"批评"世俗不察其瑜,而猥摘其瑕与蝇蛙黝黯之作同类,而共笑之也。嗟乎!人心不古,雌黄自恣,匪直绕指宦路,亦当卷舌艺林矣"。其信开始即询问王世贞"四顾代兴者谁",继而论胡应麟,然后谈自己"不自忖量,欲以秽土千轴,易莲台咫尺,先生许乎?古人相思,千里命驾,奈何东乡蛙武间,而不沾沾一御李也?"对王世贞传衣钵于胡应麟而不重视自己、对王世贞到东乡访友而不过访自己,深致不满。

冯时可《冯元成选集》卷三八《上王凤洲侍郎》第二书。

朱彝尊《明诗综》卷五六《冯时可》:"时可字敏卿,松江华亭(今上海市松江区)人,隆庆辛未(五年)进士,除刑部主事,改兵部,历员外、郎中,出为贵州提学副使,再补四川提学副使,调广西、湖广参政。"

《四库全书总目》卷二八《左氏释》:冯时可号元成。

王世贞接到冯时可第二封来信后,作书答之,除论其第一信所涉诸事外,也论及胡应麟,以作为对其第二信之答复。认为胡应麟确实缺少"沉雅闲适",又"自负诚太高,雌黄月旦亦不自禁,然未至如所闻之甚,当由贵乡一人传之过耳",为胡应麟辩护的态度非常明确。

王世贞《弇州续稿》卷一八六《答冯文所提学》。

本年,罗汝芳年七十。(过庭训《本朝分省人物考》卷六一《罗汝芳》)将自己手书"蝇头径分"之扇头小楷一幅赠予胡应麟,胡应麟感其意,"什袭珍之",并寄书致谢。

　　《少室山房类稿》卷一一〇《扇头跋五》,卷一一五《报罗观察》。

　　朱衡(1512—1584)卒。胡应麟赋诗致哀,又代人作墓志铭。

　　《少室山房类稿》卷一三《闻大司空朱公讣,志哀十二韵》,卷九二《太子太保、(兵)[工]部尚书、食正一品俸、万安朱公墓志铭》(代大学士许公)。

明神宗万历十三年乙酉（1585） 35岁

正月,汪道昆致信胡应麟叙旧,称"来诗溢喜,而多誉不佞,则何以堪?"

　　汪道昆《太函集》卷一〇二《胡元瑞》第一书。

二月二十一日,苏濬升浙江佥事,提督学政。(《明神宗实录》卷一五八)

　　朱彝尊《明诗综》卷五八《苏濬》:"濬字君禹,晋江(今属福建)人,万历丁丑(五年)进士,除南京刑部主事。寻改工部,转礼部员外郎,出为浙江提学佥事,历陕西参议、广西副使、贵州按察使。"

八月,胡应麟为重刊南宋乡贤范浚文集作序。(胡应麟《范香溪先生文集序》,四部丛刊续编《范香溪先生文集》卷首;《少室山房类稿》卷八三《范浚先生集序》未署时间)

八月二十二日,王世懋升福建右参政。(《明神宗实录》卷一六四)

八月二十二日,萧廪升兵部左侍郎。(《明神宗实录》卷一六四)胡应麟赋诗送行。

　　《少室山房类稿》卷五一《送司马萧公入都》。

八月,苏濬委托时驻婺中之浙江右参政李颐将自己手札诗扇转呈胡应麟,劝其北上应试,胡应麟赋诗致谢,并到杭州拜访,二人由此订交。

　　《少室山房类稿》卷五〇《苏君禹观察抵武林,以手札诗扇附李参知①见寄,且劝驾北上,意甚惓惓,感事赋答二首》,卷五三《苏观察君禹校士吴兴回省,余入访,留饮署中作》,卷三四《苏君禹留集翠虚亭共赋二首》(末注"时君禹方校秋试文"),卷六八《题翠虚亭廿绝》,卷五九《寄赠李参知》(驻婺中,出示吴下名流诗帖甚都)。

九月,王世贞侄王三接八十大寿,胡应麟代王世贞赋诗二首祝贺。

　　《少室山房类稿》卷五七《寿王转运八秩二首》(代长公作。转运,元美从子也)。

　　王世贞《弇州续稿》卷三四《寿宗耆大中大夫少葵子八十叙》:"万历之十三年乙酉,吾宗之英曰大中大夫、致仕河东都转运盐使少葵子寿八十,而以秋九月为悬弧之期。……少葵子三十而成进士,成进士者五十载而有今日。……

---

① "李参知"应即万历十一年七月由湖广副使升为浙江右参政的李颐。(《明神宗实录》卷一三九)《明史》卷二二七《李颐传》:李颐字惟贞,余干(今属江西)人,隆庆二年进士。历官湖州知府、苏松兵备副使、湖广按察使、河南右布政使、顺天巡抚、兵部左侍郎等职。万历二十九年,以工部右侍郎管理河道。以劳卒。

不佞少于少葵子二十周。"

张朝瑞《皇明贡举考》卷七:王三接,南直隶太仓州人,嘉靖十四年进士。

张大复《昆山人物传》卷八《王三接》:王三接字汝康,中进士后选授长垣县令,转景宁,调南京礼部主事,历员外郎,未几出守柳州,调守澄江,迁河东都转运盐使,谨奉职,不事权要,遂免,诏加大中大夫。居乡三十余年,得年八十二。

闰九月九日,胡应麟与赵邦甫同游。

赵志皋《赵文懿公文集》卷二《白云庄序》(并诗):赵邦甫字汝元,兰溪人,赵志皋叔父"乡贡进士会峰先生"之子。为诸生时称才俊,父卒后厌弃举子业,耽为古诗文,时与里中善谈诗者持觞曳履,以自摅其怡悦之性。

《少室山房类稿》卷四一《闰九月九日集赵汝元》《湖上泛舟,憩俞祠,同赵生汝元听歌作》,卷五五《题赵汝元白云庄》,卷五九《秋日,赵太学汝元招同诸子集城西李氏高啸台,即席赋》。

按:胡应麟在世之隆庆、万历间,仅本年闰九月。

胡应麟北上赴京会试。

十月,王世懋升福建左参政。(王世懋《王奉常集》文部卷七《王生诗序》)

胡应麟北上至临清清源关时遇易仿之,并因之结识苏以修①,三人握手定交,沉饮十旬,极人生聚首之乐。

《少室山房类稿》卷五七《忆苏别驾以修》,序:"忆在清源日,与惟效(易仿之)使君、以修别驾沉饮十旬,极人生聚首之乐。一别五载,使君出守三衢。"

按:易仿之在万历十七年出任衢州知府,则此次清源相会应在万历十三年即本年冬胡应麟北上会试途中。

卷六七《憩清源旧游禅寺,怀苏别驾以修二十四韵》。

易仿之字惟效,号霍冈,隆庆二年进士,湖广黄冈县(今湖北黄冈市)人。(天启《衢州府志》卷四《职官志·名宦列传·易仿之》,张朝瑞《皇明贡举考》卷八,雍正《湖广通志》卷三二《选举志》)万历八年任江山知县,十二年陈舜仁接替知县一职,(康熙《江山县志》卷五《职官志》)易仿之擢户部员外郎,督临清仓。(乾隆《黄冈县志》卷九《官迹·易仿之》)

十一月五日,王世贞六十寿辰,胡应麟寄诗四首贺寿,内称"万古文章尊泰岱,三朝名誉盖华夷","莫笑骑羊人老去,抠衣常侍玉华筵"。

---

① "以修"应为苏氏表字,其名不详。

《少室山房类稿》卷五七《寿王司寇元美六秩四首》。

王世贞复信胡应麟叙旧,告知曾听闻其死讯,劝其不必介怀,"仆今年六十,死人口者不知其几,而竟无恙"。并请胡应麟对其所介绍来兰溪拜访的"漳南颜生"予以指点。

《弇州续稿》卷二〇六《答胡元瑞》第十九书。

年底,戚继光经兰溪时过访胡僖,时胡应麟已赴北京参加会试,随后戚继光赴新安访汪道昆,胡僖请其代为致意汪道昆。

《少室山房类稿》卷一一三《与汪司马》。

汪道昆《太函集》卷一〇二《胡元瑞》第二书。

明神宗万历十四年丙戌（1586） 36岁

正月，胡应麟在北京准备会试，其间得元朝画家黄公望作品《秋江渔笛图》，"第绢素破裂之甚"，"装潢仅能成轴，虽漫灭不完，其气韵尤足倾倒"。

《少室山房类稿》卷一〇九《黄公望〈秋江渔笛图〉》。

二月，会试举行。

胡应麟下第。

二月三十日，胡应麟为三卷本《四部正讹》作自序。后编入《少室山房笔丛》，列为丁部。是为中国第一部理论与实践相结合的文献辨伪学专著。

《少室山房笔丛》卷三〇《四部正讹引》："赝书之昉，昉于西京乎？六籍既焚[1]，众言淆乱，悬疣附赘，假托实繁。今其目存于刘氏《七略》、班氏'九流'者，亡虑什之六七。嘻！其甚矣。然率弗传于世，世故莫得名之。唐、宋以还，赝书代作，作者日传。大方之家，第以挥之一笑，乃炫奇之夫，往往骤揭而深信之，至或点圣经、厕贤撰、矫前哲、溺后流，厥系非眇浅也。余不敏，大为此惧，辄取其彰明较著，抉诬摘伪，列为一编。后之君子，欲考正百家、统宗六籍，庶几嚄矢。即我知我罪，匪所云云。丙戌春仲月晦识。"

卷三二《四部正讹下》："宋黄长睿辨阁帖，伪者几半于真。余读秦汉诸古书，核其伪几十七焉。世之论书者，或以长睿为刻，而不能不服其精。余为此辨，后世得无以罪长睿者罪余也？然余率本前人遗议，稍加详密，间折其衷耳。且夫人之始撰也，虑其书弗传也而托焉，托而传矣，而其名竟没，有不悔其始之托焉者乎？余会萃诸家，暴而显之，托者固以亡没其实，所托者亦以亡受其疑，皆未为不厚幸也。至有舛而弗经，谬而亡征，而偃然藉是行其说于天下后世，则余之喋喋，讵得已哉！"**按**：此为全书最后一条文字，味其所言，正与引言遥相呼应，显系全书跋语。

三月初一日，胡应麟离京返家。此前，因连日"风色莽莽"，胡应麟未能到李言恭家"一道别惊"，仅致信告别。

---

① "焚"，中华书局本作"禁"，据广雅书局本（台版丛书集成续编第10册收录）校改。

《少室山房类稿》卷一一九《与李临淮》。

三月,喻均升处州知府。

　　康熙《杭州府志》卷二〇《守令上》。

　　卓明卿《卓澂甫诗续集》卷下《送喻郡丞邦相擢守处州四首》。

胡应麟行至临清清源关时,阻水者近两月。时徐仁仲"方督大工",移舟来见,二人晤语甚欢。徐氏赋排律四十韵相赠,推心置腹"殊笃","兼以贶赠勤渥",胡应麟深感"殊非所安,赋谢二律",临别又赠七言律诗二首。

　　《少室山房类稿》卷四九《答徐仁仲二首》,卷六二《御史大夫豫章徐公过访》。**按**:"仁仲"应为徐氏表字,其名不详。

在清源,胡应麟与易仿之、苏以修、蔡一槐游。临别,三人携酒饯行。苏以修又挐舟饯别,执手恋恋,后闻某直指将至乃别,胡应麟赋诗四首为赠。

　　《少室山房类稿》卷一一六《与易使君惟效》。

　　卷五七《清源访苏别驾以修,邀同蔡景明夜集》《同蔡观察、苏别驾集张文学园亭分赋》,卷四九《易侍御、苏别驾、蔡廉访携酒清源大雄阁饯别,得才字》,卷七六《别苏别驾南归四首》《忆以修挐舟饯别,至魏湾执手恋恋,闻某直指垂至乃发,迄今令人怅然。偶值清源鸿便,辄题二绝寄苏,并讯易惟效、蔡景明》(末注"余曩在清源,三君旦夕谈燕")。

　　乾隆《福建通志》卷四五《人物三》:蔡一槐字景明,晋江(今福建晋江市)人,嘉靖三十八年进士。除户部主事,历湖广金事。万历元年迁东粤参议,以京察罢归。

四月,汪道昆携汪道贯、汪道会等至太仓造访王世贞。之后赴镇江,避暑焦山。
(徐朔方《王世贞年谱》第 674 页、《汪道昆年谱》第 80 页)

四月,胡应麟南返途中在镇江与友人同游焦山。五月,经太仓时拜访王世贞,才知汪道昆已于月前避暑焦山,遂赋七言一律托潘之恒转呈汪道昆,希望汪道昆在回返时能来相会。

　　《少室山房类稿》卷一一三《与汪司马》,卷四九《渡江闻汪司马避暑焦山有寄》。

胡应麟在王世贞家里驻留四天,其间得报妻子舒氏于五月五日孪生二子。此前胡应麟一直为无子嗣担忧,并曾在本年与朱正初通信中"念之慨然",至此遂"脱帽欢噱,抗眼一世"。

　　《少室山房类稿》卷一一六《与朱在明·又杂柬七通》其七。

　　王世贞《弇州续稿》卷一八七《张助甫》第二书、第十一书。

胡应麟得子,王世贞亦极为高兴,当即致信胡僖,为其在三年前得子、如今又得双胞胎二孙贺喜,"每叹元瑞雄才绝世,然亦颇忧其为造物所忌。今而后,明公可枕暮年,万事当毋问矣"。然后将信交由胡应麟代呈其父。

　　王世贞《弇州续稿》卷二○七《与胡观察伯安》第二书。

在王家时,胡王二人谈起王世贞所作《二酉山房记》,虽已过两年,但胡应麟仍为之神往。不料王世贞已对后半有所修改,并要求胡应麟以修改者代替初写者。胡应麟以初写者为周天球手书,不忍舍弃,加以其"亦自有深致,因并存之",没有用后来修改者直接替换初写者。

　　《少室山房类稿》卷一一○《周公瑕书〈二酉山房记〉跋》。

五月,胡应麟至家,感叹"人生如飞蓬",对自己"空怀稷契志,未遂夔龙愿",即一再会试不售,多少有些失意,但终以"长啸起拂衣,归来弄柔翰。寄言达生者,骄人有贫贱"寄意,并不以一第为怀。

　　《少室山房类稿》卷一三《仲夏至自京师作》。

胡应麟得知滕伯轮到任南京都察院右金都御史、提督操江,寄诗问候。

　　王世贞《弇山堂别集》卷六二"南京都察院左右金都御史"条。

　　《少室山房类稿》卷五三《奉寄中丞滕师》。

王世懋以福建左参政北上入贺万寿节,途中过兰溪与胡应麟相会。得知胡应麟得子,王世懋作诗祝贺,胡应麟赋诗送行,并请其转呈书信于王世贞,既问其修玄生活,又忆述了三年前自己与汪道昆、张佳胤等同游太仓时的盛况,"两琅琊(王世贞、王世懋)既震旦盟主,两司马(汪道昆、张佳胤)亦宇宙人豪,四美二难一朝毕集,而应麟以草莽鄙生,曳青鞋,欹皂帽,飞扬跋扈于其间。回想金谷兰亭,岂直座中无此高贤,又何尝有此狂客也?"

　　王世懋《王奉常集》诗部卷一二《友人胡元瑞诗豪振代,顾盼箕裘,颇有嗣续之忧,今闻得雄,喜而赋此》。

　　《少室山房类稿》卷五七《送王次公入贺万寿》,卷一一一《报元美廷尉》。

王世懋随后便道返家,于六月十三日升南京太常寺少卿,(《明神宗实录》卷一七五)但仍以福建左参政入贺万寿节。(赵用贤《松石斋集》卷13《太常王敬美传》)

王世贞致信张九一,告知王世懋升迁事,对张九一仕途提出建议,并顺便告之:胡应麟虽会试不第,但已喜得二子,"脱帽欢噱","唯为兄不平耳"。

　　王世贞《弇州续稿》卷一八七《张助甫》第十一书。

胡应麟致信汪道昆于镇江,对之前未能在镇江相会表示遗憾,约明春病体稍愈后登门拜访,并再赋七言一律相赠。

《少室山房类稿》卷一一三《与汪司马》,卷五三《再寄汪司马先生,时司马避暑焦山未返》。

胡应麟自五月归家后,"却扫闭关,一时艺苑诸名公以吏事来越者,虽闻问间通,而逢迎都绝"。但苏濬来访,"停骖倾盖,把臂忘形,至贻赠诸篇,金石铿匐,风霜错落",胡应麟感而赋排律五十韵等诗谢之。

《少室山房类稿》卷四二《不佞自燕中归后,却扫闭关,一时艺苑诸名公以吏事来越者,虽闻问间通,而逢迎都绝,乃君禹苏丈独下询刍荛,穷搜草莽,停骖倾盖,把臂忘形,至贻赠诸篇,金石铿匐,风霜错落,揄扬蒇副,愧汗弥深,敬题排律五十韵奉酬大雅》,卷五一《苏君禹观察过访,奉赠四首》。

此后,胡应麟又在"清风披拂"之际,再读苏濬去年由李颐转来之书信,感念其"大义勤倦"、"下问执谦",遂致信苏濬,感谢他对自己"念及刍荛,才以怜才","倾盖如故",称他于自己"可谓知已莫二",并缀七言律六章,"不揣砥砆,上酬珙璧","伏惟惠以同声,痛加绳削"。

《少室山房类稿》卷一二〇《报苏君禹督学》。

继而又再次致信苏濬,对其诗文予以评论,并特别对其"虚受之怀独隆千古,下交之谊复绝一时",深表钦敬。

《少室山房类稿》卷一二〇《再报君禹》。

胡应麟在却扫闭关期间,因担心自己病体,"大惧一旦溘而令家君淳德泯泯于当世",遂详述父亲履历,"以俟当世大人君子之秉橼笔者"为之立传。

《少室山房类稿》卷八九《家大人履历述》。

喻均赴任处州知府途中,过兰溪造访胡应麟。不巧胡应麟"以病瘩床褥",不能出晤,喻均遂赋诗相赠,并约秋时到处州一聚,"其倾倒于元瑞者至矣"。胡应麟亦赋诗相赠。不久,喻均行至金华时以"抱危疾"而卧病,胡应麟先后两次寄诗问候,又在中秋前二日第三次寄诗问询。很快喻均病愈赴任,胡应麟却因病未能赴处州聚会之约。

《少室山房类稿》卷三四《喻邦相迁守括苍,寄贺二首》,卷六六《喻邦相过潋上,余以病瘩床褥,不能出晤,寄讯此章》,卷七五《邦相卧病金华,寄讯二绝,时余亦伏枕山庄》,卷七四《问喻邦相病四首》,卷五一《寄问喻邦相病,时中秋前二日》《喻邦相将还括苍,寄此》。

同治《新建县志》卷九九《杂说补》引罗安《吟次偶记》:"吾乡前明诸大老或以理学称,或以经济显,或以节义著,多不属意吟咏,惟喻公枫谷虽历任政绩可纪,而于篇什复致力焉。初谪除兰溪令时,与邑中名士胡应麟元瑞忘分交契,

吟兴益健,后知处州,有《阻雨兰溪西岸怀胡元瑞孝廉》云:'狂风吹林林欲折,
惊涛挟雨如飞雪。行客欲行不得行,维舟坐对兰溪城。忆昔双兔城上游,誓言
安静无所求。垂帘剩有琴书乐,问俗差无鸡犬忧。高才雅慕胡元瑞,众中一见
心先醉。入市长停公子车,到门屡倒中郎屐。花明三洞春婀娜,于时唱酬尔与
我。人看意气薄苍穹,天与文章悬藻火。浩荡恩波向晚偏,十载驰驱两叙迁。
纵然官忝二千石,转使风流忆往年。'其倾倒于元瑞者至矣。"

七月,汪道昆戏作《慧月天人品》,门下士录而梓之。(徐朔方《汪道昆年谱》第83—
84页)后其同乡何震携之出游,过兰溪时造访胡应麟。胡应麟阅后致信汪道昆,予
以极高评价。于何震则赋诗为其游边送行。

　　《少室山房类稿》卷一一三《杂柬汪公谈艺五通》其一,卷七四《送何生
游边》。

八月初三日,汪道昆到杭州观潮,(汪道昆《太函集》卷七六《南屏社记》)胡应麟得知
后,寄诗问候。

　　《少室山房类稿》卷五三《闻汪伯玉至自京口,暂寓武林僧舍,走笔代柬并
以奉期》。

汪道昆随后返家,稍事休息,于八月十六日往太仓拜访王世贞。(汪道昆《太函
集》卷七六《南屏社记》)胡应麟再次同行,并同赏王世贞所藏诸古帖。汪道昆欲观钟繇
《荐关内侯季直表》,不料王世贞因当月"催科不办",已将之售予檇李项氏。胡应麟
遂在返途中专程造访项氏,假其所藏彝鼎及遗墨遍阅,则该帖俨然在焉。

　　《少室山房类稿》卷一〇七《跋钟元常季直表》。

秋冬间,汪道昆复信胡应麟叙旧。

　　汪道昆《太函集》卷一〇二《胡元瑞》第二书。

秋,苏濬以督学行部婺中,胡应麟上《举唐临海县丞骆宾王祠乡贤札子》,请求
将骆宾王祀于乡贤祠。经苏濬批行,十月祀骆宾王于金华乡贤祠。又欲祀刘孝标,
不果,但刘氏因此"亦暴显"。

　　陈建《皇明通纪集要》卷三五:丙戌十月,"祀骆宾王于金华之乡贤祠,盖
苏紫溪濬以督学批行,而胡元瑞请之也。"

　　沈国元《皇明从信录》卷三五:丙戌十月,"祀骆宾王于金华之乡贤祠,盖
苏紫溪濬以督学批行,而胡元瑞请之也。元瑞尝谓史第知狄梁公(狄仁杰)、宋
平(宋璟字广平),而不知宾王,故力以请。"

　　朱国祯《涌幢小品》卷六《骆宾王家祀》:"万历丙戌,祀骆宾王于金华之乡
贤祠。盖吾师苏紫溪先生以督学批行,而胡元瑞请之也。元瑞尝谓史第知狄

梁公、宋广平,而不知宾王,故力以请。又欲祀刘孝标,不果。"

王世贞《石羊生传》:胡应麟"好称说前辈风节,尝怪其郡若梁刘孝标之介、唐骆宾王之忠,而世仅仅以文士目之,当由作史者盲于心故。且史第知有狄梁公、宋广平贤,皆俯首而从周裸(指武则天),将以视宾王,何径庭也?上之采风使者苏君禹,君禹雅敬信元瑞,亟下其事,宾王得以乡贤祀郡城,而孝标亦暴显。"(《少室山房类稿》卷首、《诗薮》卷首)

《少室山房类稿》卷八九《补唐书骆侍御传》:"明万历(丙子)[乙亥],滕观察伯轮董浙学事,于是门下士胡应麟婺人也,首上事讼宾王云:'……'书上,事垂下所司,适擢去,不果。已苏督学濬至,亟申前议,列祠郡城。"

卷一〇六《题骆宾王起义檄》:"武曌以淫牝秽乱唐室,实旷劫所无之变,而一代瑰[英]才杰士,擎踞曲拳[俯首臣伏],无敢声其罪者。独骆宾王广陵一檄,词义凛如[词严义正],足寒猾贼之胆,盖唐初第一流人物也。而生怀[蒙]浅躁之讥,死罹怨望之讪,史氏因循,列[置]于文苑,并其字失之,遂令邑井[中]祀典千载寥寥。往余籍弟子员日,尝以白督学建安滕公,滕公急材甚,业举行,会擢任去,弗[不]果。苏观察君禹继至,大快余论,即移文祀骆于乡。此举不特为当时节士伸冤,亦为万古词场吐气也。"**按**:此文后又收入《少室山房笔丛》卷一六《史书占毕四》,但文字稍有不同,上文中加"[ ]"者便是。

卷一二〇《举唐临海县丞骆宾王祠乡贤札子》。**按**:此文又见《少室山房笔丛》卷一六《史书占毕四》,其中有明确时间记载:"万历戊子秋,苏君禹行部婺中,余特为宾王上事云。"下文即该《札子》。"万历戊子"即万历十六年,吴晗《胡应麟年谱》将"祀骆宾王于金华之乡贤祠"系于万历十六年,当即是根据这一记述。但实则其所述时间乃出于后来误忆(《史书占毕》刊于万历十七年八月),故应以陈建、沈国元、朱国祯所记本年为是。首先,苏濬于万历十三年二月被命浙江督学,十七年正月擢官他往。胡应麟说,他先是把请祀之事"白督学建安滕公,滕公急材甚,业举行,会擢任去,弗果。苏观察君禹继至,大快余论,即移文祀骆于乡"。胡应麟在本年所作《石羊生小传》中说:"(余)以婺先达无若刘孝标、骆宾王二子,……于是合传二子,而辑其遗文为一编。会闽苏君禹来督学,读生文称善相属,即日檄宾王入郡祠,千载郁冈之疑,暴濯一旦,生亦颇自厌意云。"这也就明白无误地告诉人们,在他写作《石羊生小传》之前,已经"檄宾王入郡祠"了。吴先生也认为胡应麟写作《石羊生小传》是在本年会试"罢归后",既然如此,吴先生还要把其中提到的"檄宾王入郡祠"事件列为两年后的万历十六年才发生的事情,这岂非自相矛盾?胡应麟又怎么会把两年后才发生的事情预先写入两年前的文章中去呢？而细味其中言语，"即移文祀骆于乡"、"即日檄宾王入郡祠"的时间也不应距苏濬上任长达三年多，且距苏濬离任时间不长。其次，万历十六年八月，胡应麟北上应试，途中经杭州时曾拜访苏濬，《少室山房类稿》卷五六《送苏君禹观察之岭右八首》后跋中说："戊子之秋，与君禹督学晤武林，时(君禹)方病虐，仅仅数语别去。"而卷五〇《君禹病疟二月余，余过访不能数语，情殊恋恋。途中追忆，再成二律奉寄》，这告诉我们，在当时相见都只能"仅仅数语别去"、"余过访不能数语"的情况下，已"病疟二月余"的苏濬应该不可能在秋季正常巡行所属辖区，即"行部婺中"的。因此笔者以为，胡应麟《史书占毕四》所自述的"万历戊子秋，苏君禹行部婺中，余特为宾王上事云"，时间有误，应为万历丙戌即十四年秋。

胡应麟自撰《石羊生小传》，自述生平履历、性情嗜好、所著各书及表彰乡贤等事。

《少室山房类稿》卷八九《石羊生小传》："石羊生者，金华山中人。金华山道书曰三十六洞天，故黄初平牧羊处也。生少迁懯，好谈长生，轻举术，又所居邻上真，于是里人咸谓孺子不习当世务而游方之外，岂曩昔牧羊儿耶？生闻辄大喜，自呼'石羊生'云。

生父宪使公，母宋宜人。生五岁，宪使公令出侍客，客占对必属。九龄受书里中师，业已厌薄章句，日从宪使公箧中窃取《古周易》《尚书》《十五国风》《檀弓》、左氏及庄周、屈原、司马迁、(司马)相如、曹植、杜甫诸家言恣读之。宪使公奇其意，弗禁也。

十三四为歌诗，稍稍闻里社中。十六补邑弟子员。已挟书从宪使公北下钱塘，浮震泽，并吴会、金陵，击楫大江，益东走青、徐、齐、鲁境，逾赵入燕，乞食长安市，悲歌蓟门、易水间。所至兴会感触，一发于诗。

时庄皇帝御宇，八荒敉宁，万里重译，荐绅先生际会綦隆，绅述古始，吴则王司寇(王世贞)、太常(王世懋)，歙则汪司马(汪道昆)，楚则吴参知(吴国伦)，蜀则张司马(张佳胤)，洛则张中丞(张九一)，皆龙奋虎蔚，为世宗匠。生每慕悦其人，顾诸君子或扬历四方，或退居一壑，亡从识面。

俄黎惟敬(黎民表)自南海来，从友人邸读生闲居十咏，咄嗟：'何物宁馨，诗四壁冠也。'而徐子与(徐中行)、周公瑕(周天球)、戚希仲(戚元佐)、欧桢伯(欧大任)、陈玉叔(陈文烛)、何启图(何洛文)、康裕卿(康从理)、沈纯父(沈思孝)、祝鸣皋(祝鹤)先后至，咸交口誉生。盱眙李环卫惟寅(李言恭)方盛与海内诸贤豪谈天碣石，一日耳生名，亟虚左席，以上客迎之。由是生歌诗颇传播长安中,诸长安贵人往往愿交生。

亡何,宪使公以袭封忏大珰,指补外藩,生侍宋宜人还越。宋宜人患头风,生日夜治汤药,遂感羸疾,跳匿金华山。而会大司空万安朱公(朱衡)驰驿过瀫水,始朱公从长安睹生诗,数物色,至是发使要生山中,舣舟待载移日,生心感朱公知,念亡以报,则述公治水颠末,赋长歌七百言以赠公。朱公击节,示督学滕先生(滕伯轮)曰:'奈何当吾世而失此子?'滕公读,大奇之,亟移文博士廪生,并檄生入武林。

时侍御萧公(萧廪)、万公合试越东西士千人,再拔生文冠。次年丙子(万历四年),以经义荐于乡。生始愿从赤松兄弟牧羊穷谷间,中屈意当路,恒勿勿,每摄衣冠,则揽镜自笑:'是楚人猴而沐者。'然用二尊人故,未敢遽绝去。

丁丑(万历五年)夏北还,杜门溪上。适王太常先生自吴中来,顾谓宪使公:'阿戎安在?吾愿就与语。'浃谈竟两晨夕。濒行,王公握生手曰:'不佞纵横艺苑,自于麟(李攀龙)外鲜所畏,差强人意独生耳。'则又曰:'生幸及家司寇,胡可弗一游其门?'先是,生读《弇州四部集》,谓古今文章咸总萃是。幸太常绍介,剧欢,辄以尺一通司寇。司寇业闻生,得生恨晚,首为生序《少室山房诗》,挈衣钵授焉。生自揣亡能万一,弗敢承也。司寇数期生海上,坐宋宜人(病),未能赴。盖自是不上春官者六载。邑明府喻邦相(喻均)娴于诗,意不可一世,独善生,游览倡和亡虚日。

壬午(万历十年),宋宜人病稍瘳,而宪使公屡自滇发使,督生偕计。生顾长公知厚,非假北上亡从面,因努力治装。过吴,谒司寇弇山堂,叩昙阳太师恬澹观,恍如蹑阆风、升兜率,揖金母而拜木公。

其明年癸未,与张中丞(张九一)遇都下。张中丞者,新蔡张助父也。生素不相闻,邂逅朱山人汝修馆,片语投合,肝胆形骸,几欲为一,即传称倾盖如故,不足喻也。俄再下第还里,则张大司马(张佳胤)前此弭节过访生,且属宪使公必致生幕下,生则复入武林报张公。而少司马新都汪公(汪道昆)至自歙,生则复谒汪公湖上。汪公持生刺,倒屣出于坐间,脱匕首视生:'此戚大将军(戚继光)赠也,生能吐奇语赋此乎?'生凤慕汪公甚,即援笔缀长歌千言。既戚大将军至,叹曰:'名下无虚士,生果然。'汪公旋挟生过弇州伯仲,于中路序生诗,所寓寄弥笃至。洎抵娄江,张大司马亦取华亭道来会,诸君子合并乐甚,剧饮沉酣。生以一年少翩翩盛集,诸君子咸国士属之,人人意得也。生结发从事词场,于当世名文章士,仅吴明卿(吴国伦)未识面目。余鸿硕俊髦,交游莫逆遍海内,然于时尚益枘凿。

　　丙戌入都，复不第。盖自是三北礼闱矣。人或咎生背今趋古，生闻辄悠然笑：'若欲以万钟不朽我乎？'生性喜静寂，恶纷华，于世味声色狗马、轩冕玉帛泊然，独偏嗜古书籍，所购经、史、子、集，其世自洪荒以至昭代，其梓自吴、越以至燕、闽，插架几四万卷，治屋三楹贮之。黎惟敬大书其楣曰'二酉山房'，而司寇为《记》。生日坐卧其中，毋论里中儿，虽同室罕睹其面。又少慕尚子平为人，而禀赋孱弱，乏济胜具，因绘图斋壁，缀诗其上，曰'卧游室'，以自遣。

　　性尤好纂述。所著书有《寓燕》《还越》《计偕》《岩栖》《卧游》《抱膝》《三洞》《两都》《华阳》《兰阴》《畸园》《邯郸》《养疴》《娄江》《白榆》《湖上》等集六十余卷，《诗薮》内外杂编二十卷，《笔丛》三十六卷，《丹铅新录》八卷，《艺林学山》八卷，《弇州律选》六卷；他未行世者，《六经疑义》二卷、《诸子折衷》四卷、《史蘦》十卷、《婺献》十卷、《皇明诗统》三十卷、《皇明律范》十二卷、《明世说》十卷、《古韵考》一卷、《二酉山房书目》六卷、《交游纪略》二卷、《兜玄国志》十卷、《酉阳续俎》十卷、《仝姓名考》十卷；搜辑诸书，有《群祖心印》十卷、《方外遐音》十卷、《两司马录》二卷、《考盘集》十卷、《谈剑编》二卷、《采真游》二卷、《会心语》二卷；类萃诸书有《经籍会通》四十卷、《图书博考》十二卷、《诸子汇编》六十卷、《虞初统集》五百卷。以婺先达无若刘孝标、骆宾王二子，孝标博洽冠古今，当梁武忮君不少殉，而宾王武氏一檄，为唐三百年忠义倡，世率以文人亡行视之，于是合传二子，而辑其遗文为一编。会闽苏君禹(苏濬)来督学，读生文称善相属，即日檄宾王入郡祠，千载郁阏之疑，暴濯一旦，生亦颇自厌意云。

　　生疏眉秀目，长身，望之瘟然野鹤姿。长经月不梳栉，科头松下，夏则袒裼裸裎，爇沉水，据槁梧，倐然莫窥其际。隆冬盛寒，于雪中戴席帽，著高足屐，行危峰绝壑，折梅花满把咽之。当其为诗歌，冥搜极索，抉肾呕心，宇宙都忘，耳目咸废，片词之合，神王色飞，手舞足蹈，了不自禁。以故，人相率曰狂。生至性孤峭寡谐，慕雅士若渴，恶俗子若热，又相率病生狷。惟生亦莫能自名，姑随俗牛马应而已。

　　始，生齿发盛强，窥寐古人，囊鞬当代，锐欲敝帚一家，追随百氏之末。乃今疾病殷忧，年逾三十，颠毛种种，自顾项颔腰肢匪尘世物，亡论一切有为视同梦幻，即文字结习且一洗空之，旦夕将从赤松兄弟采药金华石室间，呼吸灵和，永绝世缘，参乎大业，游乎混元。斯生所夙负然哉！惟是生平历履大都不亡足述者，惧久益泯泯，因稍掇拾，为《石羊生小传》以自考焉。

　　吊诡士曰：士诚各有志哉！夫当慕隆豫大之运，畴不欲自奋以取世资，石羊生独厌薄一切，为澹泊亡媒之业，此其志可知也。左丘氏亟称三事，言若匪所先者,他日之论鲁大夫藏文仲也,独曰身没其言立,是之谓不朽。此其说奚以征焉?要之,德与功非言弗树,若孟列达尊,轻重各有攸当,必以上次论,溺其指矣。夫刘、骆两生是非旁午,历千余载,至生而始定。生业今方覆瓿,百年之后,或盛以青黄文之惜。当世子云(扬雄),不得与异日为子云者一交臂语,悲夫!"

又自作藏书目录序,汇考"历代帝王图籍兴废聚散之由",并由此得到启示:"凡物,盛必有衰,聚必有散,即前代帝王、名公巨儒竭天下之力畜之,而一旦且散轶而不能保,则余今所得,庸讵可据为己物?"藏书散亡是必然的,只有读之用之,才是防止藏书散亡的最有效途径,胡应麟此意,可谓跃然纸上。

《少室山房类稿》卷八三《二酉山房书目序》:"自羲皇画卦,书契肇兴。周衰,仲尼辙环列国,退而定六经、程百代,说者以为坟籍之始。余考纬书,古文开辟以至获麟,盖三十七万余岁云。诸史如合洛禅通之属,络绎繁夥,至帝皇封禅文字万有余家,仲尼观之不能尽识,则上古之书,其数不可胜纪。后世乃谓三代以前无书可读者,不深考之过也。秦不师古,烧燔《诗》《书》,项氏继之,咸阳三月,先王典籍实始荡然。汉兴,除挟书律,武帝表章六经,诸子往往出于破壁坏冢,不数十年,而刘向氏《七略》遂至三万五千余卷,非古人述作素盛,故掇拾煨烬,存者尚如此哉?王莽之厄,至于东京,班氏《艺文》视前仅三之一。厥后魏晋六朝兵革助勒,荐毁荐收,不盈《七略》之数。元嘉中,谢灵运总萃书目六万余卷。齐王俭所录万五千七百卷,梁任昉二万三千一百六卷。昉、俭并称博洽,与灵运时代相次,不应多寡殊绝,盖灵运总萃一时所藏,而昉、俭芟除重复故也。隋嘉则殿藏书之富,至三十七万余卷,其正本亦止三万七千。惟开元帝累叶承平,异书间出,一时纂集及唐学者自著八万余卷,古今藏书,此为极盛。赵宋诸帝雅意文墨,庆历间《崇文总目》所载三万余卷,累朝增益,卷不盈万。宣和北狩,散亡略尽。至淳熙四年《(中兴馆阁)书目》成,乃得四万余卷。盖历代帝王图籍兴废聚散之由,大都具矣。

夫以万乘南面之尊,石渠东观之富,通都大邑之购求,故家野老之献纳,而累朝著录不过如此,盖后人述作日益繁兴,则前代流传浸微浸灭,增减乘除,适得此数,理势自然,匪力所强也。至荐绅先生、博物君子收藏遗书,若张华之三十乘,任昉之四万卷,邺侯(李泌)之三万轴,宋公垂(宋绶)、叶梦得、尤延之(尤袤)代称宏富,大略相当;若渔仲氏(郑樵)之《(通)志·略》、(马)端临氏之《(文献)通考》,则又概录前人,不必代之所有、家之所藏也。余尝总览历代《艺文》以及诸家所录,而参之当代,经则十三家注疏外,丁、孟、夏侯传授仅著空名,其余六代以还,流传绝少,惟宋儒诸说盛行海内,大概存者十三。史则二十一代类梓于太学,单行于各州,编年自荀悦、袁宏至司马、朱氏,不过数家,而诸起居注、实录、野史之类,传不能半,大概存者十五。子则老、庄、列氏外,宋钘、关尹、淮南、《吕览》盛行,星历、谶纬间多湮没,而汉、唐、宋诸小说纷然毕出,传者殆十之八。惟诗文诸集,六代以前甚寡,唐宋至今乃始大盛,而最不易传,即唐诗八百余家,宋人有得五百家者,余方极意搜访、手抄集录,仅得二百余家。文集则唐以前存者不过数十家,而宋元诸名公不必能文之士皆有集行世,迨今尚数百家,而国朝尤盛,盖世代远近然也。

余自早岁营心载籍,累铢积寸,至四万有余卷。虽今人所自为书居三之一,倘有以释、道二藏来售者,尽鬻负郭之产以当之,则余家所藏几可与前代等,不可谓非布衣之幸也。第凡物,盛必有衰,聚必有散,即前代帝王、名公巨儒竭天下之力畜之,而一旦且散轶而不能保,则余今所得,庸讵可据为己物?因略叙其意,录四部书为《二酉山房书目》,藏于家。"

十月十六日,李颐升湖广按察使,(《明神宗实录》卷一七九)胡应麟代人作序送行。

　　《少室山房类稿》卷八四《送大参李公擢楚中廉访序》(代)。

十二月二十一日,熊敦朴升福建提学佥事。(《明神宗实录》卷一八一)熊敦朴约胡应麟往游,胡应麟赋诗送行。

　　《少室山房类稿》卷五三《送熊茂初之闽中》。

十一月五日,王世贞六十周岁生辰,已休沐家居两月的王世懋与家人一起奉觞贺之。至年底,王世懋启程赴南京太常寺少卿任。

　　王世懋《王奉常集》诗部卷一二《是岁丙戌,伯兄元美再周甲子。仲冬五日,实维岳降之辰。世懋适以南奉常休沐,子孙共得十人,欢聚小饮。元美首倡一律,世懋次成,捧觞歌之》;文部卷四《寿从母陆太孺人八衺序》,卷五〇《文太史楷书原道跋》。

本年,胡应麟会试下第归家后,病疡半载,有医者张生"以针砭起之",胡应麟赋诗相赠。

　　《少室山房类稿》卷六六《医张生世业疡,余病卧半载,生以针砭起之,持卷索诗为赋》。

明神宗万历十五年丁亥(1587) 37 岁

正月,王世懋抵南京太常寺少卿任,胡应麟寄诗问候。这是二人最后一次通信。

《少室山房类稿》卷五三《寄王敬美太常,时新赴白下任》。

春,吴安国升刑部主事,胡应麟作诗送行。

《少室山房类稿》卷五二《送吴文仲入都》。

康熙《永康县志》卷一九《宦表》。

春,滕伯轮升都察院右副都御史、巡抚浙江。胡应麟赋诗寄贺。

康熙《杭州府志》卷一八《会治各宪中》。

《少室山房类稿》卷五三《中丞滕公移镇越中寄讯》,卷五五《中丞滕师入越赋贺》。

五月,胡应麟致信王世贞,不料王世贞"车驾北征",该信遂"以原札返"。

《少室山房类稿》卷一一二《与少司马王公》。

五六月间,胡应麟到淮上访王承勋,遇黄惟楫等人。王承勋以新鲥及八带鱼供馔,胡应麟凤闻未睹,即席赋诗相赠,并赴舟中观渔人举网。

《少室山房类稿》卷八二《黄说仲诗草序》,卷六三《淮上访王世叔,留集署中,座出新鲥共饱,即席题》,卷三八《过王世叔舟中留饮,同说仲、君倩作,时王世叔方出猎归二首》《是日,世叔座中出八带鱼供馔,余凤闻未睹,即席复成此章》《舟中观渔人举网再赋》。

按:"世叔"即王承勋,字叔元,号瑞楼,有文集《瑞云楼稿》。《少室山房类稿》卷八二《瑞云楼稿序》:"余尝慨慕两公(刘基、王守仁),冀一为之执鞭弭,而厄于世代之弗相及,而犹幸得交王公之后,若今通侯世叔君者。……世叔为伯安先生冢孙,髫髻即以清标令望,照映蝉冕。尝邂逅不佞李惟寅第中,怳然天际真人,令人俯仰自失。"据《明史》卷一九五《王守仁传》、郑汝璧《皇明功臣封爵考》卷五《新建伯》:王守仁晚年生子正亿,二岁而孤。隆庆二年十月,正亿袭父爵新建伯,万历五年正月二十二日病故,四月二十七日其嫡长子王承勋袭爵。"说仲"即黄惟楫,据《四库全书总目》卷一七八《黄说仲诗草》:"惟楫字说仲,天台(今属浙江)人。其诗多与王世贞、区大任等唱酬之作,盖亦沿七子之流波者。"据光绪《台州府志》卷八六《人物传十九·文苑三·黄承忠》,王承勋为黄承忠甥,与其子黄惟楫为表兄弟关系。

黄惟楫见到胡应麟,把臂"欢剧欲狂,中夜造膝款言,缕视洞肝腹",已而出诗集索序。胡应麟在去年入京会试期间,曾亲见李言恭畅谈黄氏不绝口,就已"心翩翩慕向之"。于是欣然命笔为序。

　　　《少室山房类稿》卷八二《黄说仲诗草序》。

六月,胡应麟赴太仓拜访王世贞,请其为父亲作传。期间过苏州时,造访张凤翼兄弟。自太仓南归后,兼程回返,于月底到家,"二亲在堂,两孩绕膝,青缃万轴","间有呻吟","颇用自娱"。不久曹昌先过兰溪,但因"舟人促行",仅与胡应麟相会于"一交臂"间。

　　　《少室山房类稿》卷一一一《与王元美先生》,卷一一二《与大司寇王公》,卷七一《张伯起、幼予邀集别墅观白公石,戏赠》《伯起园池中鸂鶒数十头,甚驯扰,戏赠二首》。

八月,王世贞为胡应麟父亲胡僖作传。

　　　《少室山房类稿》卷一一一《与王元美先生》。

　　　王世贞《弇州续稿》卷七九《胡观察传》。

喻均改松江知府,北上赴任途中,于八月十五日在杭州与胡应麟、冯梦祯、徐桂同游。

　　　崇祯《松江府志》(五十八卷本)卷二六《守令题名》。

　　　冯梦祯《快雪堂集》卷四七《日记·丁亥》。

　　　过庭训《本朝分省人物考》卷四五《冯梦祯》:冯梦祯字开之,秀水(今浙江嘉兴)人,万历五年会试第一。历官广德州判、南尚宝丞、南司业、掌南院祭酒等职,后辞官归。

胡应麟赋诗为喻均送行。

　　　《少室山房类稿》卷五○《送喻邦相移任云间》。

王世懋以春时染疾,入秋而剧,遂上疏请求归家。(王世懋《王奉常集》文部卷五一《题文太史画卷》、卷五二《澹思子》;王世贞《弇州续稿》卷一九八《答殷无美》;赵用贤《松石斋集》卷一三《太常王敬美传》)

九月"秋清木落"的"新凉"时节,胡应麟致信王世贞,感谢其在八月间为父作传,"兹特专力候领大篇,俾家君姓名永藉不朽",并将《诗薮》六卷"附上记室,蠡测管窥,略尽于此。计不足当一噱。惟慧眼谛观,概加涂抹,俾无诮于大方"。这是他第一次将《诗薮》寄呈王世贞,请其作序,表明全书即将脱稿。

  《少室山房类稿》卷一一一《与王元美先生》。

  按:此信中明确请王世贞为《诗薮》作序,是为胡应麟传世文字中无可置疑的最早者,这是一个很重要的时间节点。王世懋曾为《诗薮》作序,但题名却是"《诗测序》",而包括王世贞在内的其他人从未使用过"《诗测》"的名称。胡应麟提到友人对《诗薮》的评价时,总是说王世懋在看到正在写作中的《诗薮》稿本时就击节称善,书成之后王世贞如何如何评价,汪道昆《诗薮序》又是如何如何评价(详见后文),但从不提王世懋之序,而且传世胡应麟著述中既找不到他为王世懋此序而致谢的文字,也找不到他在王世懋生前就知道有此序的材料。而汪道昆也说"《诗薮》内外编,既属序长公,且属余序",(《太函集》卷二六《少室山房四稿〉序》)丝毫不及王世懋作序之事,以他和王世懋的关系,如果知道世懋有序,不会不提。由这些情况可知:第一,胡应麟最初为《诗薮》一书取名为"《诗测》",王世懋看到了正在写作中的稿本时为其作序,因而名为"《诗测序》",而并非是在全书完稿之后才作序。第二,王世懋预先写就之后,并没有交给胡应麟,而从万历十五年正月,胡应麟寄诗问候初到南京任职的王世懋之后,二人再未互通音信,因而王世懋也就不知道胡应麟后来将书名改为《诗薮》,而胡应麟也不知道王世懋作有此序,所以他也就无从提起此事。第三,王世懋卒后,王世贞等编刊其文集,收录了《诗测序》,由于内中明言是为胡应麟而写,以致吴国伦看到后误以为《诗薮》和《诗测》是不同的两本书,请求王世贞把二书一并赐赠(详见后文),这是因为除了胡应麟和王世懋,并无其他人知道该书初名"《诗测》"。王世懋之所以没有将此序寄给胡应麟,大概是他想等全书完成之后再行修订或直接寄呈,只是他没有料到自己竟先行病逝。第四,在胡应麟此信之前,惟一有明确时间可考而又明确提到《诗薮》书名的是胡应麟写作于去年十月以来的《石羊生小传》,内中提到"《诗薮》内外杂编二十卷",虽然这个卷数是根据该书后来定稿而改写的,当时尚未完成二十卷的全本撰写工作,但书名由《诗测》改为《诗薮》应该已经确定下来,至晚也在本年九月胡应麟写作此信之时,《诗薮》的名称最终固定下来。他之所以没有告诉王世懋,大概是因为全书毕竟尚未完成。而他寄呈其中一部分即"六卷"给王世贞,请其作序,则说明全书即将脱稿。

  王世懋《诗测序》具体作年不详,从其本年春即染病,入秋而剧,遂上疏辞官,十一月由南京返回,十二月抵家,明年闰六月病逝的情况分析,大致应作于本年之前。其全文曰:

"书不云乎,诗言志,歌咏言,声依咏,律和声。此谭艺家之祖也。然而时有盛衰,体有今古,践迹则亡奇,标新则伤雅,寄兴近则致弥浅,取材广则格易卑。是不曰作者之难乎?曲调既殊,物好亦异,徇人则违己性,任我则乖物情,喜清新则恒钉大家,专雄丽则奴仆雅道。是不曰谭艺者之难乎?自钟嵘《诗品》以来,谭艺者亡虑数百十家,前者严沧浪、徐迪功二《录》(严羽《沧浪诗话》、徐祯卿《谈艺录》),近则吾兄《艺苑卮言》,最称笃论。然严、徐精而未备,《卮言》备而不专论诗。若夫集诸家之长,穷众体之变,敲宫扣角,兼总条贯,其在胡元瑞之《诗测》乎!元瑞始髫即工诗,始从何仲默(何景明)入,已乃服膺李于鳞(李攀龙),已又规矩余兄。其才可以无所不能,而专欲为诗人,不朽于来世,遂屏弃一切痦痱作,止悉寄于诗。道日以尊,而自负亦日以重,宜其言之详而核、肆而周,非若余辈之偶撼胸臆已也。不佞知元瑞于弱冠,而元瑞亦以父执缪见推。顾与余持论大体多同,而微旨差异。余以为,政不妨异也。夫以余之浅弱,尚不能强我以从元瑞,而乃欲元瑞之下同乎?古往今来,才情万态,若春花媚眼,国色倾城,必使作者如出一手,谭者如出一口,则此道非难趣,亦安从博哉?惠子为质,庄生乃施其辨;武灵变俗,诸臣不废其论。彼其究于异者而犹若是,而况其微异而终同者乎?后有作者,当知吾党之士,非区区梁丘生,好为同者也。"(《王奉常集》文部卷八《诗测序》)

《少室山房类稿》卷一一六《报王承父山人》:"仆宿根介戆,不解逐影吠声,至于随人悲笑,弥所不耐。所为《诗薮》一书,悉是肝腹剖露,只字毋敢袭前人。前人藻鉴,有当于衷,必标著本书,使之自见;其有不合,即名世巨公,不复雷同。汪司马作序,谓仆于于鳞、元美抗论醇疵,时有出入,无偏听,无成心。数言真知仆者。……仆书未杀青,王次公从篓中肷得,辄狂叫击节称善;后书成,小有异同,而长公遂以为奇绝无两。所奖诱,咸出过情。"**按**:此信作于万历十八年《诗薮》初刊之后。从中可见胡应麟撰著《诗薮》的原则与态度,也说明王世懋见过正在撰写之中的《诗薮》稿本。

王世贞复信,说明为胡僖所作传乃据胡应麟所写《家大人履历述》"点定成篇",称颂胡应麟读书学博,"宇宙鸿业,将来足下一人,望之勖之"。但对为《诗薮》作序一事,以老而"多忘""耄昏"为由,进行推脱。对于胡应麟所赠"蹄枣种种",王世贞"拜领"之余,以"异物须归异人",将友人所赠能够"贮水加冽"之古铜缶转赠胡应麟。

王世贞《弇州续稿》卷二○六《答胡元瑞》第十四书。

十月,处州府推官周弘禴继室董少玉卒,(冯梦祯《快雪堂集》卷四八《日记·戊子》)胡应麟寄诗哀悼。

《少室山房类稿》卷五〇《为周元孚悼亡》《寄周元孚》。

朱彝尊《明诗综》卷五七《周弘禴》:"弘禴字元孚,麻城人,万历甲戌(二年)进士,除户部主事,谪无为州同知,升顺天通判,复谪代州判官,迁处州府推官,转南兵部主事,历尚宝司丞,进少卿,三黜为澄海典史。"

十一月,王世贞起补南京兵部右侍郎,上疏请辞,不允。(王世贞《弇州续稿》卷一四二《为恳乞天恩辩明考满事情,仍赐罢斥,以仲言路疏》、卷一九八《答殷无美》)

十一月,王世懋由南京返家养疴,十二月抵家。(王世懋《王奉常集》文部卷五〇《文太史楷书原道跋》)

胡应麟在杭州,夜登镇海楼,月色莹然,万里如昼,油然而想念王世贞,遂赋诗寄怀。

《少室山房类稿》卷五〇《夜登镇海楼,月色莹然,万里如昼,因忆王长公元美,时方以司马应召南都》。

胡应麟致书王世贞,祝贺其起补南京兵部右侍郎,称自己"世念益灰冷"。并云因身体多病,"窃惧一旦溘焉",正在刊印部分著述,待明春完成时"当持以奉献","中间抉幽摘遐,剔讹纠谬,颇以一斑,自信即古人闳巨之业未敢觊心,较近日用修(杨慎)之卤莽,差谓愈之"。继而从"文章、学问本非二途"的角度,高度评价王世贞在明代学术史上的地位,认为"国朝文章之盛几轶古先,而学问之衰无逾晚季。至于嘉(靖)、隆(庆),玄谈日沸,即豪特之士崛起其间,而属辞者虞讥于堆垛,多识者取诮于支离。不有执事出而挽之,将恐两家者言浸淫无极。'天不生仲尼,万古如长夜',虚语乎哉! 不肖夙抱此怀,以时多枘凿,未敢诵言,今惟一吐于执事之前,且卷而怀之,以俟异世矣"。

《少室山房类稿》卷一一二《与少司马王公》。

冬,胡应麟赋诗祝贺喻均父喻燮八十大寿。

《少室山房类稿》卷五三《喻封翁八旬寄贺》。

按:据王世贞《弇州续稿》卷三六《松江太守喻邦相先生五十序》、何三畏《云间志略》卷四《郡侯枫谷喻公传》,喻均父本年八十大寿。

本年,佘翔过兰溪时访胡应麟。

佘翔《薛荔园诗集》卷三《兰溪舟中怀(吴)[胡]元瑞》,卷二《过兰溪投赠胡元瑞,兼東王元美先生》。

《四库全书总目》卷一七二《薛荔园集》:佘翔字宗汉,号凤台,莆田(今福建莆田市)人,嘉靖三十七年举人。官全椒知县,与巡按御史牴牾,弃官去。其诗以雄丽高峭为宗,声调气格颇近"七子",然人品颇高,故诗有清致,不全为"七子"肤廓。

明神宗万历十六年戊子（1588）　38岁

二月十五日花朝节,胡应麟在杭州,吴治邀集高濂园亭,胡应麟赋诗赠二人。

朱谋垔《画史会要》卷四:"吴治字孝甫,吴郡(今江苏苏州市)人。学赵子固(赵孟坚)墨梅,枝干盘折,花蕊疏秀,清寒之气沁人肺腑,题句时有别字,往往如此。"

徐朔方《高濂行实系年·引论》:高濂字深甫,号瑞南,钱塘(今浙江杭州市)人。能诗文,兼通医理,擅养生。隆庆四年创作传奇《玉簪记》,"四百年来演唱不绝"。(《徐朔方集》第三卷)

《少室山房类稿》卷四〇《花朝,吴孝父邀集高深甫湖上园亭》,卷三九《题梦竹卷为吴孝父山人》,卷三三《赠高深甫二首》。

按:徐朔方《高濂行实系年》将胡应麟赠高濂诗系于万历十六年,(第215—216页)从之。

二月,王世贞启程赴任南京兵部右侍郎,三月初一日到职。(王世贞《弇州续稿》卷一四二《为恳乞天恩辩明考满事情,仍赐罢斥,以伸言路疏》,卷一九八《答殷无美》)

四月,胡应麟复信并寄诗南京吏部右侍郎赵志皋叙旧。

《少室山房类稿》卷一一五《报少宰赵公》,卷五〇《寄怀少宰赵公》。

闰六月十四日,王世懋(1536—1588)卒。(王世贞《弇州续稿》卷一四〇《亡弟、中顺大夫、太常寺少卿敬美行状》)

四天后的十八日晚,王世贞游莫愁湖归,得世懋讣,骇痛绝倒,次日疾发。旬日之间,昏昏惘惘,或梦或醒,或嘘或泣,勉为诗哭之。随后致信王锡爵、王穉登,请其为亡弟作墓志铭或传诔之文。

王世贞《弇州续稿》卷二五《哭敬美弟二十四首》,卷一七八《与元驭阁老》第二书、第三书,卷二〇六《王百穀》第七书。

王世贞又致信张佳胤,请其为王世懋撰写传诔之文,同时继续推荐屠隆、徐桂、胡应麟、吴稼澄四人,认为"后进之中",此四人"俱堪点染晚趣",其中称胡应麟为"宏才"。最后允诺,一定会为张氏文集作序。

王世贞《弇州续稿》卷一八四《答张肖甫司马》第十六书。

但很可能就在王世贞此信将发未发或刚刚发出之际,闰六月二十日,张佳胤卒。

> 王世贞《弇州续稿》卷一九二《吴明卿》第十九书。

在王世懋卒而王世贞"哭亡弟"期间,王世贞收到胡应麟来信及第二次寄来的《诗薮》书稿,请其作序,但此时的王世贞已"委顿欲绝",无暇顾及,遂未回复。

> 王世贞《弇州续稿》卷二〇六《答胡元瑞》第二十书。

王世贞收到李能茂来信,因系张献翼从中介绍,王世贞阅后复信并寄诗,告知王世懋病卒,称胡应麟在"说诗者"中"最为博识宏览,所著《诗薮》,上下数百千年,虽不必字字破的、人人当心,实艺苑之功臣,近代无两"。并说胡应麟已来信寄书请序,但他为了"避标榜之訾,尚未脱稿",实则并未着手写作。

> 王世贞《弇州续稿》卷一八一《李仲子能茂》。
>
> 卷一八《哭弟后,得李仲子能茂损书及古近体六章,病甚,勉酬一律》,末云:"见说胡郎《诗薮》就,龙门咫尺在菰芦。(老瑞著《诗薮》成,李与同郡,故云。)"

按:从诗中"见说胡郎《诗薮》就""老瑞著《诗薮》成"等语可知,胡应麟《诗薮》已然完成,但从信末"足下得之否"一语可知,王世贞写此信时距《诗薮》完成时间应该不长,否则熟知胡应麟与李能茂关系密切的王世贞,不会向李能茂问这样的问题。而据胡应麟在明年末致王世贞信中所说《诗薮》即将刊刻完毕,"小复益之,外编卷帙略与内等",可知在本年写成之后仍在继续增补修订。

王世贞接到胡应麟第三封请其为《诗薮》作序之信和从去年以来已是第三次寄来的《诗薮》书稿,知道胡应麟以《诗薮》序为急,始作答书,说明自己刚接到第一封信时,正染病在身,"且哭亡弟","委顿欲绝",不能做答书。现在接到第三封书信,"知以《诗薮》序为急",但他认为,一则"足下于诗","前无古人,后无继者","兄说之尽矣,何所复赘?"二则书内对明代诗人"不尽惜雌黄,而至仆独过垂饰奖",有超越何景明、李梦阳之势,并称王世懋亦在"雁行"之列,如果作序,"窃惧世人之笑我,以我互相标榜也"。显系不准备作序之意,但又言"旦夕必须一搦管,露其丑秽",要胡应麟勿急。

> 王世贞《弇州续稿》卷二〇六《答胡元瑞》第二十书。

按:此信中既说"足下于有明作者,虽极为假借,以彰一代之盛,然犹不尽惜雌黄,而至仆独过垂饰奖,几遂超何李(何景明、李梦阳)之乘,许及亡弟,亦在雁行",可知《诗薮》写成之时即有评述明代诗学即该书"续编"的内容。

又,王世贞在此信中说"且哭亡弟""许及亡弟",这是他直接告诉胡应麟有关王世懋去世的消息。王世懋在万历十五年正月抵南京太常寺少卿任时,胡应麟曾寄诗问候，此后二人未曾互通音讯，因而王世懋病卒时，胡应麟并不知悉，未能在第一时间亲赴太仓拜祭或寄呈挽诗。王世贞是否因世懋卒时胡应麟没有任何表示，却来信请求为《诗薮》作序而不满，不得而知。

胡应麟将《诗薮》书稿寄赠好友李能茂，李能茂赋诗答之。

李能茂《得胡元瑞孝廉书并所著〈诗薮〉》:"伏枕清秋问旅踪，兰陵山色白玉封。书来金玉空林振，读罢风霜太宇重。朔野千群迷苑马，中原万里隐人龙。起居两地犹无恙，莫向明时叹转蓬。"(阮元声、戴应鳌《金华诗粹》卷一〇)

按:此诗第一句中所云"清秋"应为具体作诗时节;"起居两地犹无恙"则说明胡李二人尚体健无恙。然而本年冬胡应麟大病一场，并一直持续到明年春，其间很有不治之势，而明年夏秋时李能茂亦已染病在身，并最终不治。是则李能茂此诗只能作于本年清秋时节。

周弘禴转南京兵部主事，赴任途中过兰溪访胡应麟，胡应麟赋诗奉答。

《少室山房类稿》卷五〇《周元孚过访，见赠奉答，时元孚方有南都司马之擢》。

王世贞《弇州续稿》卷一九九《王辰玉》第十二书。**按**:此信作于本年十一月或十二月，内云周弘禴已到南京赴任。王辰玉即王锡爵子王衡。

胡应麟为东阳知县严贞度作贺序。

康熙《金华府志》卷一二《官师二》:严贞度万历十三年任东阳知县，十八年由胡恪接任。

嘉庆《直隶太仓州志》卷二八《人物·严贞度》:严贞度原名佩环，字茂甫，万历十一年进士。知东阳县，旋擢刑部，以员外郎恤刑浙江，晋职方郎中。

《少室山房类稿》卷八五《贺严封翁洎孺人锡命序》。**按**:胡应麟本年八月北上京师应试，此文应作于启程前。

胡应麟得知张佳胤、萧廪去世，作诗悼念。

《少室山房类稿》卷三六《闻司马张公、萧公讣二首》。

八月，胡应麟奉父命，第四次赴京师参加会试。当月经杭州时，拜访浙江巡抚滕伯轮，继又访提学佥事苏濬，但因苏濬病疟，仅仅数语别去。滕伯轮遣人送胡应麟渡江北上。

《少室山房类稿》卷八三《养疴稿序》，卷五〇《仲秋北上，次武林，谒大中丞滕师，招饮赋谢》《中丞滕公遣人舟传送渡江，赋谢一律》《别苏观察君禹作》《君禹病疟二月余，余过访不能数语，情殊恋恋，途中追忆，再成二律奉寄》，卷三七《访苏君禹城南别墅，时郎君新获隽计偕二首》，卷五九《出西郊访苏君禹留集，时郎君新以偕计至》,卷五六《送苏君禹观察之岭右八首》后跋。

出杭州后,胡应麟本想过松江时造访喻均,不料在杭州时已为寒疾所侵,病途中神情恍忽,夜泊苏州时才知早已北过松江,只好改拟至北京会面,但"意恨恨不可言。呻吟枕席间,不觉竟成四绝",然无由寄呈,缄之奚囊。

《少室山房类稿》卷八三《养疴稿序》,卷一一六《报喻邦相》,卷七六《过吴门不及入访喻邦相,寄怀四绝》,卷五七《新正怀喻邦相。方余过云间,恍忽不及往晤,拟至都下握手,复以病归,漫此奉寄》。

夜泊苏州时,胡应麟赋诗祭奠挚友王世懋。此前胡应麟接到王世贞复信,得知王世懋去世,"极意"在此次北上途中到太仓拜祭,"少致国士之感",不料"适病中愦愦,不及遄赴",只好"赋七言八律,以代奠章"。既成之后,胡应麟犹不能已,又"伏枕呻吟,再成八律"。

《少室山房类稿》卷五六《夜泊金阊,寄奠王敬美先生八首》《赋八诗后,鄙怀不能已,已伏枕呻吟,再成八律,共前什计十六章,辄命使者焚之几筵,次公有灵,当为我击节三神之顶,浮一大白也》。

新科举人张文柱到舟中过访胡应麟,邀集新居。胡应麟与其在舟中对弈,并赋二诗相谢。

《少室山房类稿》卷五六《张仲立过访舟中,邀集新居,奉赠二律》。

张大复《昆山人物传》卷一〇《张文柱》:张文柱字仲立,二十七岁举万历十六年乡试,既试礼部,不隽,除守临清。在清四年,以积劳暴卒。

民国《临清县志·秩官志九·历代名宦传》:张文柱字仲立,号湨池,昆山人,万历十六年举人,二十二年知临清州,卒于官,民为建祠。

北行至无锡境,胡应麟寄诗问候朱正初。

《少室山房类稿》卷五三《与朱在明订期江上十年矣,是秋北上,余复病不能赴约,走笔寄此,并询诸郎》《复作此戏柬在明二首》。

至茅山路中,胡应麟不期然怀念起曾经学道修玄的王世贞,遂作五言律诗八首寄问。

《少室山房类稿》卷三三《句曲道中奉怀王司马先生,寄讯八首》。

舟至镇江夜泊,时大江明月如昼,胡应麟忆起燕中旧游,作诗怀李言恭,继又梦游南京遇朱正初。

《少室山房类稿》卷五三《夜泊京口怀李惟寅》《梦游白下,遇朱十六鸿胪》。

北渡长江时,胡应麟想起以前在南京旧游事,又作五言律诗八首,再寄王世贞,末称"柱下书堪著,壶中术已传","何须片石上,辛苦勒燕然?"对王世贞传授衣钵感念不已,对科举仕宦表示无意追逐,但对著述大业则抱定至上情怀。

《少室山房类稿》卷三三《渡江,有怀秣陵旧游八首,再寄王长公》。

十月,胡应麟到瓜洲,以病重,暂停北上。王世贞接到胡应麟上述两次寄诗及祭奠王世懋二诗,复书致谢,称其诗作"高华雄畅,整栗沉深,而用事用意变幻百出,描写如生,可谓当代绝倡,岂直今人不能为,即古人未易也。仆尝谓,元瑞诗纪律森严则岳武穆(岳飞),多多益善则韩淮阴(韩信),至年少登坛、宇内风靡,非太原公子不足当之。家弟生平所推毂,仅于鳞(李攀龙)与吾元瑞,今已矣,人琴俱亡,不胜感恸,宜足下过于用情"。并请胡应麟为王世懋文集作序。

《少室山房类稿》卷八三《养疴稿序》。

王世贞《弇州续稿》卷二〇六《答胡元瑞》第十五书。

胡应麟在瓜洲病五十余日,饔飧并废,药饵遍尝,气息惙然,自疑不起,遂发书请王世贞作传,以为不测计。

《少室山房类稿》卷八三《养疴稿序》。

王世贞《弇州续稿》卷一八五《汪司马》第二十五书。

王世贞接到胡应麟信后,"酸楚宛笃","肠寸寸折",随即遣人专程慰问,然后复信,不但慨然应允作传,并允诺要为《诗薮》作序,称《诗薮》完成,"足下不朽大业已就,天下万世知有胡元瑞矣"。随后,王世贞在胡应麟两年前自作之《石羊生小传》基础上,稍加点窜,为作《石羊生传》,"信宿文成,淋漓万言"。

《少室山房类稿》卷一一〇《周公瑕书王司寇〈石羊生传〉跋》。

王世贞《弇州续稿》卷二〇六《答胡元瑞》第二十一书。

王世贞《石羊生传》:"胡元瑞者,名应麟,一字明瑞。……自髫鬌厌薄荣利,(余)[于]子女玉帛、声色狗马、服玩诸好,一切泊然,而独其嗜书籍自天性,身先后所购经、史、子、集四万余卷,手抄别录几十之三,分别部类,大都如刘氏《七略》而加详密。筑室三楹贮之,黎惟敬大书其楣曰'二酉山房',而属予为记。旦夕坐卧其间,意倏如也。恒自笑蠹鱼去人意不远,又谓我故识古人,恨古人乃不识我。其托尚如此。好称说前辈风节,尝怪其郡若梁刘孝标之介、唐骆宾王之忠,而世仅仅以文士目之,当由作史者盲于心故。且史第知有狄梁公(狄仁杰)、宋广平(宋璟)贤,皆俯首而从周裸(指武则天),将以视宾王,何径庭也?上之采风使者苏君禹,君禹雅敬信元瑞,趣下其事,宾王得以乡贤祀郡城,而孝标亦暴显。

元瑞所著(有)……盖生平于笔砚未尝斯须废去。

元瑞壮未有子,迩始举二子。戊子冬,复以按察使公命赴公车,至瓜洲而

病，病积久不愈，慨然曰：'吾其殆乎？'谓余：'知应麟者惟子，幸及吾之身而传我，使我有后世，后世有我也。'

王子曰：元瑞年三十有八耳，神清而意甚舒，即偶犯霜露，何恙不已？而虑至此也？夫以元瑞之生仅三十年，而著作充斥乃尔，过此以往，所就当又何如耶？元瑞于他文无所不工，绩学称是，顾不以自多，而所沾沾独诗，彼固有所深造也。元瑞才高而气雄，其诗鸿邕瑰丽，迥绝无前，稍假以年，将与日而化矣。至勒成一家之言若所谓《诗薮》者，则不啻迁史之上下千载，而周密无漏胜之，其刻精则董狐氏、韩非子也。吾长于元瑞二纪余，姑为传以慰之，且谓元瑞：子后当竟传我。"（《少室山房类稿》卷首、《诗薮》卷首）

胡应麟收到王世贞所寄《石羊生传》，沉疴顿减，稍进饮食，随后寄信并诗报谢。

《少室山房类稿》卷一一〇《周公瑕书王司寇〈石羊生传〉跋》。

卷一一二《谢司马王公〈石羊生传〉书》，卷三三《病卧原口，长公以诗见存，遂有起色，赋谢四章》。

十二月七日，胡应麟接到父亲来信，只好以病躯"黾勉前发"，启程北行，"抵淮腊尽"。

《少室山房类稿》卷八三《养疴稿序》。

卷七三《客岁，病留瓜步且三月。今年春仲复过此，值江鱼大上，每至友人家，玉尺银条，咄嗟便具，殊厌馋口，余越中不能尔也》。

明神宗万历十七年己丑（1589） 39 岁

　　去年底，胡应麟抵淮，"以家严命"，强起渡淮北上，于春初时节到达徐州、沛县，到夏邨时病剧，卧病舟中，不能北上。时黄水暴涨，冲入夏镇，田庐毁坏，居民多溺死，都察院右都御史、总督河道潘季驯复筑塞之，(《明史》卷二二三《潘季驯传》)并筑堤济上。一时舟航阻绝，行旅咸改陆道。已经病重的胡应麟不堪陆路疲劳，考虑再三，最终放弃会试之念，掉头回返。其间，潘季驯遣使问候，并为觅舟送其南返。想到以前滕伯轮对自己的器重，胡应麟感慨中发，赋诗寄怀。

　　《少室山房类稿》卷八三《养疴稿序》，卷一一二《杂启长公小牍九通》其一，卷五三《大司空潘公驰驿夏村。时不佞卧病舟中，公特使相存，且为觅舟南返，感谢二律》《夏邨病剧，不能北上而返，有怀大中丞滕师》《再叠前韵怀滕先生》。

　　在经徐淮返程途中，胡应麟又作诗抒怀。他虽对科举不顺多少有些慨叹，"不作投珠去，真成抱玉还。十年牛马走，端合鬓毛斑"，"惨淡双胧折路岐"，但并不在意，"莫叹卢生魂梦里，几人穷达在黄梁"，而是高唱"平生烈士心长在"，"归来陵谷任骑羊"，"飞扬总属群公事，一耋犹能擅草莱"，再次表达了不以科举仕宦为重，而要以著述传世以为不朽之意。

　　《少室山房类稿》卷四九《淮徐归兴六首》，卷三三《渡淮》。

　　回程途中，胡应麟又想起本欲到北京会面的好友喻均，遂赋诗寄问。

　　《少室山房类稿》卷五七《新正怀喻邦相。方余过云间，恍忽不及往晤，拟至都下握手，复以病归，漫此奉寄》。

　　二月初一日，喻均升山东副使。(《明神宗实录》卷二○八)胡应麟得知后寄诗问候。

　　《少室山房类稿》卷五七《寄喻邦相二首》(时擢观察山东)。

　　胡应麟经扬州时欲停留观灯，以阻雨不果。二月，重新回到瓜洲，友人张别驾(名字不详)、余继善到舟中探望。张氏又请胡应麟酌于署中，饮至夜分，拟次日游金、焦，因病未果。

　　《少室山房类稿》卷一一二《杂启长公小牍九通》其一，卷三六《次瓜步，张别驾留酌署中》，卷六四《张别驾过访舟中，以新刻饷惠，时聘修郡志将成》(末注"张君先任新安尹"),卷五三《病中张别驾以薪粟见饷,赋谢》《赠余明复水部》(时枉过舟中)、《柬余明复乞舟》。

按:据王祖嫡《师竹堂集》卷三七《报庆纪行》,余明复万历十年时任常州府司理;万历《重修常州府志》卷九《职官志二·守相表》,固始人余继善万历九年任推官,但无其表字记载;雍正《河南通志》卷四五《选举二》,余继善为万历八年进士,"固始人,主事";潘季驯《河防一览》卷一一一《河工告成疏》、卷一二《甄别司道疏》,万历十六年至十七年,余继善任夏镇主事,协助潘季驯治河。是则余明复即余继善,明复为其表字。

时值江鱼大上,胡应麟每至友人家,河豚、鲥鱼"咄嗟便具,殊厌馋口",特别对鲥鱼"酷重其风味,每食必尽数盘","昔人恨鲥鱼多骨,此物鳞刺尤多",然"人生事事元堪恨,岂独鲥鱼骨太多"。

《少室山房类稿》卷七三《客岁,病留瓜步且三月,今年春仲复过此,值江鱼大上,每至友人家,玉尺银条,咄嗟便具,殊厌馋口,余越中不能尔也》,卷七六《食河豚》《河豚味在诸鱼之下,仅腹中腴可赏,昔人目以西施乳,亦稍夸矣。余骤食此鱼,颇有声过其实之叹,戏题一绝,以俟定论,物固有遇不遇也》《记十八九时章二宅中食江鲥,狂饮剧醉,豪兴欲飞,迄今二十余年,再过瓜步食此,此物风味不减畴昔,乃余发则种种,不复能作少年态矣》《鲥鱼,水族中佳品也,江淮惟二月有之,故亦谓时鱼。昔人恨鲥鱼多骨,此物鳞刺尤多,余酷重其风味,每食必尽数盘,座中戏题此绝》。

南渡长江,胡应麟"一片归心付倦游",想到在南京任职的王世贞,胡应麟"望金陵宫阙,神爽翼翼,几欲奋飞",可惜病疾在身,不能前去拜访,惟有"清宵魂梦,恍忽高牙大纛间"。

《少室山房类稿》卷七六《渡江一绝》,卷一一二《杂启长公小牍九通》其一。

到无锡时,胡应麟过访安绍芳,又欲访朱正初,但他已先一日赴镇江,"十载之期竟左成约,殊怅怅也"。

《少室山房类稿》卷七六《过晋陵欲访朱在明,安二茂卿云在明以先一日往京口矣。十载之期竟左成约,殊怅怅也》。

过苏州时,周天球来访舟中,胡应麟请其以蝇头手书王世贞《石羊生传》,周天球要求胡应麟辍棹三日待,胡应麟遂利用此机会造访张凤翼、张献翼、周时复①等

---

① 张凤翼《处实堂后集》卷六《周君懋修墓志铭》:周时复字懋修,长洲(今江苏苏州市)人。游邑庠,不专事举子业,好为古文辞,诗章近体及他声调多能之,万历二十七年卒。

人,畅饮两晨夕。在过访张氏兄弟时,胡应麟虽疾病在身,"春暮畏寒犹缊袍",但"病骨岩岩气逾壮,入门大叫惊儿曹"。张氏兄弟各出小影索题,胡应麟即席赋诗二首,并请张献翼转短牍于王世贞,问候起居。在夜集周时复宅时,有善歌者在侧,令其歌周氏自制吴歌新词,胡应麟闻而"甚适",醉憩斋头,至达旦乃别。因在此期间胡应麟"失去歌者,趣装东归",张凤翼作诗戏之。待胡应麟回到船中时,周天球早已携手书等待于舟中。

《少室山房类稿》卷一一〇《周公瑕书王司寇〈石羊生传〉跋》。

卷三三《访张伯起,暖阁小集,夜同过幼于园》《幼于园中听歌》,卷三四《寄居曲水园,柬张氏伯仲二首》,卷三六《过张伯起、幼于园中,二君各出小影索余题,即席赋二首》,卷二四《寄张伯起》,卷一一一《与王长公第三书》。

卷三四《夜过周楙修馆中,月色盈庭,皎如霜雪,即席口占》,卷六一《后重九舟过姑苏,再泊葑门,访周文学楙修,夜集坐,有善歌者,即令歌楙修所制新词。余醉憩斋头,达旦登舟为别》《寄周文学楙修。余客岁过吴门,宿其斋头,听楙修歌自制吴歌甚适二首》。

张凤翼《处实堂续集》卷五戊己稿《胡元瑞见过,走笔奉赠》《怀胡孝廉元瑞》,卷七庚辛稿《胡元瑞来寓曲水草堂,失去歌者,趣装东归,戏之》。

二月十二日,郭子直升山西右参议。(《明神宗实录》卷一六二、卷二〇八)

陈懿典《陈学士先生初集》卷一二《福建按察司副使汾源郭公墓志铭》:郭子直字舜举,别号汾源,崇德(治今浙江桐乡市崇福镇)人。隆庆四年举顺天乡试,次年成进士。历官山西冀宁道参议、福建按察司副使,万历二十年二月辞官。"凡以诗名海内者,如王元美(王世贞)、敬美(王世懋)、汪伯玉(汪道昆)、吴明卿(吴国伦)、李本宁(李维桢)、沈嘉则(沈明臣)、王百毂(王穉登)、屠纬真(屠隆)、万伯修(万世德)、邢子愿(邢侗)、欧祯伯(欧大任)、胡元瑞之流,皆把臂定交,互为齐晋。……公生于嘉靖戊子(七年),卒于万历丙午(三十四年),享年七十有九。"

胡应麟至桐乡时,郭子直过访旅中,胡应麟为其次子钦华题诗,并赋诗为其赴任山西送行。

《少室山房类稿》卷三八《郭参知过访旅中赋赠》《香雪斋为郭张虚茂才赋》,卷五三《送郭观察之秦中》。

按:据陈懿典《陈学士先生初集》卷一二《福建按察司副使汾源郭公墓志铭》:郭子直有子三人,长钦光,礼部儒士;次钦华,雅州(今四川雅安)别驾;次钦屏,庠生。其卷二《郭张虚诗稿序》:"余友郭张虚,观察汾源先生之佳公子也","张虚宦蜀"。则"张虚"应为郭子直次子钦华表字。

胡应麟到杭州时,遇柳水曹,请其转短牍于王世贞,问候起居。

  《少室山房类稿》卷一一一《与王长公第三书》。**按**:"柳水曹"名字不详。

三月间,胡应麟南归至家,得知苏濬已于月前升陕西布政司右参议,"秦越茫然,邈不闻问"。

  《少室山房类稿》卷五六《送苏君禹观察之岭右八首》后跋。

胡应麟寄诗问候浙江巡抚滕伯轮。

  《少室山房类稿》卷五三《滕中丞行泛海上奉寄》。

胡应麟一边养病,一边整理往日读书札记十余种,陆续将其付梓刊行,其"生平占毕,概见大都"。

  《少室山房类稿》卷一一二《与王司寇论〈丹铅〉诸录》。

胡应麟致书王世贞叙旧,之后又多次致信,与谈《诗薮》,"颇窃自信管中之豹,盖生平精力,毕殚此矣","自信确然",但恐当代无赏识者。在他看来,王世贞"于文章也,前无昔贤,后无来哲",希望便中为《诗薮》作序,"数朝计已卒业,知齿牙余论,匪所惜也"。然王世贞仅回复一信,且仅对其尊崇之语表示客气,称"得足下《诗薮》,则古今谈艺家尽废矣",而对作序之事一字不提。

  《少室山房类稿》卷一一二《杂启长公小牍九通》其一、二、三、四,其二专谈《诗薮》并请王世贞作序。

  王世贞《弇州续稿》卷二〇六《答胡元瑞》第十六书。

三月二十八日,浙江巡抚、都察院右副都御史滕伯轮卒。(《明神宗实录》卷二〇九,冯梦祯《快雪堂集》卷四九《日记·己丑》四月记事)胡应麟作诗哭之,为作《中丞滕先生传》。

  《少室山房类稿》卷三六《哭大中丞滕公八首》,卷八七《中丞滕先生传》。

胡应麟在"卧病委顿,呻吟药物"之中,将所论诸子文字,"捃拾其中诸家见解所遗百数十则",刊为《九流绪论》三卷,"凡前人业有定论者,不复赘入",四月十六日作自序刊行。后编入《少室山房笔丛》,列为丙部。

  《少室山房笔丛》卷二七《九流绪论引》:"子书盛于秦、汉,而治子书者错出于六朝、唐、宋之间,其大要二焉,猎华者纂其言,核实者综其指。纂其言者沈休文(沈约)、庾仲容各有抄,并轶弗传,仅马氏(马总)《意林》行世,略亦甚矣。柳河东(柳宗元)之辨,高渤海之略,宋太史(宋濂)、王长公(王世贞)之论,则皆序次其源流而参伍其得失者也。余少阅诸子书,辄思有所撰述以自附,而恒苦于二家之弗能合,则于诵读之暇,遍取前人铨择辨难之旧,以及洪氏(洪迈)《随笔》、晁氏(晁公武)《书志》、黄氏(黄震)《日抄》、陈氏(陈振孙)《解题》、马氏(马端临)《通考》、王氏(王应麟)《玉海》之评诸子者,及近粤黎氏、越沈氏题词,复稍传诸作者履历之概,会为一编,时自省阅。第诸家外,古今文人学士单词片藻,品骘尚繁,并欲类从,虑多遗漏,或贻诮于大方。己丑北还,卧疴委顿,呻吟药物,岁月若驰,慨斯绪未能卒就,辄捃拾其中诸家见解所遗百数十则,捐诸剞氏,备一家言。凡前人业有定论者,不复赘入。清和既望识。"

五月十四日,新任通政司右通政不久的徐一槚以病请告,许之。(《明神宗实录》卷二一〇、卷二一一)

乾隆《镇江府志》卷三四《名宦》:"徐一槚字汝材,浙江西安(今浙江衢州市柯城区和衢江区)人,隆庆戊辰(二年)进士。万历元年知丹徒县,慈祥豁朗,决断如流,在县数年,百利具兴。擢吏部稽勋司主事。"

五月二十八日前的两个多月时间内,王世贞在致信邢侗,对其诗作予以评价的同时,询问其是否见到胡应麟《诗薮》,指出"其采可谓博,而持论可谓精",虽"尚不免有偏枯处",但"宜一觅之",劝其寻来参阅。胡应麟与邢侗从未有过任何交往,因而王世贞此评应是发自内心。

王世贞《弇州续稿》卷一九八《答邢知吾》。

按:据《明神宗实录》卷一九五、卷二一一:万历十六年二月甲戌,南京吏部尚书杨成以新命乞休,不允;十七年五月二十八日甲戌,杨成由南京吏部尚书改为南京兵部尚书,参赞机务。王世贞此信中既有"上疏再乞骸,不可得。近与南杨太宰感时事之不佳"云云,则写信时间必在本年三月初一他乞休不允之后、五月杨成改南京兵部尚书之前。

徐一槚在返家途中,过访胡应麟,并邀后集,胡应麟赋诗相谢,并为题诗。

《少室山房类稿》卷五五《徐纳言汝材过访,邀集赋谢,并柬其诸郎君,时二尊人皆眉寿无恙》,卷五七《题徐纳言具庆弛封册》。

胡应麟编刊诗集《养疴稿》,在自序中对此次入京会试途中染病而归事,"感遇述怀",决心"奉大椿而偕乐,树萱草以忘忧,取义达生,喻言卒岁"。

《少室山房类稿》卷八三《养疴稿序》:"不佞客岁之秋,奉命家严,治装北上,朝辞瀫水,夕次武林,角弓遘疑,寒疾陡作,始于腠理,旋中膏肓,二竖恣其凭陵,三彭递相侵扰,惊风同乎宋鹢,喘月甚于吴牛。延及孟冬,舟抵瓜步,饔飧并废,非赤松而辟谷五旬,药饵遍尝,类秦穆之复苏。七日,犹以简书载至,黾勉前发,抵淮腊尽。入沛春初,适大司空有事河渠,筑堤济上,舟航阻绝,行旅不通,车马纷纭,咸从陆道。而余蒲柳之姿,不任霜露,萝薜之性,屡梦林泉。

昔人兴尽剡溪,尚言何必见戴,况以三折之肱,扶再膑之足,涉太行之险,薪定远之封哉?夫孝大于显亲,显非必于三事。行隆于养志,养有出于万钟。且也惟疾之忧、远游之戒,谆谆尼父,讵曰空言?耕于宽闲,畋于广莫,菜彩用代貂蝉,菽水是充牲醴,奉大椿而偕乐,树萱草以忘忧,取义达生,喻言卒岁,斯亦可矣。爰寻初服,言返故栖,感遇述怀,咸缀兹集。雕虫小道,贻诮大方。笔研未燔,聊复尔耳。"

胡应麟以王世贞所作《石羊生传》及世贞和汪道昆二人的部分来信寄示李能茂,李能茂赋诗致意,并以文集请胡应麟作序。时李能茂已病重,"久惫卧床蓐间",胡应麟遂在序末予以宽慰。

　　李能茂《元瑞出示伯玉、元美二公尺牍序传有感》。(道光《东阳县志》卷二六《广闻志四·诗》)**按**:李能茂此诗最早作于本年,故系此。

　　《少室山房类稿》卷八一《李仲子集序》。**按**:此序具体撰作时间不详,但去年秋胡应麟离家北上应试,本年三月回到家中,七月前王世贞收到李能茂所寄诗集,则此序或作于本年胡应麟到家之后,故系于此。

六月四日,王世贞以南京兵部右侍郎三品考满,北上考绩。十二日行抵淮安,得报升南京刑部尚书,遂借休沐返里。二十三日到家,谒先祠,哭弟世懋殡所。(钱大昕《弇州山人年谱》)

六月初十日,陈文烛升应天府府尹。(《明神宗实录》卷二一二)

胡应麟复信绍兴府推官陈汝璧,告知"贱疾未平,笔砚芜废",准备在"残暑渐收"之时,再为其题诗。并为其父陈文烛升职深感欣慰,"一代词人将为吐气。倘遂获移镇浙中,俾大海澄波,长湖增艳,岂不亦千古快心哉?"陈汝璧为万历十一年进士,授绍兴府推官。隆庆二年胡应麟获交陈文烛时,即已闻知其名,但一直未能谋面。

　　《少室山房类稿》卷一一九《报陈立父》。

　　按:陈汝璧于本年由绍兴府推官升任礼部仪制司主事离去,(费尚伊《市隐园集》卷二五《故礼部仪制司主事陈立甫行状》、卷二六《祭陈立甫仪部文》、卷一八《南京大理寺卿陈玉叔先生墓表》;俞汝楫《礼部志稿》卷四二"仪制司·主事"条;朱长春《朱太复文集》卷六己丑年《遥送会稽司理使君陈立甫北上应召歌》)此后再未回浙。胡应麟信中既有"尊公雄飞直上"云云,所述陈汝璧事迹也只是在绍兴任职时,故其信当作于本年六月陈文烛升应天府府尹之后、"残暑渐收"之前。

胡应麟致书并寄诗喻均,叙旧问候。祝贺其升任天津兵备副使,"殊为足下神王","丈夫生平意气,差足一吐"。称自己"弱冠京华游,衣冠九衢列。鞍马如浮云,与子独相狎"。如今"与子别三载,中怀日熬煎","安得晨风翼,送我置子前?"然"心悲亦何为,各愿加餐饭。子游青云途,予守藜藿贱。百代同音徽,何论异乡县? 黄发会有期,兹盟庶当践!"这是二人最后一次通信。

《少室山房类稿》卷一一六《报喻邦相》,卷一二《寄邦相四首》。

秋,叶永盛赴任兰溪知县,以其姻家张应泰诗翰转致胡应麟。胡应麟挥汗作答书赠诗,邀其前来游览,称自己于科举仕进"自分已矣,惟是雕虫之技,妄冀于著述稍见一班",对张应泰几次科举不第深致不平,请其对随信所赠己著"斤削之"。

过庭训《本朝分省人物考》卷三八《叶永盛》:"叶永盛字子木,泾县人,万历十七年进士。由兰溪知县选云南道御史,二十四年巡按江西,二十七年巡盐浙江,力抗内珰,保护商民,奉有严旨,欲加浙税若干,力诤而免。浙人建祠于西湖,以志不朽。三十五年升太仆寺少卿,寻请告归。居家闭户习静,绝不与外事,未几而卒。"

《少室山房类稿》卷八六《艺葵园草序》:"万历癸未(十一年)春,余北上公车时,……晤大来(张应泰)。……未几,余两人各以下第去。后十年,余株卧一壑,大来亦数困春官。(丁亥)[己丑]之秋,叶明府子木来余邑,首出大来札授余,乃知明府大来姻家,而大来属余于明府也。"**按**:"丁亥"为万历十五年。但据万历刊、康熙补刊《兰溪县志》卷二《政事类上·知县》、嘉庆《兰溪县志》卷一一《职官志·县令·叶永盛》、光绪《兰溪县志》卷四《志官师·官师表·叶永盛》:万历十一年,休宁人张应扬以进士为兰溪知县,任职七年,擢监察御史去,泾县叶永盛于本年即万历十七年己丑以进士接任兰溪知县。是则,胡应麟文中所说"丁亥之秋,叶明府子木来余邑"有误,应为"己丑之秋"。

卷五三《张孝廉大来以诗翰从叶明府见贻,赋答》,卷一一九《报张大来》。

七月初一日,胡应麟为四卷本《经籍会通》刊成作自序。后将其编入《少室山房笔丛》,列为甲部。

《少室山房笔丛》卷一《经籍会通引》:"凡前代校综坟典之书,汉有《略》,晋有《部》,唐有《录》,宋有《目》,元有《考》,《志》则诸史共之。肇自西京,迄于胜国,纪列纂修,彬彬备矣。夫其渊源六籍,薮泽九流,绅绎百家,溯洄千古,固文明之盛集,鸿硕之大观也。昭代篡隆,钜儒辈出,诸所撰造,比迹黄虞。惟是经籍一涂,编摩尚缺。概以义非要切,体实迂繁,笔研靡资,岁月徒旷耳。夫以霸闰之朝,草莽之士,犹或拮据坟素,忝窃雌黄,矧大明日揭,万象维新,岂其独盛述鸿裁,彪炳宇宙,而胜谈冗辑,阔略曩时哉! 辄不自揆,掇拾补苴,间以管窥,加之悦藻,稍铨梗概,命曰会通。匪直寄大方之鞻笑,抑以为博雅之前驱云。

万历己丑孟秋朔,应麟识。"

七月或八月初,王世贞在"仓皇"阅读李能茂所赠个人诗集后做书答之,并与之讨论胡应麟《诗薮》。称明代金华府屡有博雅君子,"至于返古探始,尚未之敢许也,不图迩来超识有如胡元瑞者。元瑞之外,乃复睹足下。足下于元瑞所著《诗薮》,尚疑其进信阳(何景明)而退历下(李攀龙),缘元瑞从信阳入门,此一瓣香,不得不归之耳。足下第从历下入,无害也"。告知六月迁官休沐事,称自己将于中秋后返南京任职,但明年正月将再次上疏乞休。

王世贞《弇州续稿》卷一八〇《李允达》。

按: 钱谦益《列朝诗集小传》丁集上《胡举人应麟》:"(应麟)著《诗薮》二十卷,自邃古迄昭代,上下扬扢,大抵奉元美《卮言》为律令,而敷衍其说,《卮言》所入则主之,所出则奴之。其大指谓:'千古之诗,莫胜于有明李、何、李、王四家,四家之中,捞笼千古,总萃百家,则又莫胜于弇州。诗家之有弇州,证果位之如来,集大成之尼父也。'……元美初喜其贡谀也,姑为奖借,以媒引海内之附己者,晚年乃大悔悟,语及《诗薮》,辄掩耳不欲闻,而流传讹谬,则已不可回矣。"对钱氏所说王世贞与胡应麟之间"贡谀"、"大悔悟"、"不欲闻"之论,徐朔方《王世贞年谱》第694页明确指出:"此说不实。"笔者在2002年完成、2005年出版的《布衣与学术——胡应麟与中国学术史研究》第一章第二节中,对钱谦益贬低胡应麟之事也有专门分析,另可参见拙文《胡应麟与王世贞交谊考》(《国学研究》第十五卷,北京大学出版社2005年版)。此外,李庆立、崔建利《试析钱谦益对胡应麟的评价》一文(《山东师范大学学报》2003年第1期)、王明辉《胡应麟诗学研究》一书(学苑出版社2006年版第271—278页)也都详细分析了钱谦益之说的谬误。

八月十五日,胡应麟为六卷本《史书占毕》刊成作自序,全书分为四篇,"内以辨体,外以辨时,冗以辨诬,杂以辨惑。于前人弗求异也,亦弗能同也"。后将其编入《少室山房笔丛》,列为乙部。

《少室山房笔丛》卷一三《史书占毕引》:"余少而好史,占毕之暇,有概于心,辄书片楮投箧中,旷日弥月,骎骎数十百条。己丑北还,养疴溪上,稍以余日检括诸故书,顾向箧中,尘埃满焉,亟取拂拭之,积楮宛然,而强半蠹啮鼠侵,不可句矣。因念昔之好事有什袭碔砆、千金敝帚者,而窃慨余之有类乎是也。辄稍铨择,离为四篇,内以辨体,外以辨时,冗以辨诬,杂以辨惑。于前人弗求异也,亦弗能同也。或曰:'子舆氏之辩,弗得已也。子是之辩,其得已与,其弗得已与,毋亦得已而弗已与?'余无以答,因题曰《史书占毕》而藏之。秋望,应麟识。"

八月二十七日,王世贞到任南京刑部尚书。(钱大昕《弇州山人年谱》)

两三天后,王世贞得知喻均辞官归家,"大骇,不知所谓",急发使问候,不久又致信慰藉,告知自己亦将辞官归家。

王世贞《弇州续稿》卷一八〇《喻邦相》。**按**:据此信可知,喻均至迟在八月辞官归家。

七八月间,胡应麟致书并诗,问候王世贞。但王世贞并未回信。

《少室山房类稿》卷一一二《与大司寇王公》,卷五二《闻王长公元美再起南都司寇,走笔奉寄》(时有传长公已出者)。

十月初一日,胡应麟为《庄岳委谈》二卷刊成作自序。后将其编入《少室山房笔丛》,列为辛部。

《少室山房笔丛》卷四〇《庄岳委谈引》:"仲尼赞舜好问而好察迩言,《易》云:'以言乎迩,则静而正。'迩言亡察,可乎? 班氏所称街谈巷议、道听途说,其言之尤迩者,乃秕糠瓦砾,至道之精,奚弗具焉? 自荐绅先生鄙其琐猥,存而莫论,博雅君子齮齕天人、拮据古始,间阎耳目,或且未遑,讹谬云仍,诐淫展转,称名日庶,取义日淆,余窃慨之。殷忧暇日,绅绎简书,采掇毕同,参伍今昨,铲别诬伪,溯溯本真,汇为一编,仅将百则。知言察迩,匪敢自附诸齐东之野云尔。己丑阳月朔日识。"

十月,应王世贞之请,吴国伦为王世懋《王奉常集》作序,随后致信王世贞,告以写序之事,信末请王世贞将此前许赠之胡应麟《诗薮》惠寄,同时提出:"顷于敬美集中又见有所谓《诗测》,不知可并惠否?"

吴国伦《甔甀洞续稿》文部卷一四《报王元美书》。

按:王世懋《王奉常集》卷首有吴国伦《王奉常集序》,末署"万历己丑孟冬",则此信应作于该序完成后不久。胡应麟《诗薮》初成时,为请王世贞作序,在万历十五年时寄呈六卷本,次年又两度寄书,故而当时《诗薮》虽尚未刊成行世,但王世贞手里至少已有三部稿本。从此信可知,王世贞曾与吴国伦提起《诗薮》,并答应送其一部。只是因为王世贞许赠多时,却"久未见寄",所以吴国伦才要提起此事,"岂忘之乎?"但吴国伦在为王世懋文集作序时,又发现王世懋为胡应麟作有《诗测序》,遂误以为《诗薮》《诗测》是不同的两部书,所以他请王世贞将其"并惠",实则《诗测》乃《诗薮》之初名,二者乃是一书。

王世贞复信吴国伦,并将《诗薮》寄赠,称胡应麟"故有宏识,于足下昧平生而深景慕,殊不多见",但未提"《诗测》"事。

王世贞《弇州续稿》卷一九二《吴明卿》第二十书。

十一月初七日正午,胡应麟母宋宜人病逝,胡应麟赋诗四首志哀,又自作行状,"躬当道立言之寄者,采摭而赐之铭"。

《少室山房类稿》卷三六《先宜人不幸弃背,泣血苦次志哀四章》,卷九一《先宜人状》。

十一月,胡应麟《华阳博议》二卷刊成,自为序。后将其编入《少室山房笔丛》,列为庚部。

《少室山房笔丛》卷三八《华阳博议引》:"古今称博识者,公孙大夫(公孙弘)、东方待诏(东方朔)、刘中垒(刘向)、张司空(张华)之流尚矣,彼皆书穷八索,业擅三冬,而世率诧其异闻、标其僻事。夫异匪常经,僻非习见,俾实沉弗崇于周,毕方弗集于汉,贰负之形弗征上郡,干将之气弗烛斗牛,诸君子生平遂几泯泯乎?亦有粗工小学,广猎虞初,宇宙悉陈,虫鱼偶合,而流徽袭耀,步武昔人者,胡以称也?仲尼万代博识之宗,乃怪力乱神咸斥弗语,即井羊庭隼间出绪余,累世靡穷,当年莫究,恶乎在耶?以余所揆古今大学术,概有数端,命世通儒罕能备悉,辄略而言之。核名实,铲浮夸,黜奇衺,奖阃钜,掇遗逸,抉隐幽,权向方,树惩劝,作《博议》。其曰'华阳',则取诸邹氏谭天之旨,且以明亡当之(夷)[弗]足贵云。己丑仲冬,麟识。"(据广雅书局本校改)

按:关于《华阳博议》的撰成时间,吴晗《胡应麟年谱》系于嘉靖乙丑四十四年八月,即胡应麟15岁时,此后学界均沿袭此论。但实际上,这是把胡应麟自序末所署时间"己丑"误认为"乙丑"、"仲冬"误记为"八月"的谬论。笔者在2002年完成答辩、2005年出版的博士论文《布衣与学术——胡应麟与中国学术史研究》中曾予以纠正,但因内容所限,仅在两处注释中指出吴先生"误"这一事实,而并未举例加以证明。之后,陈卫星也指出吴先生这一失误,李思涯则在其书中将笔者与吴先生观点作为异说而并列提出①。

在古人文字中,用为时间概念的"乙"、"己"、"巳"往往混同,因而出现误认实属正常。但《华阳博议下》的一些内容完全可以证明"乙丑"应为"己丑"之误的事实。

其一:"古今绩学之士,靡弗以勤致者。尼父韦编三绝亡论,即贤如(董)仲舒,聪如刘向,颖如子建(曹植),捷如孝标(刘峻),其勤咸百倍于世之学者,盛名所集,弗虚也。厥有目下十行,篇成万字,而终身没没、草木共年,毋亦此道

---

① 陈卫星:《〈胡应麟年谱〉补正》,载氏著《古典文献与古代小说理论研究》;李思涯:《胡应麟文学思想研究》第65页注释②。

未至与？余生平驽劣，世事懵然，独癖嗜青缃，逾于饮食，凡史传叙称有同余好，辄欣然领会，踊跃于衷。偶阅唐、宋诸类书，采摭前规漏遗泰甚，因戏效昔人比事，集而录之。衰病耗忘，目睫之讥，自分不免，异时同好，尚或有当余衷哉！（中有一事数人或十数人者，如不释卷事百余，止录稍异者，余映雪、随月等不具录。）"一个涉世未深的 15 岁未成年人，能说出"余生平驽劣，世事懵然"的话吗？胡应麟一生所写文字确有散佚的情况，但其所有传世资料，绝无他在 15 岁时就已"衰病耗忘"的记载，他之得病，乃是源于万历二年 26 岁时因侍母病过劳而感羸疾，从此成为终身不去之病，但这与 15 岁没有任何关系。而从情理上说，《华阳博议下》的最后两条文字，谈如何看待前人学术成就和治学规范，详细、具体而又十分精当，非久于其道，不能言之亲切有味也如是，这当然也不是一个涉世未深的 15 岁未成年人所能说得出来的。

其二："读《卮言》所记古今博物事，偶忆史传小说中有相类者，并疏左方。（中固多博极士，然或由神解，或以术推，不专问学，至偶中亦有之，《卮言》大略同。）"但王世贞《艺苑卮言》初刊于嘉靖四十四年胡应麟 15 岁时，此时胡应麟与他父亲都没有和王世贞建立任何联系，他又如何能事先读到《艺苑卮言》稿本，并在该年完成的《华阳博议》中予以引用？这在时间上应该是不大可能的。

其三："《困学纪闻》云：'……'近王长公与余书云：'词场尺寸地，迷阳胃足，大可怪也。'余时不解'胃足'之义，读此了然。"胡应麟与王世贞最早在万历五年冬有书信往来，此前从未互通音信，这可证《华阳博议》只能是完成于万历五年之后，而绝不可能完成于此前的嘉靖时期。而据冯时可《冯元成选集》卷六七《谈艺录》可知，王世贞说词场中有"迷羊"的"近王长公与余书"，写信时间乃在本年九月王世贞被黄仁荣弹劾之后。是则，《华阳博议》就更不可能远在嘉靖时期即已完成，而只能是在本年九月之后。

陈卫星在《陕西师范大学学报》2006 年第 2 期发表《〈胡应麟年谱〉补正》，仅谈胡应麟字号问题，也和笔者一样，认为胡应麟一字明瑞，"晚更字明瑞"之说有误，但较笔者在博士论文注释中所述略胜一筹。2009 年他出版论文集《古典文献与古代小说理论研究》，收录这篇文章，但内容扩充为五个论题，其中第二个论题为"《华阳博议》撰年"，他说"《博议》肯定作于嘉靖四十五年之后"，理由有二：一是此书述古来博闻强记之事，"论及经史子集四部典籍千余种，历代文人学者数千计，胡应麟以淹博闻名，但十五岁就如此广博，恐不属实"。按，这个理由，笔者最初也曾想到，并深深致慨于胡应麟幼年读书之多，但逐渐放弃了这一念头，因为古人可以通过各种类书收集到这些材料。陈先生这里也是用了"恐不属实"的字眼来表述,说明他也很清楚这一理由只有或然性,而不是确证。陈先生第二个理由是书中引及王世贞《艺苑卮言》,王书刊成书时间早于王、胡二家之交往。这与笔者第二条所述意同。

总之,《华阳博议》撰成于本年胡应麟39岁时,而且是当年十一月,而不是吴先生所说和后来多数人沿袭的嘉靖四十四年八月即胡应麟15岁时。

十一二月间,吴国伦致信王世贞,劝其不要辞官,请其将自己作序之王世懋文集《王奉常集》寄赠。同时对其所寄赠之胡应麟《诗薮》进行评论,认为虽"其中尚小半可芟",但"可谓博采精求,去取严正",对自己至今没有与胡应麟交往表示遗憾。

吴国伦《甔甀洞续稿》文部卷一五《报王元美书》。

胡应麟在陆续刊刻诸笔记过程中,决定将各书汇为一编,题名为"《少室山房笔丛》",随后请陈文烛作序。收到陈序之后,胡应麟致信感谢,并为其及其三子陈汝璧题诗。

《少室山房类稿》卷一一五《报陈京兆玉叔》,卷一三《二酉园为陈玉叔京兆题》《心远堂为陈立父题》。

按:陈文烛于本年六月升应天府府尹;之后胡应麟复信陈汝璧,答应待"残暑渐收"之时,为其题诗;明年二月,陈文烛升南京大理寺卿。此信、诗题名既称陈文烛为"京兆",则应作于陈文烛任应天府府尹期间,暂系于此。

陈文烛《少室山房笔丛序》不见于其文集中,但《少室山房笔丛》卷首有之,其全文如下:

"吾友胡元瑞,工诗善属文,有《少室山房稿》,贾其余勇,著书数百卷,如《经籍会通》《史书占毕》《九流绪论》《四部正讹》《三坟补逸》《二酉缀遗》《华阳博议》《庄岳委谈》《丹铅新录》《艺林学山》,自题为《笔丛》,海内争传,几于纸贵,问序于不佞。

陈子曰:《大畜》象天,君子多识前言往行。大哉孔子!博学而无所成名。达巷党人知足以知圣人者,颜子叹夫子循循然善诱人,而日博我以文,盖吾儒之学有博有约,犹佛氏之教有顿有渐,故曰多闻则守之以约,多见则守之以卓,寡闻则无约也,寡见则无卓也。佛之说曰:'必有实际而后真空,实则揽长河为酥酪,空则纳须弥于芥子。'当时,楚有左氏倚相,郑有公孙侨,吴有季子札,号称多闻,而未有若孔子者。故天纵之将圣,又多能也。太史公传《世家》,而曰'当年不能究其礼,累世不能殚其学',夫非以博耶?秦汉而后,六籍煨烬,唐晋糠秕,宋元支离,士生其间,而汲古之绠短矣。壮哉元瑞!崛起于数千载之后,而尚论于数千载之前,索诸九丘之远,论于六合之外;称文小而旨极大,举类迩而见义远;辨往哲之曲笔,闻者颐解,反先代之成案,令人心服。刘子玄谓史有三长,才也、学也、识也。有学而无才,犹良田万顷、黄金满籝,而使愚者营生,鲜能货殖。有才而无学,犹思兼匠石、巧若公输,而家无椸楠斧斤,难成宫室矣。元瑞才高识高,而充之以学者乎!窃谓元瑞为今之良史,余稿其一斑矣。昔刘孔才(刘劭)有《皇览》,陆士衡有《要览》,王勰(北魏彭阳王元勰)有《要略》,叶廷珪有《海录》,吴枋有《野乘》,非不博也,而今皆不传,或者挂一漏万,未能详说而反约也。儒有博学而不穷,笃行而不倦,幽居而不淫,上通而不困者,其元瑞之谓乎!题数语弁焉,以俟后之知元瑞者。沔阳陈文烛撰。"

冬,王世贞为梅守箕《居诸集》作序,内中提到胡应麟《诗薮》,这大概是他与友人文字中最后一次谈到《诗薮》。像以前一样,胡应麟对此好像毫不知情。

王世贞《弇州续稿》卷五五《梅季豹〈居诸集〉序》:"四言则《国风》,而后绝矣,骚则左徒(屈原)神,而赋则文园(司马相如)圣,盖并轨于康庄而分镳于广莫,本不异也。厥后以铺张驰骋相竞,所谓记繁而志寡者,班(固)、张(衡)而下咸有之,以故赋之用日广,而骚遂屈。斯义也,徐昌穀(徐祯卿)之《谈艺(录)》、胡元瑞之《诗薮》能称之。"

朱彝尊《明诗综》卷六七《梅守箕》:"守箕字季豹,宣城县学生。"

年底,胡应麟致信王世贞,述说一年来生活状况,再次申明志向,说自己"婴疾以来,人间世事无复萦系,惟著述一念,耿耿方寸,未能遽灰","而才弱志强,心长技短,卢蒲整足,发已种种,复奚能为?"希望王世贞能"不吝手援,俾苍蝇绝群、驽马增值耳"。他告诉王世贞,《诗薮》有所增益,"外编卷帙略与内等",目前即将刊成,并以"大序闻已脱稿,幸即发舍"之语,殷切期望王世贞能够尽快作序。但王世贞并未回复。

《少室山房类稿》卷一一一《与王长公第三书》。

按:胡应麟说"大序闻已脱稿,幸即发舍",其实只是他以这样的话语来催请王世贞尽快写序,但此时已是老病之躯的王世贞,实已无心无力再做此等事情了。据郑利华《王世贞年谱》,明年即万历十八年正月十五日,王世贞曾为李时珍《本草纲目》作序。(第344页)但此乃该书卷首王序所署日期,而据徐朔方《王世贞年谱》,万历八年九月李时珍来访王世贞时,请其为《本草纲目》作序,王世贞"戏赠之",可见此序更可能是万历八年所作,因此徐先生质疑《本草纲目》卷首王序所署"万历十八年庚寅春上元日"的时间"岂出版时追改耶"?(第653页)徐先生《王世贞年谱》"万历十八年"条虽也记录王世贞为李时珍《本草纲目》作序事,但特为注明:"序署今年上元日。参本谱万历八年。"(第688页)

可见徐先生还是怀疑该书卷首所署时间。徐先生"万历十八年"条还记录有王世贞为潘之恒作《东游诗小序》事,但此事实难确定是万历十七年还是十八年,故郑利华《王世贞年谱》只好加"案"语,"姑系"此事于万历十七年二月。除了这两个时间存疑而不能明断的书序外,王世贞在胡应麟此信之后,再也没有为他书作序,而自万历十八年四月归家后,王世贞"诗文亦渐不作"。(钱大昕《弇州山人年谱》)因此笔者以为,此时老病的王世贞,实已无心无力再为胡应麟《诗薮》作序了,颐养天年,已经成为他惟一所思所想所可为之事。而通观此前胡王二人来往信件,全面考察王世贞答应为《诗薮》作序一事可知,王世贞在此事一开始,就为避免互相标榜之嫌而不准备作序,但他并未直接回绝,而是一拖再拖,要胡应麟稍待时日、不要着急,这大概是为了不伤害二人之间的深厚情谊。其间,仅在万历十六年冬胡应麟卧病瓜洲、担心不治而请其作传时,刚刚失去病弟五月余的王世贞见信酸楚,才在答应作传的同时,主动、慷慨而明确地表示要为《诗薮》作序,但这只是当时特殊情况下的宽慰之言,因此随着胡应麟病情好转,王世贞也就不再提作序之事。他在此事上的态度,应该说是前后一致的。

又,胡应麟信中说《诗薮》"尚数板剞劂未完",据此,王明辉认为《诗薮》最初版本应于万历十七年"下半年开始刊刻"。(《胡应麟诗学研究》第22页)不过笔者以为,"开始"一词是否妥当不好说,但《诗薮》最早付刻当在本年春夏间,即胡应麟由北上会试途中返家之后,应该没有问题。

年底,胡应麟致书问候新任衢州知府易仿之,约明春桃花弥望时前去拜访。

天启《衢州府志》卷二《职官志·皇明知府》、卷四《职官志·名宦列传》。

《少室山房类稿》卷一一六《与易使君惟效》。**按**:此信中既说"乍睹除目,骤闻假重三衢,中夜雀跃。明公以经国上材、干城伟器,而久淹侍从,心厌承明,兹剖符名邦,绾章剧地",则系易仿之新任衢州知府时期。同卷《报易使君》又云:"公之照临乡国也,亦越三禩矣。……杪岁桃花之约,复尔寒盟。"可知胡应麟此信作于本年底。

本年,徐用检升广东按察使,胡应麟作诗相送。

雍正《广东通志》卷二七《职官志二》"明·提刑按察司按察使"条。

《少室山房类稿》卷五二《送徐观察之岭北》。

刘效祖(1522—1589)卒。(过庭训《本朝分省人物考》卷二《刘效祖》)胡应麟为作挽诗。

《少室山房类稿》卷六六《挽刘仲修观察》。

明神宗万历十八年庚寅(1590)　40岁

正月初七日,胡应麟为《丹铅新录》八卷刊成作自序。此书为专门考证杨慎《丹铅余录》等论著失误之作,后编入《少室山房笔丛》,列为续甲部。

《少室山房笔丛》卷五《丹铅新录引》:"杨子用修拮据坟典,摘抉隐微,白首丹铅,厥功伟矣!今所撰诸书,盛行海内,大而穹宇,细入肖翘,耳目八埏,靡不该综,即惠施、黄缭之辩,未足侈也。然而,世之学士咸有异同。若以得失瑜瑕,仅足相补,何以故哉?余尝窃窥,杨子之癖大概有二,一曰命意太高,一曰持论太果。太高则迂怪之情合,故有于前人之说,浅也凿而深之,明也汨而晦之。太果则灭裂之衅开,故有于前人之说,疑也骤而信之,是也骤而非之。至剽敚陈言,盾矛故恔。世人率以訾杨子,则又非也。杨子早岁戍滇,罕携载籍;绌诸腹笥,千虑而一,势则宜然。以余读杨子遗文,即前修往哲,只字中窾,咸极表章,而屑屑是也。晦伯(陈耀文)曰:'杨子之言,间多芜翳,当由传录偶乏芟臣。'鄙人于杨子,业忻慕为执鞭,辄于占毕之暇,稍为是正,瓮天蠡海,亡当大方。异日者,求忠臣于杨子之门,或为余屈其一指也夫。庚寅人日识。"

胡应麟致信问候王世贞。首云去年曾三次寄信,"俱未获垂报,殊极怅悚,岂鸿鲤浮沉,将大教夺冗未发耶?"母亲病逝,"创深痛巨,几不欲生。深惟千秋不朽之权,有海内钜公在",请求王世贞为母亲作墓志铭,"不靳余辉,荣贲幽壤",年底时他再到太仓拜领。随信寄上近来刊成之读书笔记,其余"尚多未备,急于教削,先此上呈"。其中特别提到《丹铅新录》一书,"曩读用修(杨慎)书,绝叹以为国朝不可无;比读晦伯(陈耀文)书,则又绝叹以为用修不可无,惜绳纠所得,仅十之三。因取厥义例,增而广之,得失是非,方册具列,不敢俾用修之误复误后人。窃惟当世子云(扬雄)无逾执事,故敢悉效其愚,不知千虑之余,时得一否?"但王世贞仍未回信。

《少室山房类稿》卷一一二《与王司寇论〈丹铅〉诸录》。

胡应麟赋诗为赵志皋赴北京任职送行。

《少室山房类稿》卷三四《少宰赵公还北寄送》,卷五三《送少宰赵公入都》。

按:去年十二月十五日,赵志皋由南京吏部右侍郎改为吏部右侍郎兼翰林院侍读学士,(《明神宗实录》卷二一八)则其起行当在本年,故系此。

正月,汪道昆偕汪道贯、龙膺①等人至严州,以手札招胡应麟来会。胡应麟先寄诗问候,随后前往,于二月初一日会于严州。汪道昆为《诗薮》作序,并邀其八月来家中造访。

《少室山房类稿》卷一二《入新都访汪司马伯玉八首》,卷五七《早春,汪司马伯玉抵严陵,以手札见招,先此奉柬,期司马过小园,时仲淹同至》《雪中寄司马汪公泊方山人、刘文学》《汪司马偕龙博士登严陵,赋雪寄讯》。

汪道昆《太函集》卷二六《〈少室山房四稿〉序》:"(万历十一年)余遇元瑞东省,方舟而入娄江。……后七年,胥命严濑,乃更出别稿,是为《诗薮》内外编,既属序长公,且属余序。余益多元瑞,语具《序》中。其年丧长公,沧海劫矣。"

卷二五《〈诗薮〉序》:"夫诗,心声也,无古今,一也。顾礼由代异,材以人殊,世有推迁,道有升降。说者以意逆志,乃为得之耳。视则凡目,巧则诡抑,或取诸口给,而无所概于心,其无当均也。

元美雅多元瑞来者,此其先鸣。余既倾其橐于娄江,则信娴于诗矣。乘舟接席,相与扬榷古今,核本支,程殿最,旦暮千古,以神遇之,我思古人,实获我心,斯人之谓也。闻者或睨元瑞:'若殆干盟主耶?'吾两人置弗闻也者,而心附之,姑俟论定。

奄及五载,胥会严陵,元瑞出《诗薮》三编,凡若干卷,盖将轶《谈艺(录)》,衍《(艺苑)卮言》,廓虚心,操独见,凡诸耄倪妍丑,无不镜诸灵台。其世则自商、周、汉、魏、六代、三唐以迄于今,其体则自四诗、五言、七言、杂言、乐府、歌行以迄律绝,其人则自李陵、枚叔、曹(植)、刘(桢)、李(白)、杜(甫)以迄元美、献吉(李梦阳)、于鳞(李攀龙):发其椟藏,瑕瑜不掩。即晚唐、弱宋、胡元之籍,吾不欲观,虽在糠秕,不遗余粒。其持衡如汉三尺,其握算如周《九章(算术)》,其中肯綮如庖丁解牛。其求之色相之外,如九方皋相马,未也。严羽卿(严羽)、高廷礼(高棅),笃于时者也,其所品选,亟称其大有功。先是,诵法于鳞未尝释手;推尊元美兼总条贯,《三百篇》《十九首》而下一人。乃今,抗论醇疵,时有出入。要以同乎己者正之也,即羽卿、廷礼,不耐不同;以异乎己者正之也,即元美、于鳞,不耐不异。无偏听,无成心。公而生明,则自尽心始,尽心之极,几于无心。彼徒求之耳目心思,仅得一隅耳。吾将以是质元美,无论闻者然疑之。"

按:万历十一年八九月间、十四年八月,胡应麟与汪道昆两次同赴太仓访

① 朱彝尊《明诗综》卷五八《龙膺》:龙膺字君御,武陵(今湖南常德市武陵区)人,万历八年进士,历官徽州府推官、国子监博士、礼部主事、南户部郎中、南京太常卿等职。

王世贞,因此"奄及五载"即为万历十八年,而胡应麟《诗薮》卷首录有此序,也明确署为"万历庚寅春二月朔"。

不过,胡应麟在本年将《诗薮》刊成行世后,仍不时予以增补,此即《四库全书总目》卷一九七《诗薮》所说,"又续有所增益",显例即如其所指:"应麟著此书时,(王)世贞固尚在,乃内编又自纪其作哭王长公诗二百四十韵事。"

三月,王世贞再次上疏告休,获准回籍调理,二十六日启程归家。(郑利华《王世贞年谱》第 344 页)

四月,王世贞抵家,键户谢客,诗文亦渐不作。(钱大昕《弇州山人年谱》)

胡应麟得知王世贞辞官归家,寄诗四首问讯。但王世贞继续不予回复。

《少室山房类稿》卷五一《王司寇还自金陵,寄讯四首》。

胡应麟致书张凤翼,回忆去年春南返途中过苏州到其家拜访事,对其"翩然为我倒屣出,握手论心称莫逆"再次表示感谢;对其与自己均未得中进士,倡言富贵不足论,而应以著作传世,"男儿七尺当自强,巢由岂必攀虞唐? 千秋大业在竹素,胡为燕雀讥鸾凤!"并邀其来家过访。

《少室山房类稿》卷二四《寄张伯起》。

胡应麟又致书周时复,对去年春南返途中过苏州宿其斋头事致谢,并寄怀殷都。

《少室山房类稿》卷六一《寄周文学懋修。余客岁过吴门,宿其斋头,听懋修歌自制吴歌,甚适二首》《寄周懋修文学,并怀殷无美职方》。

七月初七日,胡应麟为《艺林学山》八卷刊成作自序。此书为专门考证杨慎《艺林伐山》等论著失误之作,后编入《少室山房笔丛》,列为续乙部。

《少室山房笔丛》卷一九《艺林学山引》:"用修生平纂述,亡虑数十百种,《丹铅》诸录,其一耳。余少癖用修书,求之未尽获,已稍稍获,又病未能悉窥。其盛行于世而人尤诵习,无若《艺林伐山》等十数篇,则不佞录《丹铅》外,以次卒业焉。其特见罔弗厌余衷,而微辞眇论,亦间有未易悬解者,因更掇拾异同,续为录,命之曰《艺林学山》。客规不佞:'子之说则诚辩矣,独不闻之蒙庄之言乎? 天地一指也,万物一马也。昔河东氏(柳宗元)《非国语》,而《非〈非国语〉》传;成都氏(扬雄)《反离骚》,而《反〈反离骚〉》作。用修之言,世方社而稷之,而且咙咙焉数以辩哗其后,后起者藉焉,子其穷矣! 夫丘陵学山而弗至于山,几子之谓也!'余曰:'唯唯! 窃闻之,孔鱼(孔鲋)《诘墨》,司马(光)《疑孟》,方之《削荀》(陈之方《削荀子疵》),晦伯(陈耀文)《正杨》,古今共然,亡取苟合。不佞于用修,尽心焉耳矣。千虑而得,间有异同,即就正大方,方兹藉手,而奚容目睫诿也? 夫用修之可,柳下也,不佞之不可,鲁人也。师鲁人以师柳下,世或以不佞善学用修,用修无亦逌然听哉?'庚寅七夕麟识。"

九月五日,李言恭五十寿辰,胡应麟作诗贺寿。

陈文烛《青莲阁诗序》:李言恭"少余五岁"。(李言恭《青莲阁集》卷首)**按**:陈氏生于嘉靖十五年(1536),则李言恭生于嘉靖二十年(1541),本年正寿满五十。

《少室山房类稿》卷五八《寿李惟寅五秩初度八首》。

秋末之前,章敏学从胡应麟游学。

《少室山房类稿》卷二三《章生持所业游余门,诗勖之》。

阮元声、戴应鳌《金华诗粹》卷首《姓氏传略》:章敏学字行甫,兰溪人,博览工诗。

秋冬之际,胡应麟赴汪道昆新安之约,但途经杭州时,听闻王世贞病重,急忙改道太仓探视。本拟探望之后再从陆路赴汪道昆之约,不料王世贞朝夕挽留,并以《续集》即《弇州续稿》相托,执其手曰:"知吾言亡若子","吾日望子来而瞑。吾《续集》甫成编,子为我校而序之,吾即瞑弗憾矣"。胡应麟遂留陪世贞两月余,其间为作《吴中往哲图赞序》。最后胡应麟雪涕与世贞相别,年底至家,则报王世贞已于十一月二十七日病逝。

《少室山房类稿》卷一二《入新都访汪司马伯玉八首》序,卷四八《挽王元美先生二百四十韵》序,卷八一《弇州先生四部稿序》,卷八三《吴中往哲图赞序》。

邢侗《来禽馆集》卷三《二月望日,本宁书至,谓元美先生于长至日后一日赋玉楼矣,惊悼无已,辄成三章》。**按**:本年十一月二十六日为冬至。

胡应麟看望王世贞时,遇王叔承亦来探望。分手后不久,王叔承寄来手札千言,情致委笃,又五言律一首,贺其《诗薮》刊成。

《少室山房类稿》卷一九《孤愤篇挽王山人叔承八百字》序。

本年,李能茂卒,胡应麟作诗哭之,为作像赞,并为之题墓石。

按:万历十七年七月或八月初,王世贞复信李能茂,评论其诗集。从胡应麟为李能茂文集所作序可知,当时李能茂已经病重,"久惫卧床蓐间"。另据胡应麟作于万历十九年七月前之《报王承父山人》所云:"迩来大老相继丧殂,兼之侪辈往往倾逝,所可扬眉吐气,仅吾承父一人,举足出门,鲜可控告,无论生乎吾前,后起之士如吾乡李能茂、杨承鲲,英英上足,仆素以大业期之,一岁奄然同殒狐貉。"(《少室山房类稿》卷一一六)则李能茂应卒于万历十七年八月之后、十九年七月之前,暂系于本年。

《少室山房类稿》卷三七《哭李能茂五首》,卷九四《李允达像赞》。

道光《东阳县志》卷二四《广闻志二·丘墓》:"李能茂墓在十三都平心坞之原,胡元瑞题石,曰:'东阳诗人李允达之墓。'"

明神宗万历十九年辛卯(1591)　41 岁

　　正月间,胡应麟自去年底得知王世贞病逝后,闭户一月,揿摭其生平履历,作五言排律二百四十韵二千四百言挽诗哭之,"呜呼! 山颓木坏,世将谁托? 吾将畴依?"

　　《少室山房类稿》卷四八《挽王元美先生二百四十韵》。

　　朱彝尊《静志居诗话》卷一四《胡应麟》:"长律至百韵,已为繁复矣。元美哭于鳞,乃增益至一百二十,元瑞哭元美,则更倍之。盖感知已之深,不禁长言之也。"

　　作挽诗之后,胡应麟"顾鄙怀犹有未释然"者,不禁想起两年前与王世贞谈论祭奠王世懋诗事,悲从中来,"勉尔含毫,呻吟一夕",又为作七言挽诗二十首,"于乎!伯牙弦绝,江淹才尽,余此后亦永谢笔研矣"。

　　《少室山房类稿》卷五六《再挽王长公二十首》。

　　按: 此后,胡应麟将隆庆、万历诸名公与其父往还书札装订成册,其中王世贞兄弟附带写给他自己的十一封信,也一并置于卷末,胡应麟深感"其言言肝胆也",因而"每案头值此,辄缩朒不忍展读,情辄脉脉久之"。(《少室山房类稿》卷一一〇《跋群公手简》)表现出其内心深处对王世贞兄弟的深切怀念之情。

　　胡应麟复信王叔承叙旧,对其来信所谈《诗薮》事予以答复,说自己禀性"宿根介懱,不解逐影吠声,至于随人悲笑,弥所不耐",因此"《诗薮》一书,悉是肝腹剖露,只字毋敢袭前人;前人藻鉴有当于衷,必标著本书,使之自见,其有不合,即名世巨公,不复雷同"。并云欧大任来信论及《诗薮》,"与足下见推意大合",当"书未杀青,王次公从箧中肤得,辄狂叫击节称善;后书成小有异同,而长公遂以为奇绝无两,所奖诱咸出过情"。同时论及所编《皇明律范》一书,并对王叔承诗学成就予以评价,告之将于秋季赴太仓帮助整理王世贞《弇州续稿》事,届时将顺路造访。在信中,胡应麟再次表示了要以著述传家的志向,明确表示:"读其遗集,如两仪七曜,光彩常鲜;玩其成言,则风气性情,恍忽生动。此乃吾所谓长生不老,非服食、炼养、蝉蜕、鸟伸之谓也。"

　　《少室山房类稿》卷一一六《报王承父山人》。

胡应麟《二酉缀遗》三卷编定并刊成,自为序。后将其编入《少室山房笔丛》,列为己部。

《少室山房笔丛》卷三五《二酉缀遗引》:"周穆王藏异书于大酉山、小酉山,此二酉之义所由昉也。儒家者流,求其地而实之,故《荆州记》有小酉之穴焉;道家者流,侈其地而名之,故《洞天志》有大酉之文焉,而总之皆无当也。夫穆天子驾八骏、骖六龙,飘然霞举,瘗灵检乎大荒之外,二酉云者,盖昆仑、阆风、县圃属耳,而区区武陵、辰沅耳目间哉?自梁湘东之聚书而二酉征于赋,自段太常之著书而二酉冠于编,自余不佞之构山房而二酉颜于室。夫以方丈之室、数乘之书,而窃比乎昆仑、阆风、县圃之藏,即余之亡当,弗尤甚哉?夫蛙之坎井也而海,虱之裈也而九州,其海、九州则非,所以为海、九州则是也,况宇宙之大,非海、九州已也,则余之以方丈之室而当乎昆仑、阆风、县圃也,余之意尚犹有所未尽也。因以读于其中而有得者系之,且并著其说焉。胡应麟识。"

按:此序未署时间,吴晗《胡应麟年谱》列入万历十六年,说是根据王世贞当年所作《石羊生传》,知其为胡应麟万历十四年自作小传之后三年间所成新书。倘果真如此,则列入万历十六年未为不可。但笔者所见《石羊生传》的三个版本,一为《少室山房类稿》卷首收录者,一为文渊阁四库全书本《少室山房集》卷首收录者,一为文渊阁四库全书本王世贞《弇州续稿》卷六八《胡元瑞传》,都没有提到《二酉缀遗》。

《少室山房笔丛》卷三七《二酉缀遗下》:"《余冬序录》载一方士降箕赋诗赠乔太宰,称李太白云:'六丁持斧施神工……'按:此诗王长公《野史考误》谓方士谬作,以欺乔公,且以为亲见其人矣,则《余冬》之误可知。"王世贞《弇山堂别集》卷二七《史乘考误八》:"《余冬序录》言正德庚辰有方士者,挟巫史之术,遨游江湖,人扣以未然事,辄召古名仙,运乩赋诗以答,随所限韵,敏若凤构。是年秋至吴,吴中诸生梁廷用往问,答曰:'吾回道人也。君乞白岩诗,吾当邀李谪仙同赋,用十六韵。'梁盖留都大司马乔公白岩门下士也。其用十六韵诗曰:六丁持斧施神工……按:此方士者,王姓,无锡人,余犹及见之,一秃瘦老翁也,吟百韵可顷刻而就,盖借仙鬼售其术耳。梁廷用后名宏,字裕夫,亦余中表戚也。二人实相与谬为之,以欺白岩公。家伯父谈其事极详。"是则胡王二人所记必为一事无疑。《弇山堂别集》编成于万历十八年三月前,当年十月刊成,《二酉缀遗下》既引用之,则其编定必在《弇山堂别集》刊成之后。而当时胡应麟恰前往太仓探望王世贞,并留其家两月,其间王世贞托以续集,年底胡应麟才返回兰溪家中。次年即本年二月,胡应麟到新安拜访汪道昆,随身带有已刊成之收书十种的《少室山房笔丛》，请汪道昆作序。是则《二酉缀遗》应编定并刊成于本年初。

《少室山房笔丛》卷三六《二酉缀遗中》："余尝欲杂摭《左》《国》（《国语》《国策》）、《纪年》《周穆》等书之语怪者，及《南华》《冲虚》《离骚》《山海》之近实者，《燕丹》《墨翟》、邹衍、《韩非》之远诬者，及太史、《淮南》《新序》《说苑》之载战国者，凡瑰异之事汇为一编，以补汲冢之旧。虽非学者所急，其文与事之可喜，当百倍于后世小说家云。"

又："余尝欲取宋太平兴国后及辽、金、元氏以迄于明，凡小说中涉怪者，分门析类，续成《（太平）广记》之书，殆亦五百余卷，其诬诞了然及好奇剿掇、文士俳谑，概举芟之，或不致后来之诮云。"

又："幼尝戏辑诸小说为《百家异苑》，今录其序：……"**按**：《少室山房类稿》卷八三《百家异苑序》更胜于此处《笔丛》所录其序，故略之而引录《类稿》该文如下：

"自汉人驾名东方朔作《神异经》，而魏文《列异传》继之，六朝、唐、宋凡小说以'异'名者甚众，考《太平御览》《广记》及曾氏、陶氏诸编，有《述异记》二卷、《甄异录》三卷、《广异记》一卷、《旌异记》十五卷、《古异传》三卷、《近异录》二卷、《独异志》十卷、《纂异记》三卷、《灵异记》十卷、《乘异记》三卷、《祥异记》一卷、《续异记》一卷、《集异记》三卷、《博异志》三卷、《括异志》一卷、《纪异录》一卷、《祖异记》一卷、《采异记》一卷、《摭异记》一卷、《贤异录》一卷（以上各书卷数，《笔丛》皆以自注形式出现），他（《笔丛》作"此外"）如《异苑》《异闻》《异述》《异诚》诸集，大概近六十家，而李翱《卓异记》、陶谷《清异录》之类弗与焉（《笔丛》此处有自注"以所记稍不同故也"）。今世有刻本者，仅《神异》《述异》数家，余俱弗（《笔丛》作"不"）行，乃其事大半具诸类书，郑渔仲所谓名亡实存者也，第分门互列，得一遗二，虽存若亡。余屏居丘壑，却扫杜门，无鼎臣（徐铉）、野处（洪迈）之宾以遣余日，辄命颖生以类钞合，循名入事，各完本书，不惟前哲流风藉以不泯，而遗编故帙亦因概见大都，遂统命之曰《百家异苑》，作劳经史之暇，辄一披阅，当抵掌扪虱之欢。昔苏子瞻好语怪，客不能，则使妄言之；庄周曰：'余姑以妄言之，而汝姑妄听之。'知庄氏之旨，则知苏氏之旨，知苏氏之旨，则知余类次之旨（《笔丛》无以上十二字）矣。"**按**：文末"知庄氏之旨，则知苏氏之旨，知苏氏之旨，则知余类次之旨矣"，是作者明确阐明编辑《百家异苑》宗旨的话语，但《笔丛》中只有前半部分"知庄氏之旨，则知苏氏之旨矣"，更为重要的后半部分内容却没有，这是其明显不如《类稿》之处。

汪道昆寄诗胡应麟,招其来家聚会,既可入白榆社,又将同赴太仓吊王世贞。

汪道昆《太函集》卷一一九《招元瑞入白榆社》。

《少室山房类稿》卷一二《入新都访汪司马伯玉八首》序。

得知汪道昆心意,胡应麟决定赴约,启程前,与汪道贯、汪道会等通信寄诗。

《少室山房类稿》卷一一三《报汪氏二仲泪献于、肇元诸昆》,卷三一《寄汪献于》,卷三二《答汪茂才》,卷五五《汪茂才献于以先隐君像,千里函致乞诗》。

二月,胡应麟启程赴新安拜访汪道昆。临行前,兰溪知县叶永盛"传送人舟",胡应麟赋二绝致谢。

《少室山房类稿》卷一二《入新都访汪司马伯玉八首》,卷七五《将游新安,叶明府传送人舟,即席赋谢二绝》。

赴新安途中,胡应麟想起王世贞、汪道昆对自己的多方提携,而今世贞已殁,"存亡倏异,感怆何言?孤航逆流,中夜不寐,抚今追昔,成赋八章",回忆了与二人诗酒相会时的盛况,抒发了自己对二人的钦敬之情。

《少室山房类稿》卷一二《入新都访汪司马伯玉八首》。

沿途所经,胡应麟有所感触,则发之于诗。

《少室山房类稿》卷六八《自桐庐至新安杂咏十六首》,卷四一《宿严滩作》,卷三三《自严滩至新安,途中纪兴十首呈司马汪公》。

抵新安后,胡应麟以八诗奉报汪道昆,汪道昆亦赋诗志喜。时汪道昆正欲赴友人泛舟之约,胡应麟遂以不速之客一同前往。回来后,汪道昆约谢陛、吴肇成来家同集。当夜,胡应麟宿于其家,徽州知府董石前来过访。其间,胡应麟赋诗送汪道昆次子无竞赴南京。

《少室山房类稿》卷五六《抵新安,访汪司马伯玉八首》,卷五六《抵太函,适汪司马赴许将军泛舟,余遂为不速之客,座中分赋》《司马公邀同谢少廉[①]、吴太宁[②]集函中》《是夕遂宿太函》《董使君[③]过访,赋赠二首》《送汪象武[④]之南都》,卷三六《赠谢少廉》。

汪道昆《太函集》卷一一九《喜胡元瑞至》。

时汪道贯已病足三年,所居处远距汪道昆家三十里。胡应麟此前亦曾病足,半

---

① 乾隆《江南通志》卷一六九《人物志·隐逸二》:谢陛字少连,歙(今安徽歙县)人。少攻举子业,而性尚恬退。尝宗朱熹帝蜀之意作《季汉书》,以蜀承汉统,而列魏、吴为世家。

② "太宁"为吴氏表字,据胡应麟与汪道昆此期相会文字,可知其人应为吴肇成。

③ 康熙《徽州府志》卷三《秩官志上·郡职官》:"董石,湖广麻城(今属湖北)人,进士,万历十六年任。"

④ 据李维桢《大泌山房集》卷八六《任子汪象武墓志铭》,汪道昆次子汪无竞,字象武,别号少函。

年始愈,遂以同病相怜之意,戏作十六韵赠汪道贯,并期起色。

《少室山房类稿》卷三三《柬汪仲淹,时以足疾居肇林,去太函三十里》,卷四二《汪仲淹病足,三年未瘳。余先有此疾,半载始愈。戏作十六韵嘲之,并期起色焉》。

胡应麟在汪道昆家淹留两月,是其一生中外出访友时间最长者。其间胡应麟多次欲归而复止,咸以汪道昆执意挽留恳请,期修禊后,同过弇园拜祭王世贞。

《少室山房类稿》卷三〇《白榆歌,别司马汪公归婺中》。

交游中,胡应麟被招入白榆社,结盟五人为汪道昆、汪道贯、刘子矜、方尧治、胡应麟。

汪道昆《太函集》卷二六《白社寻盟小引》。

对两月交游,胡应麟不断赋诗纪行纪胜。

《少室山房类稿》卷五五《千秋阁四首为司马汪公赋,阁在千秋里中》《雨中,董使君招同汪司马集诸天阁》,卷四一《歙中谒徽国文公祠作》,卷四二《赠董使君十六韵》。

卷五五《夜过汪士能①家看灯,同肇元太学弈,戏赠并呈司马公》《寿汪参军六秩》《赠汪元清、肇元二太学》《士能屡迟所欢不至,仲淹怒使家众数辈促之来座中,戏作》《憩啸园有感》(时汪公在小普陀),《(二月)十九日为大士诞辰,司马公施像庵中,适余为友人邀游别墅,奉寄四章》《方景真邀游幔亭,同司马公赋》(汪道昆《太函集》卷一一九《景真邀游南山之南,张幔行酒。俗名乌石突,今改名幔亭山。余与元瑞同赋》)。

卷三三《惊猿峡》《伏虎岩》《古意》《赠片云。片云者,司马公所命王姬名也》《仲嘉(汪道贯)携酌过箕台四首,末篇怀汪献于》《士能斋头阻雨,仲淹舆疾来会,一律迟之》《同盛山人垆头话旧作》《春日,司马公同携王姬入紫霞洞观桃花。时少连、太宁、仲嘉、仲淹并集,司马以桃花源美人家为韵,分得桃字》《得花字》(代王姬作),《题老蚌生珠图》《汪参军邀饮作》《休宁道中四首》《同汪士能入丰干路,逢仲淹寄诗,舆中口授,用原韵》《阿四既留溪南,士能命更呼刘生佐酒,亦以事羁,赋此嘲之》《宜男堂为汪氏题》《盘楼》《题吴肇成清波碧玉图》。

卷七五《日暮风起,仲嘉戴一布帽复落,赋此嘲之,兼呈汪司马》《访汪士能不值,吴生留饮狭斜,席中漫兴二绝》《又戏作寄汪六(汪士能)》(汪适以会计入郡),《晨发题壁》。

---

① "士能"应为汪氏表字,其名不详。

卷二四《夜同方、吴两生集汪士能宅留宿,作新都豪士歌》(诗内注"伯兄司马,二兄仲淹,三兄仲嘉,士能行适第六")《翌日仝集方羽仲①宅,则王生为大力者负之而趋,戏作短歌题汪氏壁,并示汪、吴二子》。

卷七五《为沈生题扇》(沈生善歌,余使习司马《大雅堂》四剧,诗以勖之),《夜同汪六、吴三过城西酒楼,巨觥飞白,堕数十巡,旋取余所携金华更酌。小奚拨阮,二竖子歌弋阳潦倒,申旦乃别,俳语一绝纪之》《杨孝廉邀游河西酒楼,歌者持扇乞书》《即事》《歌者屡召不至,汪生狂发,据高座,剧谈〈水浒传〉。奚童弹筝佐之,四席并倾。余赋一绝赏之》《赠吴美成》《睡起作》《岩镇遇雨,宿汪士能斋头,隐括唐人绝句,作续惆怅诗十二章》(止成二首而止),《答汪仲淹》《又分得花字,代歌者答》《司马公既命片云矣,更谓余命一字。忆公〈高唐记〉神女小字瑶姬,请遂辍以字之,公笑曰可,并为赋一绝句》《翌日,吴肇成招同司马洎诸君浮筏,遇雨,泊梁下。有挈歌姬赵某至,左手三指爪皆长六寸余,司马〈记〉中所谓邯郸才人者也》(席中方演《琵琶》,伎适赵姓,亦奇),《别汪仲淹二首》《别汪士能二首》。

卷七九《题艺苑五游册》。

游赏中,有人谈及齐云山盛景。此前胡应麟曾得齐云山图,悬于书斋中,但一直未及攀陟。如今又有人谈及,"豪兴勃勃欲飞",汪道昆兄弟也建议前往游览。三月三日,胡应麟与谢陞、汪士能、吴肇成、方羽仲赴休宁县游齐云山。傍晚抵休宁,宿旅舍中。四日游山,六日返回,得诗十二章,并作《白岳游记》,于其诸胜"世所共征者弗列,列胜之后出者",其余"概于诗中见之"。汪道昆未与同游,但行前赋诗相送,归时赋诗相迎。

《少室山房类稿》卷九〇《白岳游记》,卷五五《暮春游白岳十二首。同游者,谢少廉、汪士能、吴肇成、方羽仲,公有序题文草中》,卷一一三《杂束汪公谈艺五通》其五。

汪道昆《太函集》卷一一一《送胡元瑞登白岳》《元瑞自白岳还函中》。

相会期间,汪道昆应胡应麟请求,为其亡母宋宜人作墓志铭。而随胡应麟一同前来拜访汪道昆的方尧治,则为其祖父方太古请得传记一篇。

汪道昆《太函集》卷五七《明封宜人、胡母宋氏墓志铭》。

《少室山房类稿》卷二九《长歌行送方翁恬游武夷》。

汪道昆《太函集》卷一一〇《处士方元素即世余三十年,有孙尧治走新都,

---

① "羽仲"应为方氏表字,其名不详。

请予立传,留六月,得请乃归,于其行,申此为赠》,卷三二《处士方太古传》。

在胡应麟请求下,汪道昆又为其《少室山房笔丛》作序。

汪道昆《太函集》卷二六《〈少室山房四稿〉序》:"王者有事名山大川,公五岳而侯四渎,有目者之所周览,有趾者之所周游,则亦亭亭乎高,洋洋乎大矣!乃若环齐周为裨海,环裨海为瀛海,吞岳渎者,千百亿于其中,即离朱不能穷,章亥不能步,其殆无量已乎?

昔济南(李攀龙)先五子鸣,江左(王世贞)犹然自下,济南非先秦两汉不读,江左无所不窥,一务研精,一务博洽,盖递为桓、文矣。余则以善为济南也者,不必得一江左,善为江左也者,不必失一济南。故推贤唯峨眉,而自比于沧海,其言出于江左,则亦由中始。不佞以臆言之,孰为两大?盖高者有畛,大者无涯。元瑞未及见济南,故尝经其畛矣,其向往江左,直以为百谷王。江左之言曰:'自北地(李梦阳)不贵多闻,率屏载籍,斯人宁贾吾勇,殆且先登。余尝程材于作者之林,未可遽数,推乎吾前,齐得什二,晚乎吾后,其一足当越君子六千。天假吾年,吾愿为多财宰。'

余遇元瑞东省(万历十一年),方舟而入娄江,《少室山房初稿》成,长公序矣。中道并出《续稿》,属余序之。两家之言,不约而合。诸贤豪目摄元瑞,胡然傥得两家?后七年,胥命严濑,乃更出《别稿》,是为《诗薮》内外编,既属序长公,且属余序。余益多元瑞,语具《序》中。其年丧长公,沧海劫矣。

元瑞西入白榆社,相视沾襟,既复出《笔丛》十编,命曰《余稿》:'应麟无所涉世,第作一蠹鱼老万卷中,瑾而不僵,此其沫也。'余受而卒业,其该博视《诗薮》有加,盖自十三经、二十一史、三坟、二酉、四部、九流以及百家,莫不囊括刃解。复属余序,余在不辞。既又曰:'往闻之长公,独与司马并建旗鼓。兹惟司马为政,犹幸及于宠灵,愿奉盟言以冠《四稿》。'始余执业,盖与济南同功,比岁一周,迄秦汉以上止矣。济南高自视,尝以其私语余:'彼其无餍为目不为腹,藉令果然望矣,曾一脔之未尝,吾弗旨也。'不佞唯唯。及《四部稿》出,盖睹日月而蔑众星,即含誉,终负代明,又恶能左江左大哉?孔子博学无所成名,盖自生民以来未之有也,楚、郑而下,代有其人,或博而无征,或征而不作。西京或博异物,或博陈言,迄于《通志》《通考》诸编,亦博于博。近则成都(杨慎)博而不核,弇山核而不精,必求博而核、核而精,宜莫如元瑞当之,则千古自废,其诸搏扶摇而契溟涬者耶!其取材也无非材,其取法也无非法,能阖能辟,能玄能黄,能睢盱能萌芽,能忽倏能混沌,能雕能朴,能纯能常,能正能奇,能变能合,能王能伯,能侠能儒,左右无不有无不宜,有之似之,固其所也。余齿始僵而目有青,盖废书余二十年,凤嗜三车,不一寓目,窃惟天地一指也,须弥一芥也,默存而已,畴能进三大千善财得法文殊,盖躬历之矣。是则元瑞之优为也,余何有焉?元瑞避席曰:'余小子固中书淫,重以善病,不嬉游,不燕饮,以为常。乃今橐不载书,匕不问药,饮可尽斗酒,游可尽宿春。盖托诸漫衍无家,思息跰于逍遥之国,视《四稿》犹刍狗,宁复籍之自眯乎?'余洒然异之,此至道之归也。语曰:'所过者化,所存者神。'过无方,固化无方;存无体,固神无体。第令过不越跬步,存不入窈冥,化室神驰,于道何有?强名曰道弇山,今始得之,信如元瑞言,盖亦观其窍妙矣。余无以修远瑞,元瑞恶用余言?'"

按:此序中说胡应麟"复出《笔丛》十编,命曰《余稿》",是知胡应麟在万历十七年开始编刊、陈文烛同年作序、收书十种之《少室山房笔丛》,至本年二月前已经全部刊成。另据此也可知,胡应麟万历九年所成《绿萝馆诗集》于次年改称《少室山房初稿》,万历十一年成《少室山房续稿》,汪道昆于万历十八年作序之《诗薮》又称《少室山房别稿》,万历十九年所出《少室山房笔丛》十编,则或称《少室山房余稿》,或称《少室山房四稿》。

汪道昆又为胡应麟《二酉山房书目》作序,胡应麟则作长歌酬答,述说了"二酉山房"得名的由来、历代官私藏书与著录简况,详细讲述了自己早年"负书癖","髫年已绝轩冕好,壮岁偏耽穷鬼力",以及聚书经过、读书生活等情状,并叙述了此次前来新安拜访汪道昆的情况,高唱"焚香独拥四部坐,南面王乐宁堪骄"。

《少室山房类稿》卷二九《二酉山房歌》,序:"弇州王公既为余记二酉山房矣,新都汪公复为余作《山房书目叙》,敬赋长歌奉酬,凡千字。"诗:"君不见,昆仑高高,阆风出其上,下视扶桑,弱水相去几千丈。傍开四百四十门,日月东西互相望。传闻大酉小酉双名山,乃在昆仑阆风二岳之中间。帝遣藏书号群玉,金庭石室森钩连。白虹璀粲映细帙,朱霞错落垂琅函。……兰阴胡生负书癖,早逐刘郎(刘孝标)卧岩石。髫年已绝轩冕好,壮岁偏耽穷鬼力。北走燕台东走吴,金陵闽越穷江湖。傀居寄庑录余烬,负薪织履偿追逋。陆则惠施水米芾,昏黑忘眠昼忘食。乍可休粮饿途路,讵肯空囊返乡国。二十四度罗山房,二千四万堆琳琅。黔娄妻子困欲死,君山篋笥富可量。上距羲农下昭代,触手牙金宛相待。圣神贤哲穷吁谟,帝伯皇王罄元会。一榻一几横疏寮,一琴一研祛烦嚣。焚香独拥四部坐,南面王乐宁堪骄!黎生(黎民表)八分称好手,夜宿山斋笑如斗。纵观丘索盈前除,大叫狂呼题'二酉'。琅琊作《记》当代传,姓名已睹琬琰悬。触目伤心故交尽,却寻司马来新安。司马心胸旷千古,凤昔图书探天府。(二)[三]坟(三)[二]雅勤雕锼,一笈五车劳缀补。太函峨峨云际开,恍入东观窥兰台。众中夸我好玄者,撑肠拄腹谈天才。寂寞萤窗守残雪,揽镜苍茫见华发。声华岂必专穷愁,著述总知成灭裂。侧身六合中自疑,异代乾坤未堪说。感公国士知,肝肠为公竭。慢亭十日饮,驱车复成别。回看二酉山,峻嶒渺天末。昆仑阆风定何处,弱水扶桑杳难越。底似从公居太函,《副墨》煌煌恣翻阅。君不见,太函五城十二楼,金银城阙天尽头。陶公八翼不得上,梯仙岂合凡人留?孤帆且返越江涘,俯仰竹素聊优游。异时四部读已尽,玄关或许停苍虬。君不见,兰阴下,潋水流,轮囷古木枝相缪,瓮牖绳枢闭荒径,荜门蓬巷悬清秋。夜夜红光烛星斗,兀兀陈编柳生肘,短铗长鋏竟何有?酰鸡瓮里真自笑,蠹鱼架上安足友?竺乾本来一物无,柱下青牛亦西走。函中领取五千言,赤脚流沙寻二酉。"(据《少室山房集》校改)

　　按: 汪道昆所作《二酉山房书目叙》不见于今传《太函集》中,而胡应麟《二酉山房书目》最终亦未能刊行,否则其卷首当载录之。

闰三月三日,胡应麟与汪道昆等补修禊事,因三月三日上巳节时遇雨,禊不及修。

　　汪道昆《太函集》卷一一一《闰三月三日小集河东水亭,与元瑞同赋》,卷七七《送胡元瑞东归记》。

补修禊后,胡应麟结束新安两月之行。汪道昆欲赴太仓吊王世贞,希望胡应麟能一同前往,胡应麟请求先归家禀明父亲,然后再同赴太仓,汪道昆遂改订于九月同行。

　　汪道昆《太函集》卷七七《送胡元瑞东归记》。
　　《少室山房类稿》卷三〇《白榆歌,别司马汪公归婺中》。

启程返家前,胡应麟赋诗八首赠汪道昆,既有对王世贞、汪道昆之评价,也有对此次相会之记述。又作二诗赠别已卧病三年的汪道贯,意殊恋恋。

　　《少室山房类稿》卷一二《别司马汪公八首》《别汪仲淹二首》。

汪道昆则作《赠胡元瑞》《送胡元瑞》以相别,并作《送胡元瑞东归记》,详细记述了其间的几次同游盛况,尤其是对分别时的情景有更为细致的描述。

　　汪道昆《太函集》卷一〇八《赠胡元瑞》《送胡元瑞》,卷七七《送胡元瑞东归记》。

胡应麟感汪道昆厚意,特别是感念其《送胡元瑞东归记》对此次出游"纤悉如画"的记述,又为作七言古诗《白榆歌》相赠,高度评价其抗倭功业、诗文成就及怜才下士之谊,描述了此次两月间的同游生活,最后结以"欲行不行行且留,未忍匆匆别公去","俯仰乾坤但公在,磊落肝肠为公写","愿作灵光千万年,白首同公白榆社",

对汪道昆表示祝愿。

> 《少室山房类稿》卷三〇《白榆歌，别司马汪公归婺中》，卷一九《四知篇·新都汪司马伯玉七十二韵》。

汪道昆请胡应麟代转他写给其父胡僖书信一封，并以《世类篇》为胡僖即将年满七十贺寿。内中称胡应麟"博学宏辞，当世无两，以长者为之父，若天纵之，不急近功，不操拘论，恣其独往，冥搜千古，旁及百家。藉令高跱著作之廷，首出文学侍从之列，犹之爝火，宁讵能与日月争光邪？"

> 汪道昆《太函集》卷一〇四《胡伯安》，卷一九《世类篇》。

在返家途中，胡应麟过苏州拜访友人、书法家周天球，请其将汪道昆所作先母宋宜人《墓志铭》书石。此时周天球虽健饭犹昔，但"两耳聩聩甚，已于岁首辞谢一切谒者"，然与胡应麟"通家累世，谊万万不得辞，因强为书石"。适刻工沈氏偶暇，旬日镌成，"神采斐然，精华夺目"，周天球亦自诧为"暮年最得意书也"。

> 《少室山房类稿》卷一一三《报伯玉司马》。

胡应麟到家后，张应泰以诗来访，胡应麟赋诗相答，兼柬兰溪知县叶永盛。

> 《少室山房类稿》卷五三《张大来过访，适余至自新安，大来以诗见贻，赋答兼柬明府叶公》。

胡应麟检拾故箧，得乡试策问，"其词间有泰甚"者，已为座师吴从宪所笔削，"余所存余语，不过十之五六。余卷既无从校核，重以吴公笔"，不忍舍弃，遂编入正在编辑的文集，"匪以存余语，实以存吴公笔也"。

> 《少室山房类稿》卷一〇〇《策》后跋。

夏，胡应麟听闻王世贞文集《弇州续稿》杀青，赋诗四首寄怀王世贞之子王士骐兄弟。新秋七月时，又再次寄诗王士骐。

> 《少室山房类稿》卷七九《闻弇州续集杀青，寄怀王同伯昆季四首》《新秋再寄同伯》。

夏秋间，汪道昆致信胡应麟，约八九月之交同赴太仓吊王世贞。

> 汪道昆《太函集》卷一〇五《胡元瑞》。

八月，胡应麟赋诗送兰溪知县叶永盛校士杭州。

> 《少室山房类稿》卷七五《叶明府校士钱塘五绝。余邑方大有秋，故末、首并及焉》。

按：叶永盛于万历十七年任兰溪知县，二十三年由他人接任，从这一任职时间说，此诗作于万历十九年即本年和二十二年都有可能。但本年的浙江乡试为叶永盛到兰溪后的首次举行，而且叶永盛在二月胡应麟准备去新安拜访汪道昆时,还曾传送人舟予以帮助,则胡应麟此诗作于本年的可能性更大,故系于此。

九月十五日,吏部侍郎赵志皋进礼部尚书、礼部侍郎张位进吏部左侍郎,并兼东阁大学士,预机务。(《明史》卷二〇《神宗纪一》、卷一一〇《宰辅年表二》、卷二一九《赵志皋传》)

　　《明史》卷二一九《张位传》:张位字明成,新建(今江西南昌市新城区)人,隆庆二年进士。后进少保、吏部尚书,改武英殿大学士。以招权示威,素望渐衰,被夺职闲住。无何,诏除名为民,遇赦不宥。

胡应麟得知赵志皋入阁预机务,寄诗八章祝贺。

　　《少室山房类稿》卷三四《少宰赵公拜相,寄贺八章》。

胡应麟代赵志皋为应召作墓志铭。

　　《少室山房类稿》卷九二《应文学墓志铭》(代大学士赵公)。

九月二十一日,南京大理寺卿陈文烛被劾收赃枉法,章下吏部、都察院。(《明神宗实录》卷二四〇)陈文烛遂辞官归家。(费尚伊《市隐园集》卷一八《南京大理寺卿陈玉叔先生墓表》)

胡应麟得知陈文烛辞官归家,致信问候。

　　《少室山房类稿》卷一一五《与玉叔》。

十月,胡应麟因汪道昆以弟道贯病重,不能同赴太仓吊王世贞、王世懋兄弟,遂孤身一人前往。

　　《少室山房类稿》卷一一三《奉汪司马伯玉》。

　　汪道昆《太函集》卷一〇六《胡元瑞》。

胡应麟北过苏州时,张献翼留寓曲水园,张九卿①、周时复、钱允治②、黄仲华③、赵宧光④与长洲知县陈其志⑤、吴县令杨景淳⑥等先后来访,胡应麟赋诗相赠。夜

---

①　"九卿"应为张氏表字,其名不详。
②　朱彝尊《静志居诗话》卷一八《钱允治》:钱允治初名府,后以字行,更字功父,长洲(今江苏苏州市)人。勤于汲古,有《少室先生集》。
③　"仲华"应为黄氏表字,其名不详。
④　乾隆《江南通志》卷一六八《人物志》:"赵宧光字凡夫,吴县(今江苏苏州市)人。读书稽古,精于篆书。与妇陆卿子隐于寒山,足不入城市。当事慕其名,多造门求见者,宧光亦不下山报谒。"
⑤　同治《苏州府志》卷五三《职官二》:陈其志,万历十八年八月任长洲知县;江盈科,万历二十年八月任长洲知县。卷七一《名宦四》:"陈其志字公衡,晋江(今福建省晋江市)人,万历十一年进士,初除永嘉知县,丁外艰。十八年自奉化(今浙江奉化市)移知长洲。……秩满,授南户部郎,历兵、吏、礼三部。"
⑥　康熙《吴县志》卷二《职员》:"杨景淳字木夫,四川涪州(今重庆市涪陵区)人,进士,十九年任(县令),二十年改荆州府学教授,历官兵部主事。"

中,胡应麟梦与王世贞次子王士骕等人欢饮达旦,觉而怅然寄诗。后吴之卫[1]也来过访,但因迫行,胡应麟不及往报,遂赋诗寄怀。

《少室山房类稿》卷五五《幼于留寓曲水园,张九卿、周懋修、钱功父、黄仲华、赵凡夫五君先后过访,赋赠此章》《陈长洲、杨吴县访曲水园,幼于携尊夜集,以"河阳花作县,秋浦玉为人"拈韵,余得花字,时二明府皆将入觐,并以赠行》(陈君闽人,新自永嘉移任;杨君蜀人),卷七五《幼于所欢王姬携酒饯别,戏酬以小诗》,卷六四《陈明府书来赋答》,卷七六《枫桥夜泊,梦与房仲诸君欢饮达旦,觉而怅然寄此》,卷七七《吴之卫过访,迫行,不及往报,率尔寄怀》。

胡应麟到太仓时,王世贞长子士骐、三子士骏并以事留云间(今上海松江区),独次子王士骕在。胡应麟下榻款留,无异世贞在世时。其间,胡应麟过澹圃访王世懋子王士骙等人,又曾两次过访陆远。

《少室山房类稿》卷一一三《奉汪司马伯玉》,卷三四《过娄江载宿弇园,时同伯(王士骐)、逸季(王士骏)并以事留云间,独房仲(王士骕)在,下榻款留,亡异长公存日,感赋此章》《小祇园怀同伯、逸季》《澹圃访王闲仲[2]及二弟渊季、征叔,留集作》《陆楚生[3]新居在弇园、澹圃间,邀余斋中啜茗,即席赋》《再过陆楚生》,卷七九《梦弇园怀逸季茂才》。

胡应麟此次赴太仓,是为王世贞《弇州续稿》最终定稿而来,并为之作序。

《少室山房类稿》卷八一《弇州先生四部稿序》:"重光单阏之秋,应麟方东下武林,道闻弇州先生病,疾驰两昼夜,至娄水谒先生小祇园。先生病已革,强起执手语不佞:'知吾言亡若子。吾续集甫成编,子为吾校而序之,吾即瞑无憾矣。'余俯首唏嘘。亡何,先生竟易箦,而冢君士骐、仲君骕、季君骏以集称先生遗命来。于戏!余小子,则恶能序先生哉?顾先生生平辱知余小子最深,兹垂没复以序命,即余小子鄙弗文,其曷辞?辄僭为序。序曰:

文章之在宇宙,其犹元气乎?经两仪,纬万象,隆则世与隆,而污则世与污,若是乎,厥系重也。三代而上,文章在六经,仲尼赞《易》、叙《书》、删《诗》、正《乐》、议《礼》而修《春秋》,而六经统于一,古今称集大成焉。学者往往谓六经匪可以文章言,而仲尼之集大成,庸讵概以文章之一节?姑亡论已。语文章

---

① "之卫"应为吴氏表字,其名不详。据徐𤊹《鳌峰集》卷一〇乙未《哭吴之卫》,可知其卒于万历二十三年。

② 王闲仲为王世懋子士骙,万历二十二年举人,见《太仓州志》卷一九《人物三·王世懋》。

③ 冯梦龙《古今谭概》巧言部卷二八《陆远》:"陆楚生远系进士陆大成从堂叔。大成发解南畿,颇有声望。远每对人呼大成'舍侄',人多厌之。时弇州在座,谑云:'当不得他还一句"远阿叔"也。'众为捧腹。"

于三代之下,则在百氏矣,(孟)轲以儒,(庄)周以道,(韩)非以法,(吕)不韦以杂,短长以纵横,(左)丘明、(公羊)高、(谷梁)赤以编年,(刘)向、(班)固、(范)晔、(陈)寿以纪传,(李)斯以书,(贾)谊以论,江左六朝以偶俪,唐宋而下诸子以杂文,(屈)原、(宋)玉以骚,卿(司马相如)、云(扬雄)以赋,唐山子乐以乐府,(枚)乘、(李)陵、(曹)操、(曹)植以古风,(王)勃、(卢)照邻、(骆)宾王、(李)太白以歌行,(沈)佺期、(宋)之问、(王)维、(崔)颢、(李)颀、(王)昌龄、(岑)参以律绝,皆杰然各名所长。乃上下数千年间,未有总摄会萃而总于一者。谭艺之士,不得已则判途为二,而取汉之(司马)迁、唐之(杜)甫以当之,咸曰集厥大成矣。夫迁,吾亡论其声诗,即一史外,若骚、若赋、若子,胡以弗少概见也?甫,吾亡论其纪述,即诸律外,若乐、若选、若绝,胡以弗皆中程也?曰迁曰甫,诚哉数千年间出,而较彼一偏之技,犹然陷缺若斯,矧乎搴百氏之长,极二途之趣,洋洋洒洒,以自树一代之言之人也?姬周而降,可易得其仿佛哉?盖至明,而东海之上有弇州先生出焉。

高皇帝手辟洪荒,载造区寓,文轨所讫,悉主悉臣,拟诸汉唐功德,辽邈而二百余禩,摹隆之化,蒸熏灏颎,洽为泰和,于是乎造物者始尽发天地之材,全畀名世之士,而弇州王先生巍然崛起东海之上,以一人奄古今制作而有之。先生灵异凤根,神颖天发,瑰质绝抱,八斗五车,眇不足言。弱冠登朝,横行坛坫,首建旗鼓,华夏耳目固已一新。中罹家艰,载扬台省,暨乎晚岁,籍仙苑,觐帝宸,中间动息起居,诎信荣塞,造次颠沛,一发摅于文章,虽咳唾呻吟、嬉笑怒骂,世咸传诵以为法则。当嘉(靖)、隆(庆)、万历际,亡论艺士鸿流,薄海内外,无思不服,即婴儿走卒、里妇担夫、西南裔夷、江淮草木,靡弗知有弇州先生也者,遂使金石之藏延亘六合,珠玑之散充斥八表。至《四部》二稿出,而古今著述尽废于我明矣。其为卷也四百有奇,其为言也兆亿靡量。合宫衢室,轩豁其规模;大吕云门,邕和其音调;火齐木难,绚扬其色彩;湛卢飞景,震耀其光铓;祥麟瑞鹭,容与其威仪;天骥神龙,跌宕其步骤;夸父巨灵,坚强其骨力;皇娥赵燕,绰约其丰神;赤明龙汉,渺邈其津梁;兜率须弥,惝恍其境界。何体弗备?何格弗苞?何意弗规?何法弗典?何辞弗铸?何理弗融?何今弗离?何古弗合?九骚则屈(原)、宋(玉)之闳深也,十赋则马(司马相如)、扬(雄)之钜丽也,逸篇则《左》《国》之瑰玮也,札记则《公》《谷》之嶕峣也,序说则孟(子)、庄(子)、韩(非)、吕(不韦)之雄高也,志传则班(固)、刘(向)、陈(寿)、范(晔)之瞻密也。书牍之凌厉纵横,其比踪上蔡(李斯)乎?论著之丰溢浑厚,其合辙长沙(贾谊)乎?四六之整而流、艳而发,其含吐江左、蹈藉唐初乎?性硕之文俶,以奥韩

(愈)之力去陈言乎?山水之文卓,以诡柳(宗元)之大放厥辞乎?廊庙之文达,以昌(苏)轼之源泉混混乎?而雅颂祖述商周,铙歌宪章汉魏,乐府凭陵八代,古风驰骤两都。歌行出鬼入神,胜掷乎骆、卢、崔、李;律绝超凡入圣,奔走乎沈、宋、岑、王。总先生诸所撰造,周视乎古昔宗工,不必执甫以难迁,第即迁所长与迁角,而迁弗胜也,而迁之短于所长者,先生饶为之;不必执迁以难甫,第即甫所长与甫角,而甫弗胜也,而甫之短于所长者,先生饶为之。不必合迁、甫以难诸作者,第即诸作者所长以角诸作者,而诸作者弗胜也,而其凡有所短,先生又各饶为之。大哉!先生之于文章乎,犹昆仑峻极中天,而五岳其佐命;犹渤澥渟泓大地,而四渎其支流;犹清宁奠冒群生,而象形靡弗该;犹化育范型庶汇,而气韵靡弗肖。庶几哉!混合大千,深入不二,兼收广蓄,亡所成名,战国以来,一人而已。

乃先生学术尤有不易言者。《(艺苑)卮言》《宛委(余编)》《(凤洲)笔记》诸编,核元会运世之始终,酌皇王帝霸之高下,洞仙释怪神之空眇,抉昆虫卉木之幽微;以迨一技一长之浅深工拙,王仲任(王充)秘其《论衡》,张司空(张华)删其《博物》,刘参军(刘孝标)谢其《类苑》,虞少监(虞世南)失其秘书,梁太子(萧统)隘其选裁,钟记室(钟嵘)陋其品藻,是又畴昔文人蔑能俪得,先生顾网罗囊括,恢恢有余。嗟乎!先生之于斯术也,可谓至矣极矣,美善尽矣,蔑以加矣!三代六经既玄既邈,不有先生,孰与集文章之大成哉?即以宣父门庭,而差文学之科,标词命之轨,先生非升堂之素相,则入室之上宾。司马汪公(汪道昆)有言:宇宙文章,维先生独。维先生亦自谓前亡昔人,后亡来者。谅哉言乎!不我欺也。

应麟束发操觚,服膺大业,次公绍介,获附忘年,猥择乌菟,面命兹序。倘曰阿私所好,古今方册具存,昔翰林(李白)属撰于(李)阳冰,吏侍(韩愈)申盟于皇甫(湜),千百世下,当以不佞为知言已。”

胡应麟由太仓返家,王士骐同行。途中,胡应麟过嘉定访新科举人张其廉,并与徐兆稷同集。

乾隆《江南通志》卷一二九《选举志·举人五》:张其廉,嘉定人,万历十九年举人。

嘉庆《直隶太仓州志》卷三一《人物·张任》:张其廉字伯隅,万历二十三年进士,累官至南京文选,卒于官。

徐允禄《思勉斋集》卷九文编《徐孺谷》:徐兆稷字孺谷,太学生。嗜义善文,性简直,不能附炎。

《少室山房类稿》卷五五《过嘉定,集张伯隅阁上,同房仲、孀谷诸君》《即席再赋得台字》,卷三四《伯隅童子冶卿持扇索题,走笔一律赠之》。

辞别张其廉,胡应麟与王士骐继续南行,在舟中听歌赋诗。至云间见到王士骐、王士骏,以王士骏故,赋诗赠其侍童丁氏、山人戚伯坚。随后与王氏兄弟告别返家。

《少室山房类稿》卷七五《同房仲过云间,舟中听赵五叔远夜歌作》《潘、张两生小饮舟中,时童子阿四侍侧,众以黄四娘呼之,余赋一绝》《赵生以歌者范三至,再乞余诗》《再赠小范歌〈玉簪〉》,卷五五《别赵、张两生还越。张以气侠闻青楼,赵雅歌吴阊称最。浃日同饮舟中,甚乐也》《别房仲泊同伯、逸季》《再为房仲赠侍姬》,卷五六《为房仲赠姬人,时斋素独居一室》《赠幼文。幼文丁氏,逸季侍童也,常置帐中。余从诸客徂伺得之,赏其丰神莹彻,为赋二首》《答赠戚山人不磷①,不磷工绘事及诗,寓逸季所》。

胡应麟至家后,以此次北赴太仓,过乌镇访王叔承不遇,过苏州未遇周天球,泊昆山觅王伯稠不果,寓太仓觅曹昌先不得,寄诗问候。

《少室山房类稿》卷一七《寄吴门四子诗》。

按:此诗内既云"为忆两瑘瑘,哀涕泫清昼",则必作于王世贞卒后,而此次又是胡应麟最后一次到太仓,故此诗应作于本年。

胡应麟读杜甫《八哀诗》等诗篇,悲叹陡集,因"效杜体为八哀之篇",怀念已逝之王世贞、王世懋、朱衡、滕伯轮、张佳胤、戚继光、文彭、黎民表。又作《五君咏》,怀念在世之汪道昆、吴国伦、张九一、欧大任、赵用贤。

《少室山房类稿》卷一一三《报伯玉司马》:"近读老杜存没诗,悲叹陡集,因作《八哀篇》,首瑘瑘以识殁者,《五君咏》首执事以识存者。"**按**:此信作于明年正月,故作诗当在本年。

卷一八《八哀诗》《五君咏》。

十月,汪道贯(1543—1591)卒。(徐朔方《汪道昆年谱》第100页)

汪道贯病逝十余天后,兰溪藏书家陆瑞家致信汪道昆叙旧,问及道贯。汪道昆遂复信告知道贯去世的消息,并顺带向其荐引胡应麟,指出"当世博学弘词,胡元瑞其人也,且与长者同里,慎毋以其嘐嘐也者而少之"。

汪道昆《太函集》卷一〇六《陆信卿》。

---

①　戚伯坚字不磷,苏州布衣。王士骐《中弈山人稿》卷五《上侍郎顾充庵书》中称之为"先君子门下士",可知与王世贞关系密切。

胡应麟整理藏书时,发现早年在北京所得抄本曾慥《类说》虽"亡去什九,仅一帙杂蠹呫中,拂拭之,犹无恙可读也,因识而藏之,以比于吉光之羽"。

《少室山房类稿》卷一〇四《读〈类说〉》。

冬,兰溪章云仰慕吴国伦而欲前往拜谒,请胡应麟代为推荐,胡应麟遂致信吴国伦,既为之推荐,又述自己对吴氏钦佩之意,并与谈《诗薮》。称"《诗薮》三编,近颇行世。辱长公骤许,以为千虑之得,汪司马公亦以公心独见滥推。总之,私衷谬臆,廿载以还,逢人嗫嚅不轻吐者。比岁沉疴枕席,窃恐溘先朝露,不得已出之。中间数则僭及明公,聊用附诸隋和之末,然非缘是以求知下执事也"。这是他第一次也是惟一一次写信给吴国伦,但并未得到回信。

《少室山房类稿》卷七七《赠章生从龙》,卷二四《忆章云》,卷一一四《与吴明卿》

本年,滕伯轮次子滕万里请工部尚书曾同亨为父作墓志铭,胡应麟被命代为作之。滕万里还将画有滕伯轮家居生活之《武夷精舍图》示与胡应麟,"图于先生貌酷肖",胡应麟"瞻玩再三,不胜国士之恸,谨赋五言律一章"怀之。

《少室山房类稿》卷九二《嘉议大夫、都察院右副都御史、赠兵部左侍郎建安滕公墓志铭》(代司空曾公作),卷三五《题中丞滕公武夷精舍图》。

苏濬迁广西按察副使,备兵苍梧。上任途中夜过兰溪时,造访胡应麟。胡应麟以其"中途不通一刺,特为余舣棹兰阴。感旧论心,达旦忘寐,申言饯别,成诗八章"送行。

《少室山房类稿》卷五六《送苏君禹观察之岭右八首》。

按:李清馥《闽中理学渊源考》卷七〇《按察苏紫溪先生濬》:"迁陕西参议,领商洛道。……迁广西按察副使,备兵苍梧。"雍正《陕西通志》卷二七《学校》"商州"条:"商山书院在州城北,……万历十三年移于东龙山下,(十)八年商洛道苏濬移旧地。"雍正《广西通志》卷三八《学校》"直隶郁林州·州学"条:"十九年副使苏濬修启圣诸祠堂。"可知苏濬在万历十九年已到任广西按察副使。

明神宗万历二十年壬辰(1592)　42岁

正月,胡应麟致书汪道昆叙旧,告知自己去年冬赴太仓吊祭王世贞并为其《弇州续稿》作序事,追忆了万历十一年秋同赴太仓拜访王世贞时的盛况,高度评价了王世贞与汪道昆二人"和衷合德,无复二心"之谊,"屈指当代贤豪,丧颓几尽,伏惟执事为世灵光,为时大老",请其"加餐自爱",保重身体。同时问候汪道贯病体如何,"比来安否?"并向汪道会、汪士能致意。

　　《少室山房类稿》卷一一三《奉汪司马伯玉》。

不久,胡应麟接得汪道昆书信,始知汪道贯已于去年病逝,遂寄挽诗二章,书信一封,请其节哀,并早些刊刻汪道贯文集。又将其所撰、由周天球手书刻石之宋宜人墓志铭拓本及新刻拟乐府诸诗进呈,并进而高度评价王世贞诗学成就。他告知汪道昆,近时读杜甫诗集,有感而发,写成《八哀篇》和《五君咏》,称誉汪道昆"雄飞北地前,独步弇州后","无论文章殊绝,即人品度越古今,要皆亘贤劫中一二创见,匪可以世代论",对王世贞卒后"生前所素卵翼,骎骎叛而之他,薄俗纷纭"的炎凉世态予以抨击,请汪道昆"强饭自爱,努力景光",保重身体,"以厚德伟度镇定"于此世态炎凉之际。

　　《少室山房类稿》卷一一三《报伯玉司马》,卷三四《司马汪公以仲淹讣至,寄挽二章》。

汪道昆接到胡应麟书信后复书致谢,对亡弟哀情婉婉,对胡应麟所呈新刻拟乐府诸诗予以"千古绝唱,岂惟当世,即六朝以下,阒其无人"的高调评价。

　　汪道昆《太函集》卷一〇六《胡元瑞》。

胡应麟再次复书汪道昆,追忆去年同游情景,再度表达了对汪道贯病逝的"痛悼不胜"之情,劝汪道昆"当兹春和景明之候,乘肩舆出郊"散心,"葆摄天和,以膺遐算"。

　　《少室山房类稿》卷一一三《自歙归再报汪公》。

春,胡应麟寄诗问候去年冬季游楚之兰溪同乡章云。

　　《少室山房类稿》卷二四《忆章云》。

三月初八日,宁夏致仕副总兵哱拜反,梅国桢等讨之,九月乱平。(《明史》卷二〇

· 177 ·

《神宗纪一》、卷二二八《梅国桢传》,袁中道《珂雪斋近集》卷七《梅大中丞传》)

三月十一日,首辅王家屏致仕。时王锡爵归省家居,召未至。四月,赵志皋暂居首辅。(《明神宗实录》卷二四六,《明史》卷二〇《神宗纪一》、卷一一〇《宰辅年表二》、卷二一九《赵志皋传》)

五月,日本侵朝鲜,陷王京,朝鲜王李昖求救。(《明史》卷二〇《神宗纪一》)

衢州知府易仿之上计归,胡应麟寄诗问候。

《少室山房类稿》卷五三《易使君还三衢寄讯》,内云:"黄金辉赫下龙楼,竹马争迎郭细侯。渤海盛传新政绩,河阳犹诧昔风流。"

按:此诗应作于易仿之上计归来之后。易仿之在万历十七年至二十二年任衢州知府,这期间只有本年为上计之年,故系于此。

胡应麟寄诗问候赵志皋。

《少室山房类稿》卷五三《奉柬师相赵公二首》。

在酷暑如焚时节,胡应麟致诗并信于衢州知府易仿之,约于秋时登门造访。

《少室山房类稿》卷二三《寄三衢易使君惟效,约秋深为烂柯之游,并怀蔡景明(蔡一槐)、苏以修》。

卷一一六《报易使君》。**按**:易仿之在万历十七年任衢州知府,胡应麟此信中有"公之照临乡国也,亦越三禩矣"语,则应作于本年。

但不久,胡应麟即到衢州拜访易仿之,易仿之和司理李憭①召屠隆与游。胡应麟赋诗纪胜,并为易仿之父母偕寿作贺诗,为易仿之族子、次子题诗,为屠隆变童题《采菱曲》十二章。

《少室山房类稿》卷三四《易惟效署中避暑同赋四首》,卷五五《夏日三衢水亭作》,卷五七《登鹿鸣山绝顶,憩小蓬莱观,易使君留题作》《次日,复携酒酌山堂晴眺,再题壁之左方》,卷三五《题〈性天真孝〉卷》,卷三六《越岭瞻乔卷为易使君仲子题》《次日叶孝廉复邀集馆中赋》,卷七六《采菱曲十二章》。

七月初一日,兰溪知县叶永盛母七十寿辰,胡应麟赋诗贺寿。

《少室山房类稿》卷六六《寿叶母赵太孺人诗》,卷八五《贺叶母赵孺人七裘诗序》。

按:叶永盛万历十七年任兰溪知县,《寿叶母赵太孺人诗·序》既云"宰我三稔",则应作于本年。

---

① 雍正《湖广通志》卷四七《乡贤志》:李憭字景颖,嘉鱼(今属湖北)人,万历十七年进士。历官衢州司理、太仆少卿、光禄卿等职。

七月十三日,章尚学升通政司右参议。(《明神宗实录》卷二五〇)胡应麟赋诗祝贺。

　　《少室山房类稿》卷四五《贺章宗理拜纳言六韵》。

　　嘉庆《兰溪县志》卷一四《选举》"进士""举人"条:章尚学字宗理,兰溪人,万历元年举人,十一年进士,授中书舍人,历任工科给事中,升通政司左通议。

七月十五日中元节,胡应麟赋诗四首为父亲七十寿辰奉贺。

　　《少室山房类稿》卷三四《家大人七秩恭贺四首》。

秋,方尧治得读胡应麟《白榆集》,"读之狂叫击楫,立为跋数千言"。此前,方尧治时时挟策及门,"所为寄赠推挹者甚至",又曾两次来信,请其题诗撰序,但胡应麟一直缺焉未报。此次胡应麟"愧其奖饰",在"病余,绝不作长歌"的情况下,作长歌为其游武夷壮行。在感叹自己"龌龊类楚囚","较汝穷更甚","百年强半居穷愁"之余,胡应麟高唱"丈夫壮志在不朽,要今竹帛垂乾坤。升堂入室即先达,眼底穷通安足论?"此后,胡应麟又寄诗询之。

　　《少室山房类稿》卷二九《长歌行送方翁恬游武夷》,卷三一《寄方山人》。

秋冬时节,欧大任寄诗胡应麟,述怀念意。

　　欧大任《欧虞部集十五种》之《蘧园集》卷二《怀胡元瑞》。

　　按:据《蘧园集》卷二各诗排列顺序,此诗应作于本年秋冬时节。

十月,李如松提督蓟、辽、保定、山东军务,充防海御倭总兵官,救朝鲜。兵部尚书石星则惑于沈惟敬,遣其赴朝鲜,请金行间。(《明史》卷二〇《神宗纪一》、卷三二〇《朝鲜传》)

　　胡应麟《甲乙剩言·沈惟敬》:"沈惟敬以落魄乔寓燕中,寓傍有闲屋,使卖水担子沈嘉旺居之。嘉旺本乐清赵常吉(赵士桢)家苍头,幼为倭奴所掠,载还日本,凡十八载,泛海而还,还复走燕依赵,赵无所用之,故以卖水自给。惟敬眼则时时从嘉旺谈夷中情俗,虽器什乡语,无不了悉。会石大司马经略东事,而石宠姬之父袁某恒从惟敬游。惟敬日与袁言夷中事,若身至之者。袁以告石,石遂召与相见,与语大悦,遂奏受游击将军,奉使日本,而有封贡之说矣。惟敬妻姓陈名淡如,本故倡也。惟敬既远使,石每到门慰藉,至以'沈夫人'呼之,真可谓能下贱矣。第下非其所当下,为可惜耳。"

十一月初二日,赵崇善升尚宝司卿。(《明神宗实录》卷二五四)胡应麟赋诗送行。

　　《少室山房类稿》卷六〇《送赵符卿之燕中》。

　　过庭训《本朝分省人物考》卷五三《赵崇善》:赵崇善字伯兼,学者称石梁先生,兰溪人。万历四年中举,五年成进士。十八年改尚宝司丞,晋少卿。二十一年荐太常少卿,提督四夷馆。请告,家食者六年。二十八年再起,三十二年卒,"年六十有三"。

十一月,胡应麟《玉壶遐览》四卷编订并刊成,自为序。后编入《少室山房笔丛》,列为壬部。

> 《少室山房笔丛》卷四二《玉壶遐览引》:"方丈之宫,周加垩焉。一关如窦,月光入,四壁莹然。友人习道家言者,颜其楣曰'玉壶'。壶中空无长物,仅左右二几。几无长物,仅道书数十卷。石羊生既从赤松子游,归憩壶中,日嗒然几上,寤则取道书读之,若漆园、郑圃,轻天地,细万物,揆诸大道,允矣。即放言六合,要以明县寓之无穷,破墙面之散识。自秦汉诸君慨慕长生,而弗繇其道,顾褰裳濡足于瀛海间,于是方士家言杂然并兴,淮南厌次,以说张之,句漏句曲,以词文之,逮今所传五城三山、绛宫琼楼、诸仙圣仪卫章服,一胡纷纷丽诡也?余鄙且怠,未必凤规于大道,益之病靡济胜资,朝夕一壶,如守五石瓠,其于六合之外,犹之坐井而窥,又恶能镜厥是非?第集其言尤侈者著于篇,以当卧游,曰玉壶遐览云。壬辰仲冬,芙蓉峰客题。"

十二月,胡应麟《双树幻钞》三卷编订并刊成,自为序。后编入《少室山房笔丛》,列为癸部。

> 《少室山房笔丛》卷四六《双树幻钞引》:"为老氏之道者曰清静,为释氏之道者曰苦空。由清静而之于长生,由苦空而之于顿悟,二氏之能事也。清静矣,即未能长生,而足以亡扰于事物;苦空矣,即未能顿悟,而足以亡乱于去来,学二氏之能事也。自后世之为老氏者之日支也,而翀举之说长;为释氏者之日诞也,而轮回之证夥。彼其以匪翀举蒇由鼓天下之美心,匪轮回蒇由作天下之畏心,自秦汉以迄宋元,宇宙之内,云合景从,而二氏之本真眇矣。虽然,翀举、轮回,二者均幻也,幻之中厥有等焉。四方上下之寥漠,尘劫运会之始终,幻而疑于有者也。层城阆风之巍峨,光音净乐之瑰丽,幻而究于无者也。无者,吾存焉而弗论;有者,吾论焉而弗议。是二氏者之言,亡论幻弗幻,皆吾博闻助也。园之东有双树焉,吾日坐其下,取其言而钞之、而名之,世之人将亦以余为好幻也夫?壬辰腊,壁观子题。"

明神宗万历二十一年癸巳(1593)　43岁

正月十六日,王锡爵还朝,为首辅。(《明史》卷二〇《神宗纪一》、卷一一〇《宰辅年表二》)

正月十九日,李如松攻倭于平壤,克之。(《明史》卷二〇《神宗纪一》)

正月二十六日,诏并封三皇子为王。次日,光禄寺寺丞朱维京上疏反对三王并封。随后其他廷臣亦起而力争,寻报罢。(《明史》卷二〇《神宗纪一》,《明神宗实录》卷二五六)但因之而朱维京罢职归家。(《明史》卷二三三《朱维京》)

得知明军"平壤大克,群倭鼠奔"的消息后,胡应麟致千余言长书于赵志皋,论东西边防事,以敌情"诡变叵测",希望赵志皋早作后图。建议:"西事已宁者,宜速谕指边臣,一切澡濯其前非,而更张其敝辙,行宽大之政,养和平之福,开生息之源,柔诖误之徒,收桀黠之效,而明斥候于外,诘戎兵于内,俾士怀其安,民忘其败,庶疮痍渐复,反侧自安。""至救朝鲜之事,示以便宜,戒之深入,毋贪功,毋玩敌,毋养寇,而俾我大兵之戍辽左者,多为之形援,四张其声势,务令吾一身血脉呼吸关通,即有缓急,辰发巳应,使朝鲜之君循行境上,招徕其携贰,倾诱其散亡,彼腹臣心旅、贵戚遗氓闻故主尚存而天朝为之规,复将揭竿斩木以刲仇雠,箪食壶浆以逆戎陈,然后出吾兵之据平壤者椿其心,发吾兵之戍辽左者捣其腹,彼欲去弗能,欲战弗角,欲守弗固,不半载而勃敌之馘悬于槁街可也。吾诚若是,则振古之功成,善后之策备。"

《少室山房类稿》卷一一五《与大学士赵公论东西二虏书》。

三月,日本封贡之议起。(茅瑞徵《万历三大征考·倭上》)

三月,丁此吕任浙江副使,分巡海道,(雍正《宁波府志》卷一六《秩官上》)胡应麟为诗二律赋怀。

《少室山房类稿》卷五七《丁观察以两台疏荐留住四明,赋怀二律》。

四月十九日,汪道昆(1525—1593)卒。胡应麟作诗十首哭之。

焦竑《焦氏澹园集》卷三四《兵部左侍郎南明汪公诔》。

《少室山房类稿》卷三七《哭汪司马伯玉十首》(太函,司马斋名;白榆,社名),其八末注:"公尝以全集属余校定。"

自汪道昆卒后,胡应麟名气"愈重","称老宿,主诗坛,大江以南皆翕然宗之"。

吴之器《婺书》卷四《文苑·胡元瑞传》(卷首目录题为"胡孝廉应麟"):"后司马(汪道昆)殁,而应麟愈重,诸词客裹粮入婺者踵相接,皆以事弇州、伯玉者事之,莫敢异同词。"

王崇炳《金华徵献略》卷一二《文学传三·胡应麟》:"道昆殁,应麟称老宿,主诗坛,大江以南,向之趋新安(汪道昆)者,皆裹粮接踵于婺州,翕然宗之无异词。"

嘉庆《兰溪县志》卷一三《人物志·文学·胡应麟》:"道昆殁,应麟称老宿,主诗坛,诸词客裹粮入婺者踵相接。"

光绪《兰溪县志》卷五《志人物·文学·胡应麟》:"未几,道昆亦殁,应麟称老宿,主诗坛,大江以南皆翕然宗之。"

姚希孟《响玉集》卷七《夏茂卿集序》:"近代以名孝廉厌薄公车,主骚雅之盟者,有浙东胡元瑞、吴门张伯起(张凤翼)与澄江夏茂卿(夏树芳)而为三。元瑞为弇州先生所推奖,属以代兴,弇州殁而名稍不振,几落籍词坛,然其材实闳博奥衍,惜不甚精诣,寄人庑下,得少为足,迄未成家耳。伯起稍窘于幅,然学有源委。……以茂卿而颉颃其间,视元瑞见裁,视伯起则栾烨过之。……茂卿之才,……足衙官元瑞无疑矣。……茂卿犹老而好学,从此脱去枝叶,直窥本根,便当阑入陈新会之室,讵言元瑞、伯起后先鼎足哉?"

六月二十三日,吴国伦(1524—1593)卒。(李维祯《大泌山房集》卷九二《河南左参政吴公舒恭人墓志铭》,冯梦祯《快雪堂集》卷九《吴明卿先生传》)

夏,"陈观察"过兰溪,与胡应麟订交,二人"抵掌谈天,夜分而罢"。别后一月,陈氏又寄信胡应麟,其中谈及诸生张用善。又过一月,"洪茂才"来兰溪,转呈张用善来信,告知将在返程时过兰溪前来拜访,胡应麟大喜过望,在家等候四十日。

《少室山房类稿》卷一一九《报张茂才》。

按:"张茂才"后来请胡应麟为其文集作序,《少室山房类稿》卷八三《青芝稿序》有"余读余郡张生诗而异焉。张生用善于宋太史公(宋濂)为同里,瑰葩逸藻,挺出于辈流,甫弱冠"云云,应即一人,则"张茂才"即张用善,时为诸生。但信中所称"陈观察"、"洪茂才"二人之名、字均不详。

六月二十日,倭使小西飞入朝请款;七月初一日,召援朝诸边镇兵还。(《明史》卷二〇《神宗纪一》)得知这些消息后,胡应麟赋诗赠赵志皋。

《少室山房类稿》卷二五《鸭绿歌赠赵相公》。

十一月,胡应麟到衢州拜访知府易仿之、司理李憭。夜间,李憭招集署中,出信州土瓜佐酒,其"形质菌蠢类山蓣,而色香味绝与梨同,至醒酒之功,即李太尉(李德裕)平泉石弗过也",胡应麟感土瓜之奇而赋诗撰序,慨叹"妇人童子咸识其形、食其力,非好奇如司理,则终吾世,且无由睹之。嗟夫！士之遇弗遇,亦犹是矣"。遂与李憭"以文艺定交"。

《少室山房类稿》卷一一九《报张茂才》。

卷五五《李司理招集署中》,卷八五《信州土瓜诗序》,卷三五《夜集李景颖,出土瓜佐酒,成赋二章》,卷五七《赠李司理二首》,卷五五《游烂柯山,题青霞洞天石室中》,卷三九《寄李景颖》。

卷一一六《报李景颖司理》。**按**：此信作于明年,据之可知上述与李憭各诗文作于本年。

胡应麟由衢州返家后,其父转交张用善书信,才知张氏在其赴衢州时来访,胡应麟遂寄信问候。

《少室山房类稿》卷一一九《报张茂才》,卷三一《寄张茂才》《送张茂才北上》。

本年,胡应麟致书欧大任,告知汪道昆、吴国伦等人卒事。

欧大任《欧虞部集十五种》之《蘧园集》卷二《胡元瑞、朱孔阳同日书至,闻吴参知明卿、汪司马伯玉、朱中丞秉器(朱孟震)、朱中尉用晦俱逝》。

按：据《蘧园集》卷二各诗排列顺序,此诗应作于本年。

王一鸣移任临漳知县,胡应麟赋诗送之。

《少室山房类稿》卷三七《送王伯固之临漳》。

王兆云《皇明词林人物考》卷一二《王伯固》：王一鸣字子声,又字伯固,号石廪,又号崊上,黄冈(今湖北黄冈市)人。万历十四年进士,授太湖令,调临漳,以疾卒于官。

光绪《临漳县志》卷四《职官表·文职》："王一鸣,黄冈人,进士,二十一年任(知县)。袁应泰,凤翔人,进士,二十四年任(知县)。"

因张用善力请为文集作序,胡应麟先复书答之,对其诗作予以较高评价,之后为其文集作序。

　　《少室山房类稿》卷一一九《报张茂才》,卷八三《青芝稿序》。

春夏间,衢州知府易仿之升为四川副使。在离衢赴川路过兰溪时,易仿之造访胡应麟,胡应麟赋诗相送,并赋诗怀苏以修,后又寄诗问候易仿之。

　　天启《衢州府志》卷二《职官志》:万历二十二年,岳万阶接替易仿之为衢州知府。

　　乾隆《黄冈县志》卷九《宦迹》:易仿之由衢州知府迁四川涪州道,晋参政,丁艰归。

　　《少室山房类稿》卷五四《易惟效明府过访有赠》,卷五七《易计部过访赋赠》《送易惟效观察之蜀中,同李司理作八首》《题琴鹤重鸣卷》(代送易使君),卷七六《再别惟效观察一绝》,卷五四《送易使君之延平》,卷五二《寄易使君》,卷五七《忆苏别驾以修》,卷七六《忆以修挐舟饯别,至魏湾执手恋恋,闻某直指垂至乃发,迄今令人怅然。偶值清源鸿便,辄题二绝寄苏,并讯易惟效、蔡景明(蔡一槐)》。

大约春或夏时,张文柱知临清州,胡应麟赋诗送行,张文柱书赠胡应麟扇头行草一。继而胡应麟又作诗送其入京上计。

　　民国《临清县志·秩官志九·历代名宦传》。

　　《少室山房类稿》卷五三《送张仲立之清源》,卷六一《戏柬张刺史仲立》,卷一一〇《扇头跋十》,卷六四《送张仲立上计二首》。

四月初八日,陈文烛六十寿辰,胡应麟赋诗祝寿。

　　贲尚伊《市隐园集》卷二〇《寿大廷尉陈玉叔先生六十序》。

　　《少室山房类稿》卷五三《贺陈玉叔六秩二首》。

五月二十三日,首辅王锡爵致仕。(《明神宗实录》卷二七三,《明史》卷二〇《神宗纪一》)赵志皋始当国。(《明史》卷一一〇《宰辅年表二》、卷二一九《赵志皋传》)

首辅赵志皋致书胡应麟,促其北上参加会试,胡应麟赋诗二首相谢。

《少室山房类稿》卷六〇《大学士赵公手书促驾，赋谢二首》。

按：吴晗《胡应麟年谱》系此诗于万历二十年。但胡应麟母卒于万历十七年十一月，因而万历二十年的会试，胡应麟也因守丧在身而没有参加，所以赵志皋应该不会在万历二十年来信要胡应麟进京会试。但本年秋胡应麟可以北上赴试，不必为专门拜会赵志皋而北上；二者，有材料证明，赵志皋是准备帮助胡应麟明年会试成功的；三者，胡应麟本年北上时是携家启程，这是其此前会试中没有的举动；四者，胡应麟并未在明年会试之后很快南返家门，而是在北方逗留了大半年时间，这也是其此前会试中没有的举动。由这些情况分析，笔者以为，胡应麟此诗当作于本年赵志皋为首辅之后，而非两年前的万历二十年。

赵志皋与兰溪知县叶永盛重修兰溪县西门外悦济浮桥，"往来利涉"。胡应麟以二律纪之，并在夜饮浮桥时，赋诗怀赵志皋。

赵志皋《赵文懿公文集》卷二《重建浮桥记》。

万历刊、康熙补刊《兰溪县志》卷一《桥渡·悦济浮桥》。

嘉庆《兰溪县志》卷三《建置·桥渡》"悦济浮桥"、"西门悦济渡"。

汪启淑《讱庵诗存》卷三《兰溪棹歌》第六十七首。

《少室山房类稿》卷六六《叶明府创浮梁新成，往来利涉，二律以纪乐观，并寄师相赵公》，卷七九《秋夜，同友人携尊浮梁之上，藉草中洲，月色横空，万顷一碧，吴姬越榜，歌过云际，恍然游广寒玉虚，举白尽欢，达曙乃罢，归写景物，寄怀赵相公五首》《兰江竹枝词十二首》（夜饮浮梁，怀大学士赵公）。

七月十六日，原内阁首辅申时行六十寿辰，胡应麟为作《贺申学士生辰启》。

《明史》卷二一八《申时行传》："（万历）四十二年（1614），时行年八十，帝遣行人存问，诏书到门而卒。"**按：**据此逆推，可知申时行生于嘉靖十四年（1535），本年岁满六十。

《少室山房类稿》卷一二〇《贺申学士生辰启》："昌期协而名世生，治运隆而真宰出。……惟中元之诘旦，为初度之良辰。……姓字远符周伯，知间气之生申。声名近迈潞公，适岁支之逢午。"**按：**申时行于万历十一年任内阁首辅，十九年辞官，胡应麟卒于三十年，故此文作于二十二年甲午申时行六十寿辰之时。

胡应麟致书衢州司理李憭叙旧，告知将奉父命，北上京师会试，所托郡志"仅举正大纲及刊定纰误数则"。

《少室山房类稿》卷一一六《报李景颖司理》。

八月初三日,孙丕扬改为吏部尚书。(《明神宗实录》卷二七六)胡应麟代人赋诗相赠。

> 《少室山房类稿》卷六二《赠孙太宰二首》(代)。

> 《明史》卷二二四《孙丕扬传》:孙丕扬字叔孝,富平(今属陕西)人,嘉靖三十五年进士。万历二十二年,拜吏部尚书。为人挺劲不挠,百僚无敢以私干者。二十四年辞官。三十七年四月以故官入都,四十年二月拜疏归。家居二年卒,年八十三。

八月乡试,胡汝焕分阅山东,不久迁国子博士,胡应麟寄诗问候,兼怀李言恭。

> 胡维霖《胡维霖集》之《长啸山房汇稿》卷四《明故承德郎、刑部主事少白胡先生墓表》。

> 《少室山房类稿》卷四四《寄胡孟弢兼怀惟寅李子》。

八月末至九月间,胡应麟因将北上赴京会试,"挈家远游,将永别金华诸洞壑,因发愤走芙蓉、紫薇,历探朝真、冰壶、双龙,穷极幽峭而后返"。

> 《少室山房类稿》卷二〇《将入金华诸山,述游五十韵》,卷一三《秋日,偕诸同志游金华二首》,卷二三《金华山三洞歌。三洞曰朝真、冰壶、双龙,是黄初平升仙处》,卷四九《杪秋,游金华芙蓉峰,憩刘孝标读书处》,卷五二《陈观察过草堂,余适游金华山中,不值》,卷七六《金华山杂咏八首》,卷一一七《报王恒叔》。

秋,胡应麟携家启程,第五次赴京会试。

北行至杭州后,原金华知府、时任浙江金衢道副使张朝瑞得知胡应麟到来,凤驾过访,且邀饮署中,以《崇正书院志》嘱为校定,并命舟资送镇江。胡应麟感其厚遇,赋诗相谢。

> 《少室山房类稿》卷六〇《淮甸张公旧守吾州,将由上考擢行省参知,闻余僦居武林,凤驾见枉,且邀饮署中,并命舟资送京口,感其厚遇,赋谢此章》,卷四三《大参维扬张公过访武林旅邸中,赋赠十六韵》,卷六〇《参知淮甸张公以〈崇正书院志〉属余校定,且命赋诗,寄以七言一律》。

> **按**:据康熙《金华府志》卷一一《官师一》:万历十六年,南直隶海州(今江苏连云港市海州区)人张朝瑞任金华知府,二十年福建平和人张佐治接任。《明神宗实录》卷二六七、卷二八二:万历二十一年闰十一月庚寅,调山东副使张朝瑞于浙江,整饬金衢;二十三年二月辛亥,升浙江金衢道副使张朝瑞为左参政。是则胡应麟此诗中"淮甸张公"即张朝瑞,此次相见则发生于本年秋胡应麟北上途中至杭州时。

> 过庭训《本朝分省人物考》卷三二《张朝瑞》:张朝瑞字子祯,海州(今江苏

连云港市海州区)人,隆庆二年进士。历官金华知府、浙江金衢道副使、京兆丞、鸿胪卿等职,累推太常卿,命未下而卒。

在杭州,胡应麟与诸友诗酒相会,酒酣,援笔作七言律诗《西湖十咏》《后西湖十咏》,又同诸友分赋临安十景,得诗二首。

《少室山房类稿》卷八二《西湖百咏序》,卷五五《西湖十咏》《后西湖十咏》,卷五一《同诸友分赋临安十景二首》。

胡应麟在夜集程仲凯寓所时,邂逅梅台祚、罗廪。胡应麟赋诗送程仲凯游两都;梅台祚则"睹我神飞扬","慕子如渴饥","愿得升君堂",二人把臂甚昵,同观涛江上。

《少室山房类稿》卷五八《秋夜集程仲凯玉树亭,同梅太符、罗高君①作》,卷六〇《送程仲凯之两都》。

卷一五《(乙未)[甲午]秋邂逅梅生泰符,把臂甚昵,同观涛江上,别去未几,则闻生病且殆,俄闻生竟不起矣。余再入武林,检敝箧,得生手书屡纸,不胜山阳邻笛之怆,爰赋二言,投宛溪之上以吊之》。**按**:据梅鼎祚《鹿裘石室集》文集卷四《从弟泰符诗序》,可知梅台祚卒于"乙未冬月"即万历二十三年十一月,"年三十五"。据胡应麟此诗第二首中"流光不相待,倏忽三岁久"一语可知,此诗作于梅台祚卒后三年即万历二十六年,并非作于此次相会之时,但题名中前半部分及第一首诗均为叙述此次相会之事。不过,诗题中所署时间"乙未秋"大有可疑,因为胡应麟自本年秋赴京会试后,直到明年即万历二十三年秋九月才从北京回返,十一月初一日舟泊山东南旺,十二月才到杭州,因此不会在明年秋与梅台祚邂逅于杭州。但本年秋赴京会试途中,胡应麟可以与梅台祚相会于杭州。故笔者以为,诗题中"乙未"或者是出于后来之误忆,或者是胡应麟把二人相会的时间和梅台祚去世的时间统合在一起来叙述的,更强调的是梅台祚卒于"乙未"这个时间。但不论哪种情况,"乙未秋"都应是"甲午秋"之误。

胡应麟行至淮上,遇少时好友徐成位。时徐成位以山东参政、徐州兵备督开新渠,特邀胡应麟聚会署中,二人清灯话旧,不胜今昔之感。胡应麟目击其胼胝之苦,值工将告成,赋诗赠之,并为其题诗。徐成位则资以青雀舫,送胡应麟入京。

《少室山房类稿》卷六〇《淮上遇景陵徐丈以参知督开新渠,余目击其胼胝之苦,兹工将告成,先赋二律柬之》《徐参知总角与余游,中间显晦殊途,不相

---

① "仲凯"应为程氏表字,其名不详。"梅太符"即梅台祚,宣城人。(陈田《明诗纪事》庚签卷八《梅台祚》)"罗高君"即罗廪。(卢之颐《本草乘雅半偈》卷七"陆羽茶传·一溯源·《茶解》")

闻问者廿载,兹邂逅近淮甸,特邀余为具署中,清灯话旧,不胜今昔之感,即席载赋二律。时参知以青雀见假,由此竟达燕中矣》,卷二七《布帆行寄徐使君》序,卷七六《抵淮上,友人邀饮狭斜,迫归,不能舣棹》,卷八〇《题徐惟得冲漠斋十二绝》。

康熙《景陵县志》卷一〇《人物志上·进士》:徐成位字惟得,号中庵,隆庆元年举人,二年进士。历官徽州知府、山东副使、山东登莱兵备等职,"晋秩参藩事,视徐淮河上"。

按:据《明神宗实录》卷二六〇:万历二十一年五月,补浙江副使徐成位于山东,巡察海道。卷二七一:万历二十二年三月庚寅,升山东副使徐成位为本省参政兼佥事、徐州兵备。卷二九八:万历二十四年六月,改淮安兵备曲迁乔专管扬州,徐州兵备徐成位分管淮安地方。在徐成位任职山东参政后,胡应麟仅在本年和万历二十五年北上赴京会试。

与徐成位分手后,胡应麟自淮上挂帆便风,一夕遂抵梁下,渡黄河抵吕梁后,因阻风难行,胡应麟即景抒怀,寄诗问候徐成位。

《少室山房类稿》卷七二《自淮上挂帆便风,一夕遂抵梁下》《吕梁阻风》,卷三三《渡黄河》,卷三九《吕梁阻风呈徐使君》,卷七八《渡黄河抵吕梁,再寄徐参知,即景舒怀,共十绝句》。

在舟至济上时,胡应麟邂逅南昌举子刘洪谟,同舟欢聚月余。

《少室山房类稿》卷六四《赠仁和刘明府。曩有事计偕,邂逅君于济上,同舟欢聚者月余》。

按:据康熙《杭州府志》卷二一《守令中》,万历年间刘姓仁和知县只有刘洪谟。雍正《江西通志》卷五五《选举七》:刘洪谟为万历十六年举人、二十三年进士。卷七〇《人物五》:"刘洪谟字惟后,南昌人,进贤(今属江西)籍。万历进士,授建德知县,调仁和,皆有惠政。"胡应麟在万历十七年正月渡淮北行,不久因病南返,未能北达"济上",此后万历二十年又未曾赴京会试,因此他能与刘洪谟相遇并一同北上会试而欢聚月余,只能在本次会试途中,故系于此。

十一月初一日,沈思孝升工部左侍郎。(《明神宗实录》卷二七九)胡应麟赋诗祝贺。

《少室山房类稿》卷五九《沈纯父新拜司空奉柬》,诗末注:"沈丈旧仕同卿。"

胡应麟泊舟天津时遇陈仁夫。陈氏喜谈兵,欲仿东汉班超,以三十六人横行日本。二人饮酒高会,胡应麟则在一次夜饮中大醉吐顿,遂借陈氏所服绿衣归,以诗谢之,并为其母做挽诗。

《少室山房类稿》卷五八《泊天津遇陈孝廉仁夫为十日饮,赋赠》,卷七八《夜饮仁夫馆,大醉吐顿,因借所服绿衣归,诗谢之》,卷三九《挽陈太夫人,孝廉仁夫母也》。**按**:"仁夫"应为陈氏表字,其名不详。

在易水垆头,胡应麟饮酒放歌咏荆轲,又以道中无侣,独卧舟中为十日饮,饮醉则日为一短歌,前后各五章,荒唐谬悠,间以诙滑。

《少室山房类稿》卷二六《易水垆头放歌怀庆卿》,卷二六《醉中放歌五章》《后醉中放歌五章》。

到北京后,胡应麟深感旧时交游十九物化,间有一二存者如李言恭等,仅仅如鲁殿灵光,不免唏嘘,"亟思获一盛年好学、瑰迈不群士与游"。一日,在西宁侯宋世恩家邂逅杭州籍国子监生钟英,"庶几其人焉","喜可知也"。次日钟英前来拜访并索诗,不久钟英归家南还,胡应麟赋诗并作序相送,内中称自己为"世所称狂而可笑,宜莫余若者"。

《少室山房类稿》卷三七《钟天毓过访索诗,赋赠》《送钟天毓南还二首》,卷五八《送钟太学天毓归越省其尊人观察公》,卷八四《送钟天毓归苎罗序》。

胡应麟向浙江同乡、蓟州兵备项德桢致信求助。

《少室山房类稿》卷六二《寄赠项观察二首》。

光绪《嘉兴府志》卷五二《列传三·秀水列传》:项德桢字廷坚,万历十四年进士。历官山东佥事、蓟州兵备、四川参议、山西参议等职,引疾归。

《明神宗实录》卷二六五、卷二九〇:万历二十一年十月,项德桢由兵部职方司署员外郎事主事升为山东佥事、蓟州兵备;二十三年十月,升为四川参议兼佥事,分巡下川南道。

胡应麟拜访首辅赵志皋,为其题诗八首。时赵志皋以援朝抗倭事忧悴,或兼旬不起。胡应麟来访时,巧遇日者王生、医者李生在坐。

《少室山房类稿》卷五八《题帷幄元勋册八首》(为相国赵公赋),即宁夏献俘、朝鲜复境、辽西告捷、日本祈封各二首。

胡应麟《甲乙剩言·赵相国》:"赵相国以东事忧悴,时或兼旬不起。余往访之,适日者王生、医者李生两人在坐,相国谓王曰:'我仇忌何日出宫?'谓李曰:'我何日膏肓去体?'余笑曰:'使石(星)尚书出京,便是仇忌出宫;沈(惟敬)游击去头,是膏肓去体。'相国为之默然。"

按:据《明史》卷二一《神宗纪二》,万历二十五年九月初四日,以封倭失败,石星、沈惟敬下狱论死。则胡应麟此次拜访赵志皋必在本年因会试到京之后。

兵部尚书石星造访胡应麟,胡应麟赋诗二首奉赠。

《少室山房类稿》卷五九《大司马东明石公过访奉赠二首》。

胡应麟致信梅国桢,称赞其"忠肝赤肠,雄算伟略",感念其"轸念旧知,久而弥笃"之情,并告诉他老友胡汝焕"留滞齐东,尚无来耗"。随信寄诗二首,颂其功烈,并附著作数种。

《少室山房类稿》卷一一七《报梅客生》,卷三八《怀梅客生二首》。

胡应麟两次过访应试举子曹学佺,订约归途时同登泰山,晚留宿其寓所,翌日题诗壁上。

《少室山房类稿》卷三九《期曹能始登岱二首》《载过曹能始,时能始入长安,余暮留斋头,翌日题诗壁上》。

《明史》卷二八八《曹学佺传》:曹学佺字能始,侯官(今福建闽侯)人,万历二十三年进士。历官户部主事、四川按察使、陕西副使等职,南明时官至礼部尚书,加太子太保,卒年七十四。

十二月,日本封议定。命李言恭之子李宗城充正使,以都指挥杨方亨副之,同沈惟敬往日本。(《明史》卷三二〇《朝鲜传》)

明神宗万历二十三年乙未(1595)　45岁

正月,胡应麟在北京准备会试。其间,宁波知府吴安国以上计至京,手书致信胡应麟,不达而返,胡应麟以短歌讯之。

　　《少室山房类稿》卷二六《燕中日,闻文仲使君手书寄余,不达而返,短歌讯之》,内云:"含香郎署五载余,大府却拥专城居。"

　　按:吴安国万历十六年升任刑部主事,历员外郎,二十一年升宁波知府,此后至万历二十五年七月升为浙江副使,这期间,只有本年为上计之年,胡应麟亦以会试暂居北京,故此诗应作于本年。

正月三十日,都督金事李宗城、指挥杨方亨出使日本,封平秀吉为日本国王。(《明史》卷二〇《神宗纪一》)胡应麟赋诗送之。

　　《少室山房类稿》卷五九《送李汝藩使日本》。

二月,会试举行。

胡应麟以第四次下第,托梦愤世,慨叹"天上主司且不识字,何尤于浊世司衡者乎?"

　　胡应麟《甲乙剩言·天上主司》:"乙未春试前一夕,余忽梦见冕服一人坐殿上,召余入试。既入,则先有一人在,坐者呼之曰'易水生'。未几,殿上飞下试目一纸,视之,有'晋元帝恭默思道'七字。翻飞不定,余与'易水生'争逐之,竟为彼先得。余怒,力往斗击而觉,为不怡者久之。及入会场,第一题是'司马牛问仁章',始悟。所谓'晋元帝'者,晋姓司马,元帝是牛金所生,以二姓合为'司马牛'也。'恭默思道'是切言,破无意耳,可谓大巧,第'易水生'不解所谓。及揭榜,则汤宾尹第一。盖以'易水'二字为汤也。然梦亦愤愤,书法以水从易音汤,非易也。观此,则天上主司且不识字,何尤于浊世司衡者乎?"

试后某日,"才情赡洽,多所凌忽"的胡应麟在友人朱宗吉斋头饮酒聚会,其间以口语相谑,戏呼同乡赵士桢为家丁,赵士桢怒而拔剑刺之,几为所中,得朱宗吉力救,胡应麟"绝袖绕柱而逸",逾墙得免,然赵士桢犹率奴丁追之数里。这是胡应麟"平生所遭最大危厄,乃从朋友得之"。

　　胡应麟《甲乙剩言·吴少君》。

沈德符《万历野获编》卷二三《金华二名士》。

会试后,胡应麟原拟试内阁司诰敕中书官,首辅赵志皋本已面许必得,时论亦服其声华,咸无异议。不料临至试日,禀性"高亢","不屑随时俯仰"的胡应麟竟托以大病不入试,而为张萱设法得之。

沈德符《万历野获编》卷二三《金华二名士》。

朱彝尊《静志居诗话》卷一五《张萱》:张萱字孟奇,博罗(今属广东)人,万历十年举人。授殿阁中书,历户部郎中。熟于典故,周见洽闻。

钱将军移任北平,胡应麟赋诗相赠,又在信中请其帮助解决生活困难问题。

《少室山房类稿》卷五八《钱参戎移任北平二首》,卷六〇《送钱将军之北平》,卷一一七《与钱将军》,卷三三《赠钱将军》,卷三四《赠钱将军》。**按**:"钱将军"名字不详。

胡应麟寄诗问候徐成位,时新渠迄工,徐成位劳绩最懋,以河工奏计晋阶。

《少室山房类稿》卷四三《寄景陵徐使君三十韵》,卷四五《梦登彭城诸山骋望大河,因怀景陵徐惟得使君》(新渠迄工,徐君劳绩最懋),卷六〇《榜人自潞河归,再寄徐观察,时徐丈以河工奏计晋阶》。

三月上旬,胡应麟携家寄居潞河胡縠(漱)元池亭,临行前到赵志皋家拜访,此后直到秋季返家南下,一直寄居潞河,但其间时而入都访友。

《少室山房类稿》卷六〇《夜集相国赵公府中话别作》《相国赵公邸中夜谈,因留宿斋头作》,卷四三《斋头春草和相国赵公》。

卷六二《潞河侨居逾月,媵人于首夏望前举一女,逾旬,复举一男。黄燮卿、王至卿、胡静父、胡縠元、茅厚之过集斋头,戏作》。**按**:文中"黄燮卿、王至卿、胡静父、胡縠元、茅厚之"等皆应为其人表字。其中"茅厚之",《少室山房类稿》卷四三《留别胡、茅两生十八韵》序末注云"两生皆会稽(今浙江绍兴市)人",徐沁《明画录》卷六云"茅培字厚之,会稽人,工兰竹",则胡应麟所说"茅厚之"应即茅培。但其他四人,其名不详。

卷七二《寄居縠元池亭,陈生为除室张楹,酬以二绝》,卷六九《胡縠元池亭杂咏十二首》,卷三九《王至卿借骑入长安赋谢》《王至卿乘舆见假赋谢,并期试事入长安》,卷八〇《王太学至卿一子四岁未能言,尝两遇大厄,梦异僧获存,或凤生有缘习也,一绝纪之》。

在一次由潞河至京途中,胡应麟与姚士粦评论古今四部书,姚士粦见其家藏书目中有干宝《搜神记》,大骇曰:"果有是书乎?"胡应麟告以非原书,乃是从诸类书中辑录而成,并云"大都后出异书皆此类"。

胡应麟《甲乙剩言·知己传》。

三月十三日,赵志皋生辰,胡应麟献歌祝贺。

顾天埈《顾太史文集》卷五《赵文懿公墓志铭》(代朱相公作)。

《少室山房类稿》卷二六《蟠桃歌为大学士赵公赋》,卷四二《寿大学士赵公二十四韵》,卷三〇《题赵相国斋头中天一柱图》,卷六二《寿相国赵公二首》《唐参军,相国赵公客也,以需次居积燕中,戏赠兹什》。

三月二十二日,殿试,赐进士及第出身有差。(《明神宗实录》卷二八三)

汪国楠举进士,授兰溪知县,原知县叶永盛擢监察御史去。胡应麟各有诗相赠。

万历刊、康熙补刊《兰溪县志》卷二《政事类上·知县》:"汪国楠字仲木,婺源(今属江西)人,万历二十三年以进士任,升南京兵部主事。"

《少室山房类稿》卷五三《题叶明府两台交奖卷》,卷六〇《送汪明府之兰溪二首》。

米万钟举进士。在京期间,胡应麟曾为其题诗。

《少室山房类稿》卷六五《米仲诏书画船卷即席题》。

朱谋垔《续书史会要》:米万钟字仲诏,其先关中人,徙京师,万历二十三年进士,仕至太仆少卿。赋性澹漠寡营,而独好石,号为友石先生。善行草,尤善署书,独不为权贵作一字。亦善画。

倪承课举进士,授桐城知县,胡应麟赋诗送行。

《少室山房类稿》卷三七《送倪明府之桐城》,卷四〇《送倪明府》。

雍正《浙江通志》卷一三三《选举十一》、卷一三九《选举十七》:倪承课,永康(今浙江永康市)人,万历二十三年进士,后升主事。

道光《桐城续修县志》卷六《职官表》:倪承课于万历二十三年任桐城知县,二十五年升主事去。

四月十五日望前,胡应麟媵人生一女,逾旬,复生一男。时赵志皋命馆人除舍授餐以待,胡应麟以适产二雏未赴。赵志皋又贻以犀觯、文绡及丝布衣材等物,胡应麟寄诗致谢。

《少室山房类稿》卷六二《潞河侨居逾月,媵人于首夏望前举一女,逾旬,复举一男。黄燮卿、王至卿、胡静父、胡毅元、茅厚之过集斋头,戏作》《相国赵公命馆人除舍授餐以待,余适产二雏,未及趋赴,先此寄怀二首》,卷四四《寄赵相国一百韵》,卷六二《相国赵公以犀觯、文绡见贻,各赋一律为谢》,卷八〇《赵相国以丝布衣材见贻》《谢赵相国借湘竹榻》。

时李言恭亦遣使者持书赆来问,胡应麟以媵人举子,走笔赋答,称自己虽"肮脏宇宙间"、"落落穷相如",李言恭"朱门盛先达"、"青骢曳华裾",但二人之间"情亲四十载,胶漆垂桑榆","眷言骨肉友,卧起同徐于","颓然定一笑,为我掀颧龉"。

《少室山房类稿》卷一六《惟寅以书赆驰使潞河,适媵人偶举一子,走笔赋答》。

三至五月间,赵志皋先后六次上疏乞休,不允。(《明神宗实录》卷二八三、卷二八四、卷二八五)这期间,赵志皋寄诗胡应麟,述乞修之意,胡应麟赋诗相和,并与过从。

《少室山房类稿》卷六○《相国赵公屡疏乞休未得请,见寄二章奉和》,卷三七《和赵相国怀山八咏》,卷四三《柬相国赵公二十四韵》,卷五八《赵相国斋中芍药盛开,即席赋》,卷五九《夏日集大学士赵公斋中,时群从诸孙咸集》。

自正月至秋季南下归家前,胡应麟居京时,又与宋世恩、胡汝焕、蔡稚含①、王士性、王士昌、张位、龙襄、杨忠裕、张文柱、顾不疑②、李言恭、胡与京、曾仕鉴、谢廷谅、王同轨、李维极、杨景淳等游。

《少室山房类稿》卷三七《早春自西掖过访宋忠父作》,卷五八《上元雪后过宋忠父,入直不遇寄怀③》《雪中同胡孟弢诸君集宋忠父第,分得歌字》《薄暮雪霁,改席小西园,步缥缈台玩月,入清华洞观梅花,复张乐堂中,华灯火树,丝竹间作,丙夜拥炉小斋,听韩生琴,与周生较弈达曙,再用韵赋之》《雪中同王明府、蔡仪曹(蔡稚含)集恒叔④同卿宅》《翌日再同恒叔同卿集稚含仪部第》《奉寿大学士洪都张公四首》《雪中陆使君过访,时大计初解严》,《夜同胡孟弢、龙君超⑤、杨世叔⑥三孝廉、周、陈二山人集宋忠父第观梅花,繁英盛开,芬郁殊绝,适侯、万二都尉在坐,琳琅珠玉与花艳相映发,同集诸君应接不遑,余倾赏丙夜,几欲醉卧阁中,作赵师雄罗浮梦矣,归赋一律似忠父并博笑侯、万二君》《送孟弢之沅中》。

卷五九《夜同孟弢话旧作》《上元,宋西宁忠父招同胡、李二孝廉、刘、王、陈

---

① "稚含"应为蔡氏表字,其名不详。

② "不疑"应为顾氏表字,其名不详。

③ 宋世恩本年二月革职,三年后卒。见徐朔方《屠隆年谱》"万历二十五年"条。

④ 据康熙《临海县志》卷九《人物三·文苑》、《明神宗实录》卷二七一、卷二八七、卷二八八、《明史》卷二二三《王士性传》:王士性字恒叔,号太初。万历元年举人,五年进士。二十一年升大理寺少卿,二十二年三月任太仆寺少卿。二十三年七月擢都察院右佥都御使、巡抚河南,但其上疏请辞,自言剪劣多病,资望不及。帝怒其矫情托故,改其南京鸿胪寺卿。二十六年卒,年五十二。

⑤ 邓显鹤《沅湘耆旧集》卷二二《龙举人襄》:龙襄字君超,武陵(今湖南省常德市武陵区)人,万历十年举人,学识通博,为名流所推重。

⑥ "杨世叔"即杨忠裕,字长世,华亭(今上海市松江区)人,曾任刑部郎。(何三畏《云间志略》卷二四《杨孝子懋延公传》)

三文学、侯都尉、杜金吾夜集别馆，征伎张灯，观鳌山火树，情景畅绝，即席成诗》《大学士洪都张公招同孟弢诸子夜集，赋谢一首》，卷三七《雪中过孟弢不值》。

卷三七《题杨孝子卷为世叔孝廉》。

卷五九《蔡稚含招同王恒叔、永叔①雨集》《同王太仆（王士性）、蔡祠部集永叔黄门馆中》，卷三九《夜集王太仆听歌》，卷一一七《报王恒叔》，卷八〇《永叔挟小友郑生入都，生年甫十六，美秀工弈，酒中持素册进余乞诗，戏成四绝》。

卷六〇《与张仲立（张文柱）、顾靖父别且十年余，忽晤于顾山人斋中，喜而赋此》，卷五一《赠顾不疑山人》，卷五九《同胡孟弢、张仲立过集李惟寅、宋忠父作》，卷五八《赠李大将军二首》，卷三七《集张仲立馆中，同胡孟弢赋》《胡昌世、张仲立过访小集》《赠胡孝廉昌世》，卷六〇《送胡昌世还岭南》，卷二七《昌世孝廉有子，记诵绝人，十二游泮，倾动侪辈，为作〈阿咸行〉②》。

卷五九《仲夏初度，惟寅为余举觞话旧，感怀赋谢此什》。

卷五八《曾人倩③春日移居，招同诸君夜集，余偶以他燕不赴，赋谢此章》，卷五九《夜同谢友可④集曾人倩新居，分得台字。客罢，复对弈丙夜》，卷六一《为曾人倩题风木楼》，卷六〇《送谢友可还临川》。

谢廷谅《薄游草》卷七《人倩移居，载酒往候，适王徵君、胡元瑞、袁微之⑤、赵葆初、关尔开同集，分韵得风字》，末注："元瑞围棋达曙。"

《少室山房类稿》卷五九《雨中同行父⑥、元兆集惟寅第作》《为行父赠西曲

---

①　"永叔"即王士昌，万历十四年进士，时任兵科给事中。（《明神宗实录》卷二八五、卷二九〇，康熙《临海县志》卷八《人物二》）

②　雍正《广东通志》卷四五《人物志二》：胡与京，顺德（今广东省佛山市顺德区）人，万历十年举于乡。历官大埔教谕、户部郎中等职，供职勤慎，操守清廉，卒于官。同卷："胡曰乾字西仲，顺德人，与京长子也。髫年好学，父常携其文至京师，见者诧为奇童，瀫水胡元瑞作《阿咸歌》赠之。"咸丰《顺德县志》卷二四《列传四·胡与京》："胡与京字子谷，号自斋，桂洲人。……长子曰乾，字西仲，号鹭园。少聪慧，年十二为诸生，侍父入都，瀫水胡元瑞见其文器之，作《阿咸歌》以赠。"是则，胡应麟所说"胡昌世"当即胡与京，"昌世"应为其另一表字。

③　陈田《明诗纪事》庚金卷一四下《曾仕鉴》："仕鉴字明吾，一字人倩，南海（今属广东）人，万历乙酉（十三年）举人，授中书舍人，迁户部主事。"

④　《明史》卷二三三《谢廷谅传》：谢廷谅字友可，金溪（今属江西）人，万历二十三年进士，授南京刑部主事，官终顺庆府知府。《四库全书总目》卷一七九《清晖馆集》："明谢廷谅撰。……万历戊子（十六年）陈文烛序，称其学问日富，变化无穷，与胡应麟并称。今观其所作，亦颇工丽自喜，而边幅太狭，犹在《少室山房集》下也。"

⑤　宋懋澄《九钥集》文集卷五《袁微之传》：袁保德字微之，华亭（今上海市松江区）人，以从戎，更名度。其意气才情足以资傲骨，交游多贤豪长者。万历三十二年正月十六日以脾疾卒。

⑥　钱谦益《列朝诗集小传》丁集中《王江宁同轨》：王同轨字行父，黄冈（今湖北黄冈市）人，以贡生为江宁令。尝从吴国伦游，与王世贞等善，作诗不多，自有风格，不欲寄诸公篱下。

薛生》《薛生以七夕初度,故小字巧巧,又清斋学佛,复有素素之称。行父拉余过曲中,薛持笺索题,走笔赋此》,卷七八《"巧巧""素素"皆薛生名也,而字特未称,余与行父定议曰"瑶英""庶于",二名不偏,亦以古有兹字也》,卷六〇《梦王行父并寄薛素卿二首》。

《少室山房集》卷五九《李本建①招集薛馆。薛于弧矢最精,挟弹尤称绝技。是日纵观,许为李作长歌赠薛,先赋此篇》,内云:"惊看绝代无双质,解道登坛第一人。(薛一见余,即以此语相赠)"

《少室山房类稿》卷六〇《寿李太夫人。太夫人为本建孝廉母,昆季五人》。

卷三七《廿载前读王汝化②诗,已意其为古人,迨晤李本建,乃知此公仅百龄,尚无恙也,因赋一律寄之》。

《少室山房集》卷五九《同谢友可集王行父馆中》。

谢廷谅《薄游草》卷一一《偕楚中诸丈宴集王行甫馆中,适兰溪胡元瑞见过,赋此》(行甫为王梦泽先生从此)。

《少室山房集》卷五九《王行父入都,以鹅胙糟鲋葛簟等物见饷,赋此》。

《少室山房类稿》卷八〇《王行父惠簟赋谢二绝》。

卷五九《唐从事邀集酒楼观女乐,即席赋此送唐之歙中》《杨博士招饮馆中》(博士成都人,旧为长洲县尹③)。

又与杨明时、吴廷游。胡应麟请杨明时作画,适大雪盈尺,即席题诗赠之。至于吴廷,胡应麟则从其手中购得李公麟《佛祖图》三分之一。

姜绍书《无声诗史》卷七《杨名时》:"杨名时字不弃,歙(今安徽歙县)人。博雅多能,精于鉴别,法书、名画、词翰、丹青靡不擅美。其《溪上偶成》诗有'沙头小鸭自呼名'之句,为胡元瑞所称。又善临摹古帖。"

《少室山房类稿》卷三九《过杨不弃,索其丹青,适大雪盈尺,即席题》《再赋》,卷六一《赠杨不弃山人,杨工书画篆刻,风致甚高,二首》,卷一一〇《扇头跋一》《扇头画跋上》。

胡应麟《甲乙剩言·青凤子》。

---

① "李本建"即李维极,李维桢二弟,万历七年举人。(王世贞《弇部续稿》卷九七《中奉大夫、广西等处承宣布政使司右布政使致仕、五华李公墓志铭》)黄佐《南雍志》第六《职官年表下》"博士"条:"李维极:本建,湖广景陵(今湖北天门市)籍,江西吉水县人,由本监学录万历二十九年三月任。""学录"条:"李维极:本建,江西吉水人,湖广景陵县籍,由举人万历二十七年七月任,升本监博士。"

② 雍正《湖广通志》卷四九《乡贤志》:王格字汝化,嘉靖五年进士。历官永兴知县、南户部员外、河南金事等职,以太仆寺少卿致仕。里居五十余年,得吐纳服食之术,晚年须髯如戟,腰带倍人,卒年九十有四。

③ "长洲县"应为"吴县"之误,据乾隆《长洲县志》,万历年间无杨姓知县者;但杨景淳在万历十九年任吴县令,并在当年与胡应麟来往。

《少室山房类稿》卷一〇九《跋李龙眠〈佛祖图〉》。

又与赵志皋、章敏学、区大相、管建初、汪公幹①、区大枢、崔子玉②、李枕、曾仕鉴、屠本畯、高为表、苏叔大、贺灿然等同游。

《少室山房类稿》卷三七《大学士赵公招饮,小憩章行父(章敏学)馆中作》、《是夕留饮至丙夜,诘旦再呈此章》,卷四五《夜窗急雨迅雷,简章生行父六韵》,卷六二《送章行父之景州》。

卷四五《相国赵公损饷酒脯及鲥鱼饫饫,各赋排律八韵》《诘旦用孺(区大相)太史亦以赋茄古体至,余读之,清思道发,更赋排律二章,章十二韵。茄为物最贱,吾两人盛为品题若此,士固有遇不遇也》,卷三九《同王行父、管建初、汪公幹、谢彦云集区太史馆,即景分赋,余得盆中紫茄》,卷六三《过区用孺太史,适长公绳玄(区大枢)诞日,即席赋赠》。

卷四九《题管建初山人游玄岳卷》《送管山人游吴》,卷六二《题管建初紫宸宣对册》。

卷四五《秋日,过用孺太史馆中看菊作》(内云"九日""三秋")、《咏黄叶同区孝廉(纯)[绳]玄、太史用孺作》《曾秘书招同区(纯)[绳]玄、用孺、汪公翰登显灵宫阁》。

卷五八《区太史用孺过访小饮》《夜同(崔)子玉过用孺,出荔枝酒,轰饮至酣,即席赋》。

卷五九《同胡孟弢、李季宣(李枕)夜集区用孺太史》《区太史用孺招同屠田叔③、胡孟弢、曾人倩、崔子玉、谢天章、高正甫④、张孟奇(张萱)夜集,得霞字》。

卷五八《送屠田叔之七闽》。

卷五三《送区太史使江藩,便道暂还南海,寄讯程孔信山人》,卷六〇《送区用孺之楚中,便道还粤》,卷六〇《寄区用孺太史兼柬高正甫秋官》《送李太史使秦中》,卷六三《送李太史之秦中》,卷四一《送李太史使湘中》。

卷五八《同王水部、蔡祠部、袁仪部集高比部正父邸中同赋,兼送正父南还》(时正父以恤刑暂归南海)、《再用前韵送正父》,卷六〇《秋日,高正父邀同汪公

① "公幹"应为汪氏表字,其名不详。
② "子玉"应为崔氏表字,其名不详。
③ 朱彝尊《静志居诗话》卷一七《屠本畯》:屠本畯字田叔,鄞县(今属浙江)人。承父荫,官太常寺典簿,历南礼部郎中、两淮运司同知、福建运使等职。好诙谐,诗多不拘格律。年老而好学不倦,"于书饥以当食,渴以当饮,欠伸以当枕席,愁寂以当鼓吹,未尝苦也",因自称憨先生,亦曰幽叟。年八十余卒。
④ 光绪《广州府志》卷一二〇《高为表传》:高为表字正甫,礼村(今属广州市番禺区)人,万历四年举人。历官国子博士、户部郎中、袁州知府等职。年五十乞休家居,以诗文自娱,为人淡泊。年八十一卒。

幹、苏叔大游天宁禅寺》，卷七八《马上望天宁寺浮屠作》，卷六〇《登天宁寺浮图，送高正父南归，得霜字》。

卷五八《同贺伯闇①集苏叔大②，听谢、孙两孺子歌曲作。是夕，贺遂以获隽归》，卷五九《过苏生叔大戏赠》，卷五三《送苏叔大还岭南并游白下、江都买妾》，卷七八《柬苏叔大乞黄花鱼》。

其间，崔子玉以大计量移蜀中，胡应麟赋诗慰藉，并作二诗送行，崔子玉则书赠行草一。之后胡应麟又复书，诗答其来信，表示不敢承其"盛谕"，但告之以自己为学志向，"或得以夤缘曩哲，传示将来，庶几虞稗之流，犹贤博弈之士"，"惟辩或过烦，词间伤激，大概为高因下，本之前人"，"今兹以往，仆将守雌齐物以毕余生，坚白异同，匪所计矣"。

《少室山房类稿》卷三七《子玉以大计量移赋慰》《送崔子玉之逢州》，卷六〇《送崔子玉之川中》，卷一一〇《扇头跋十》，卷一一九《报崔子玉》，卷五九《怀崔子玉明府》。

又与郭正域、王同轨、徐兆稷等同游，郭正域赠其扇头行草一。

郭正域《合并黄离草》卷一二《夏日，胡元瑞、王行甫、徐孺谷七人小集》。

《少室山房类稿》卷五九《赠答郭太史美命》，卷一一〇《扇头跋十》。

按：郭正域字美命，号明龙，江夏（今湖北武汉巾江夏区）人。万历十一年进士，十四年授翰林院编修，二十年以父丧服除复任编修。（李维桢《大泌山房集》卷一〇九《礼部右侍郎兼翰林院侍读学士郭公神道碑》）据《明神宗实录》卷二八七、卷三一二：万历二十三年七月，郭正域升为右春坊、右中允，兼翰林院编修；二十五年七月，升左春坊、左谕德兼翰林院侍读。

又与王贞伯、曹学佺游。

《少室山房类稿》卷四〇《王将军邀集西园，赋时大雪初霁》，卷三八《夜集王将军园亭，留宿斋头二首》，卷四四《赠王将军贞伯二章》。**按**："贞伯"应为王氏表字，其名不详。

卷六三《王将军过访不值，次日遣信相闻，走笔四韵代柬。时方拜总戎之擢，而余寄居胡氏园，芍药盛开，故诗句云云》《王贞伯过访胡园作，时澍雨骤至，轰饮几达旦归》《王总戎携酒同登新城南楼，即席赋》，卷六二《王贞伯总戎、

---

① 朱彝尊《明诗综》卷六三《贺灿然》："灿然字伯闇，秀水（今浙江嘉兴）人，万历乙未（二十三年）进士，授行人，升吏部主事，终员外。"

② "叔大"应为苏氏表字，其名不详。据焦竑《焦氏澹园集》卷一六《苏叔大集序》，知其为岭南人，材能高世，志在藏山，词文藻缋，情致颛笃。扶义疾邪，皎然有不可回夺之气。

曹能始计部偕僚属并游胡氏园亭,昏黑言旋,二君更衣,拉余痛饮申旦,时张中尊为主人》。

卷三九《送曹能始游盘山》,卷六三《曹计部访寓中赋赠》《曹计部至自盘山,极谭夜宿招提之胜,赋此》。

卷六二《夜同张转运、叶观察、秦孝廉集凌比部宅,坐中王大理、孙太史、曹计部皆同年友也》。

又与章尚学游。

《少室山房类稿》卷六二《章纳言宗理有事诸陵,拉余同谒,归赋七言四章》《章纳言得雄,过是将益燕山之数,贺以七言一章》,卷六四《送章宗理纳言使楚中》(内云"河桥薄暮蝉声起,驿路深秋雁阵来")。

按:据《明神宗实录》卷二五〇、卷三二二:万历二十年七月庚午,章尚学升为通政司右参议;二十六年五月甲午,起章尚学通政司参议。此三诗都作于胡应麟在北京时期,而本年秋时胡应麟才离京返家,故应作于本年。

又与闵逸之、蔡毅中、王之弼游。

《少室山房类稿》卷六〇《闵山人逸之工琴弈丹青,而卖药长安市,秋日过访,即席赋赠》。

卷五八《夜遇蔡弘父①馆中,呼卢戏赠,时蔡将买妾长安》。

《王文学以忠八十余,徒步入燕访大学士赵公(赵志皋),而神明茂甚,诗以壮之》。**按**:万历《龙游县志》卷九《艺文·著述》引录胡应麟此诗,题为"《赠中石王隐君》"。卷八《人物·文儒》:"王之弼字以忠,神情超迈。……未几,故人赵濲阳入相,延之署中,稍烦以应制,怏然,……遂还里中。履日满户外,古文辞骎骎大家。"胡应麟此次入京是其在赵志皋入相后的第一次,这与王之弼"未几,故人赵濲阳入相,延之署中"正相合。

又与王延世游。在其家见抄本《夷坚支志》十卷,剧喜,欲借抄之,王思延持以相赠,但索七言一律及《诗薮》《少室山房笔丛》为报。胡应麟持归,竟夕不能寐,篝灯披读。不久,王思延欲回访胡应麟,因风雨陡作未果,胡应麟遂致信约以他日。后王思延返家信阳,胡应麟赋诗相送,并请其顺便问候陈耀文。

《少室山房类稿》卷五八《过王思延斋头,读所撰新草并钞本〈夷坚支志〉十卷,主人索七言一律及〈诗薮〉三编为报,即以见归,走笔赋此》,末注:"王时为

---

① 朱彝尊《明诗综》卷六四《蔡毅中》:蔡毅中字弘甫,光山(今属河南)人,万历二十九年进士。历官翰林检讨、行人司副、国子祭酒、礼部右侍郎兼侍读学士等职。

京营参戎。"

按："王思延"即王延世,思延为其表字。高士奇《独旦集》卷七《题李龙眠蜀江图》题下注称王延世即王思延;据张照《石渠宝笈》卷四〇四贮"静怡轩·列朝人·画卷上等·宋李公麟蜀川图一卷"条,王延世为河南信阳王祖嫡子。孙诒让《温州经籍志》卷一六《赵氏(士桢)神器谱》引录有王延世序,末署"万历戊戌夏四月京城巡捕左参将汝南王延世书",可知万历二十六年四月时,王延世正任职京城巡捕左参将。

《少室山房类稿》卷一〇四《读夷坚志》(五则)其一、二、三,卷一一七《与王参戎》,卷六一《送王思延还洛中,兼询陈别驾耀文》。

又与书画家、翰林院编修董其昌游。董为其鉴定阎次平《江潮图》,胡应麟奉诗二首寄意,内称"我怀三秀草,君夺万年枝","世事甘余拙,时才羡尔长"。

《少室山房类稿》卷一〇九《跋阎次平〈江潮图〉》,卷三五《寄董太史二首》。

《明神宗实录》卷二六〇、卷三三一:万历二十一年五月,董其昌由翰林庶吉士铨注翰林院编修;万历二十七年二月升为湖广副使。

《明史》卷二八八《董其昌传》:董其昌字元宰,松江华亭(今上海市松江区)人,万历十七年进士。历官翰林院编修、湖广副使、礼部左侍郎、南京礼部尚书等职。崇祯七年致仕,又二年卒,年八十三。善书画,其书自成一家,名闻外国,其画潇洒生动,非人力所及。精于品题,收藏家得片语只字以为重。

又曾过访孙健,因其工于文赋,学无不窥,特别是"弧矢之精,侪辈尤罕及者",故胡应麟与之谈兵,并在其署中观射。

《少室山房类稿》卷六〇《赠孙水部用纯,用纯工文赋,学无不窥,至弧矢之精,侪辈尤罕及者》《过孙水部谈兵》《孙用纯署中观射作》。

嘉庆《东昌府志》卷二二《名宦三》:孙健字用纯,余姚(今浙江余姚市)人。万历十二年知冠县,历山东按察司副使。

按:据道光修、民国补刊《冠县志》卷六《职官志》:万历十五年,马思恭接替孙健任知县。而此后的万历十七、二十年会试,胡应麟未能参加。据雍正《山东通志》卷二五之一《职官志》,孙健在江学诗之前任山东副使。据《明神宗实录》卷三二五:万历二十六年八月,江学诗升为山东副使。是则,胡应麟过访孙健只能在本次入京会试期间。

又与晋京上计的临漳知县王一鸣同集老友刘效祖之孙刘百世①斋,之后又寄

————————————

① "百世"应为刘氏表字,其名不详。

诗问候二人。

《少室山房类稿》卷五九《同王伯固夜集刘百世斋头赋赠》(伯固先任太湖,再任临漳),卷三七《过刘茂才百世,读其玄珠诸稿作》,卷三八《寄王伯固明府、刘百世茂才》。

李言恭《青莲阁集》卷一〇《刘百世生子,贺之诗。百世,仲修(刘效祖)观察孙也》。

按:据徐朔方《汤显祖年谱》,明年王一鸣卒于临漳令。(第374页)
又与顺天府府尹钱藻、王吏部、宋少府等游。

乾隆《江南通志》卷一四五《人物志·宦迹七》:钱藻字自文,如皋(今江苏如皋市)人,嘉靖三十八年进士。历官密云兵备、南光禄寺卿等职,终顺天府尹。

《明神宗实录》卷二八五、卷二九五:万历二十三年五月丙子,升光禄寺卿钱藻为顺天府府尹;二十四年三月辛未,礼部覆故顺天府府尹钱藻恤典,给祭葬如例。

《少室山房类稿》卷五九《赠京兆尹钱公》《赠王吏部》。**按**:"王吏部"名字不详。

卷六二《送宋少府之南康》,首云:"一叶秋风度蓟台,争传飞檄下蓬莱。"

按:"宋少府"名字不详。但自万历以来,胡应麟仅在本年秋季时曾留北京,故系于此。

又在中秋前后与吴梦旸①、汪元范②、王同轨、李叔操③、徐象先④、顾朗哉、李维极、王资敬⑤、袁保德、魏实秀、周元父⑥、赵志皋、苏叔大、赵邦甫等游。

《少室山房类稿》卷六二《长安逢吴允兆赋赠》《同允兆夜谭作》。

胡应麟《甲乙剩言·都下诗》。

《少室山房类稿》卷三七《同王行父、李叔操、徐象先诸子十日饮作》。

卷五九《李叔操以新诗、罗袜捐饷,报谢此章》《同王行甫、顾朗哉、李本建、

---

① 黄汝亨《高士吴允兆先生传》:吴梦旸字允兆,归安(今浙江湖州市)人。不屑为诸生,攻诗古文,雄长词坛,而高节好义,抱经世之略。急人之急,忧人之忧,无疏戚贵贱,辄罄力应之。读书览大指,不泛滥文藻。诗从心出,有骨干,大都迫古而卑今。(董斯张《吴兴艺文补》卷四〇)
② "汪明生"即汪元范,祁承煠《澹生堂藏书目》集部下:"汪明生《佣馀草》十卷,二册,汪元范。"
③ "叔操"应为李氏表字,其名不详。据曹学佺《石仓诗稿》卷二《金陵集·寄答李叔操民部》题下注"长治人,时在江浦",焦竑《焦氏澹园续集》卷二四《送李叔操归上党》,可知李氏为山西长治县人。
④ "象先"应为徐氏表字,其名不详。
⑤ "资敬"应为王氏表字,其名不详。
⑥ "元父"应为周氏表字,其名不详。

徐象先、易用晦、汪明生、王资敬夜集李叔操馆，行甫约以翌日过城东白氏园》
《明晨，诸子复集城东白氏馆，行父携酒脯为主人》《王行父招同李叔操诸君观
院本杂剧二首》《岭右徐孝廉象先以新诗投赠，殊极推挹之至，奉报此章》《为象
先再赠陈姬一首》。

　　卷五八《同王行父、吴允兆、沈孺休、李本建、魏颖超①、汪明生、李叔操集
惟寅宫保第，得飞字》《秋日王太学行父招同顾朗哉、顾静父、李叔操、李本建、
袁微之、魏颖超、汪明生、王资敬集长安西曲》，卷五九《即事调袁、王两生》，卷
六二《王行父授官上林赋柬》。

　　卷五八《中秋先一夕，同吴允兆、周元父集宋西宁园亭，玩月申旦，即席分
赋得郊字》，卷四一《是夕，周元父携琴命所欢窦姬为猗兰之曲，索余赠诗，再赋
得街字》，卷五八《中秋夜，大学士赵公（赵志皋）招集待月赋谢》，卷六二《中秋，
同允兆诸子集赵相国第玩月二首》，卷五八《中秋后一夕，苏叔大招同汪公幹、
胡昌世、区德符携樽步月西长安，遇赵汝元（赵邦甫）兄弟，痛饮达曙》。

　　卷五九《周元父美风调，且善书画音律，客西宁宋侯馆，时时游美人狭斜
中，迩复迎其内子适至，邀赠此章》，卷七八《出塞曲十六首为周元父题》（周尝为
大将军李幕客，精骑射，兼习琴弈丹青）。

赵洙升河间府管河通判，驻交河泊头镇，胡应麟赋诗送行，并为其父祀乡贤祠
题诗。

　　《少室山房类稿》卷六〇《送赵宗鲁之河间别驾二首》《赵中丞以督学檄祠
乡贤。中丞，宗鲁别驾尊人也》。

　　万历《河间府志》卷九《宦迹志下》"管河通判"条："赵洙，浙江江山县（今浙
江江山市）人。由选贡国子监学正升，万历二十三年任，二十七年升云南提
举。……二十八年三院保留，加衔长芦运副，二十九年三月复任，三十年二月
致仕。"

胡应麟在京时遇张九一之子张体震，才知他与张九一之间相互两次寄信均未
能达于对方，此次张体震又转来其父手书，胡应麟赋诗奉答。

　　过庭训《本朝分省人物考》卷九三《张九一》："子体震领万历戊子（十六年）
乡荐，能以文学世其家。"

　　乾隆《新蔡县志》卷七《人物志》："张体震字后之，学问渊源悉本家学，疏宕
俊逸，另标一格，为诗别有幽响。……中万历戊子举人。"

---

① 丁宿章《湖北诗徵传略》卷二六《魏实秀》："字颖超，贡入太学，除典客。"

《少室山房类稿》卷五九《张中丞助父两以书寄余,余亦两书寄助父,而皆不达。郎君后之都下再得手札,赋此奉酬》。**按**:此诗具体作年不详。自张体震在万历十六年中举后,次年他第一次入京会试,而胡应麟则在本年才第一次到京会试,故系于此。

陈懿典过访胡应麟。

《少室山房类稿》卷五八《陈太史孟常过访》。

雍正《浙江通志》卷一七九《文苑二》:陈懿典字孟常,号如冈,秀水(今浙江嘉兴市)人。万历七年举人,二十年进士。历官翰林编修、太子谕德等职,以病请归,年八十五卒。

《明神宗实录》卷二七七:万历二十二年九月丙子朔,以庶吉士陈懿典等授翰林院编修。

王承勋以新刻诗选《瑞云楼稿》相赠,胡应麟赋诗相谢,并为作序。

《少室山房类稿》卷五八《王通侯世叔以新刻诗草见贻,卒业赋二首》,卷六六《世叔通侯以选诗新刻见贻赋谢,因讯说仲(黄惟楫)文学二首》,卷八二《瑞云楼稿序》,卷六二《寄王新建世叔并询黄山人》,卷六五《答世叔通侯见讯并怀说仲词盟》。

汪道昆子无择、无竞以父卒闻于朝,请赐葬赠谥,五月得赐祭葬。七月,胡应麟在病目时致信宋世恩,向其推荐汪无择兄弟。不久,汪无择以玉簪十二相赠,又招同游,胡应麟即席赋诗,后又赋诗送汪氏返家。胡应麟有意卜居秣陵(今江苏南京市),汪无择遂订买宅杏花村,并约以明年晚秋时节。

焦竑《焦氏澹园集》卷三四《兵部左侍郎南明汪公诔》:"万历二十有一年四月十有九日,兵部左侍郎汪公卒于新安之里第。越二载,嗣子无择、无竞以闻于朝。"

《明神宗实录》卷二八五:万历二十三年五月丁丑,予原任兵部左侍郎汪道昆祭葬。

《少室山房类稿》卷一一七《与宋忠父》,卷七八《病目初起,汪象先①太学以玉簪十二馈我,即取小军持承露分贮几上,觉茅斋秋色种种撩人,报以口号二》,卷五八《汪象先伯仲招游城东阮姬馆,即席索诗,题壁间》《汪象先复邀集阮氏明月楼》《送汪象先还歙中,余将卜居秣陵,象先订余买宅杏花村,同以明

---

① 汪道昆长子无择字象先,嘉靖三十三年(1554)生,万历十五年(1587)以荫入北监。(徐朔方《汪道昆年谱》第 88 页)次子汪无竞(1571—1609)字象武,别号少函。(李维桢《大泌山房集》卷八六《任子汪象武墓志铭》)

岁秋晚》,卷三七《送汪象先伯仲还新安二首》。

张光纪举进士,授东阿知县,到任后命人持书赆入京访胡应麟,以未遇几返,胡汝焕特为致之,胡应麟感而赋诗相谢。

《少室山房类稿》卷六二《答东阿张明府肃仲,时肃仲远命书赆物色余长安风尘中,不遇几返,胡孟焕特为致之,感而赋答,并似孟焕》。

按:据康熙《东阿县志》卷三《职官表·官师表》,张光纪、张凤彩先后任东阿知县;据杨天民《杨全甫谏草》卷二"万历二十七年十二月二十五日"疏、张辅之《太仆奏议》卷四《举劾种马地方官员疏》,万历二十七年十二月时张光纪为东阿知县。万历二十七年后胡应麟再未入京,是则胡应麟所云"东阿张明府肃仲"应为张光纪。据康熙《东阿县志》卷三《职官表·官师表》,张光纪"直隶河间(今属河北)人,以进士任(东阿知县),调山西布政司照磨,迁济南府阳信知县,卒官"。据雍正《畿辅通志》卷六二《选举·进士》、卷六五《选举·举人》,张光纪为万历十九年举人,二十三年进士。

沈元壮任竹溪知县,胡应麟赋诗相送。

《少室山房类稿》卷三七《送沈明府之竹溪二首》。

同治《竹溪县志》卷七《秩官列表》:沈元壮万历二十三年任竹溪(今属湖北)知县,二十九年王嘉猷接任。同卷《秩官传》:"沈元壮,浙江湖州(今浙江湖州市)拔贡。"

寄居潞河时,胡应麟与胡榖(瀫)元、陈翰臣、黄燮卿、王至卿、胡静父、茅培、徐文明、陈长芳、吴希学、吴启元、徐昊民(明)、方伯苓、徐彦伯、王孟博、吴云从、黄惟楫、陶允宜等游。这些人中,除陈翰臣、茅培、黄惟楫、陶允宜外,其余称呼皆应为其表字,其名不详。

《少室山房类稿》卷四〇《潞河遇陈子卿[①],同饮胡瀫元斋头,即席赋梅花下》《陈生出所藏半照及匕首乞诗为离合作五言律》,卷三九《赠陈生即席》。

卷六三《同陈子卿、胡瀫元集黄茂才馆,茅生击鼓侑觞,席上戏题》《春日,黄文学馆中送陈子卿南归访马生,即席赋》《禊日再送陈生》《黄燮卿、王至卿、胡静父、瀫元、茅厚之过集》。

卷四〇《春日,胡、茅两生访王至卿,携妓东郊,藉草畅饮,迨暮泛舟,从北郭归》,卷三八《雨过茅生,赋赠二首》(茅自云初成后)。

---

① 康熙《兴化府莆田县志》卷二二《人物·文苑》:陈翰臣字子卿,万历十三年举人。曾以诗谒南京刑部尚书王世贞,大见赏识。以体羸善病,年三十九卒。

卷六二《胡毅元招同茅、陈诸生夜集,余适留滞都门,不及赴》。

卷三九《同徐文明六客集竹里馆,时余太学为主人》《入长安,路逢徐文明苍头持新作见贻,和答》《过徐文明邸,适陈长芳在坐作》,卷六二《徐文明馆中听歌》《夜饮徐文明邸,即席作二首》。

卷三九《胡静父邀集斋头赋》《胡静父携盒过大槐寺作》《野寺古槐奇绝,亭亭如车盖,四望皆同,树身屹立丈许,其颠折为五枝,折处宽平,可四人箕踞坐。余挈胡、茅两生,散发豪饮其中,日暮乃下》《过吴生夜饮作,方、徐、茅、王诸少同集》《题黄隐君静轩册》《夜集黄燮卿言别,时余将暂入都门》《挽胡太夫人,为太学瀫元赋》,卷九五《祭胡太夫人》。

卷四〇《和吴茂先悼亡》《再赋同吴生》《座中赠吴隐君》《赠郑生》《吴生谈鲁连台在辽城东北,未有题咏,余素高其节侠,即席此章》《吴希学斋头鹦鹉学语慧甚,戏赠此章》《寄吴希学征士兼怀启元茂才》,卷三九《寿吴隐君希学七秩》,卷四四《觉生诗赠吴启元》。

卷六〇《秋日过茅厚之,同胡、劳、徐三子小饮作》,卷三八《同茅、徐两生过瀫元太学园中,时秋海棠盛发,剧饮畅歌,遂至丙夜》,卷四一《友人分惠秋海棠一本,烂漫槛中,自缀小词,命双环霓裳歌以送酒,醉中赋赠,并命玉素和之》。

卷三八《赠徐生昊民》《同厚之过瀫元池上观鱼》《秋日同显卿、瀫元、厚之过城南禅院小憩作》,卷六〇《同徐昊明、茅厚之过胡上舍园亭,听闵生琴作》《同茅山人过胡上舍园亭作》。

卷七八《瀫元亭上听歌作》《秋日卧病,瀫元、显卿、厚之、昊民过访》。

卷六三《方伯苓、徐彦伯、胡静父、王孟博、吴云从同集茅生斋头》《潞河东郊同胡生踏青即席赋》。

卷一六《方母孀节诗为厥子伯苓题》。

卷六四《寿胡隐君九秩为玉吕茂才题》。

卷六〇《潞河夜泊,同黄说仲过陶懋中①舟中二首》《赠黄山人说仲二首》。

时至九月,胡应麟在京感时自伤,赋《长安秋暮》诗,悲叹"华阳社远日沉沉","遮莫霜华入鬓心"。

《少室山房类稿》卷五八《长安秋暮》。

不久,胡应麟得知父亲染疾,决意南归。

---

① 朱彝尊《明诗综》卷五七《陶允宜》:"允宜字懋中,会稽(今浙江绍兴市)人,万历甲戌(二年)进士,除刑部主事,官止黄州府同知。"

《少室山房类稿》卷五九《惟寅偶中人言，不佞复将南发，去住之怀，凄然歧路，漫成此章》（末注“时值暮秋”），卷四三《留别胡、茅两生十八韵》。

起行前，胡应麟至京与诸友告别。其中，与赵邦甫、陈仁夫话别陈氏斋头，缕缕申旦。

《少室山房类稿》卷六五《过汝元太学话别作，同仁夫孝廉》《同赵汝元集陈仁父，痛饮狂歌，亹亹申旦，离别之臆备见乎词》《即席再别仁父、汝元》《是夕剧谈漏尽，相对黯然，余与二君邂逅湖海，订盟金石者廿载。于兹拂袖故山，且楗关为终老计，来晤未亿，仍赋此章》，卷五九《饮酒示赵汝元、陈仁父》，卷六五《忆燕中仁甫、汝元、余三人晨夕纵饮，垂十载余。顷挈家南旋，话别仁父斋头，缕缕申旦，归后闻问杳绝。今汝元告逝，仁父竟客何方，载赋此什志感》。

又与区大相赋诗赠别。之后在南归途中或归家后又再次寄诗问候区大相、曾仕鉴。

《少室山房类稿》卷四五《赠别区太史用孺三十韵》，卷六一《寄(欧)[区]太史用孺、曾内史明吾》。

宋世恩在家里设宴饯行，但胡应麟以南归仓卒，未能赴宴，赋诗寄别四章。之后又于南归途中晚泊民家时，见篱菊盛开，再度寄诗问候。

《少室山房类稿》卷三八《南归仓卒，宋忠父邀饯斋头，不及赴，寄别四章》，卷六一《桑园晚泊民家，篱菊盛开，因寄宋通侯忠父》。

时李言恭被人弹劾，胡应麟以自己“复将南发，去住之怀，凄然歧路”，赋诗相慰，继又赋《再别惟寅十绝句》，并作诗四首问候其子李宗城。

《少室山房类稿》卷五九《惟寅偶中人言，不佞复将南发，去住之怀，凄然歧路，漫成此章》《别李太保惟寅》，卷七八《再别惟寅十绝句》、《柬李汝藩四首》。

又与沈思孝、郭正域、王同轨言别，郭正域为赋诗。

《少室山房类稿》卷五九《别沈司空纯父二首》《别郭太史美命》《别王文学行父并所知薛生》。

郭正域《合并黄离草》卷一二《送胡元瑞孝廉》。

临行，胡縠(瀫)元、茅培送行舟中，口诵贾岛和王维送别友人诗，“泫然哀涕集于衣袂”，次日乃别，胡应麟赋诗三首相赠。僦居半年间，胡应麟与二人游处甚洽。胡縠(瀫)元家有台榭池馆，胡应麟常常携书帙坐卧其中，“门庭萧然，俗宾都绝”。茅培“一室不盈斗”，而长者纷纷至门来访。胡茅二人“伉爽侠烈”，俨然古燕赵慷慨悲歌遗风。三人“朝平原而夕河朔，或时挈粉白黛绿，纵游西郊东郭间。至精庐佛阁，一二浮屠善名理者，暇日相与煮淡面、谈真空”，以致胡应麟深感“生平壮心赖以耗磨销释"。

《少室山房类稿》卷四三《留别胡、茅两生十八韵》,卷二七《南归留赠(胡)
穀元、(茅)厚之,并寄别(徐)文明、(胡)玉吕、(胡)静父、(陈)长方、(王)至卿、
(黄)燕孺七子》,卷四五《载别(胡)静父、(胡)瀠元二宗人,并怀徐、陈、茅、王
四子》。

胡应麟与徐象先订约同发,而船夫不至,殊怅然,作诗记之。

《少室山房类稿》卷三八《徐象先订约同发,而榜人留滞,余待之不至,殊
怅然》。

晚,胡应麟舟抵潞河,赵志皋、李言恭各自派人以绫锦追赠,胡应麟赋诗相谢。
时徐象先尚未发舟,二人"把臂惊讶,雄饮浃日"。徐象先告知其与王同轨通信中都
曾询及胡应麟,胡应麟又不由想念起王同轨,遂再赋诗相赠,又作留别王同轨、袁保
德、李维极、徐象先四绝句。

《少室山房类稿》卷五九《次潞河,少保赵公、太保李公各遣人以绫锦追遗,
赋谢》《与行父别都门,意殊恋恋,抵潞水则(徐)象先尚未发舟,把臂惊讶,雄饮
浃日,言念行父,再赠此章》,卷七八《潞河留别王行父、袁微之、李本建、徐象先
四绝句》。

杨明时、吴廷追送于潞河,胡应麟赋诗赠之。

《少室山房类稿》卷六三《杨不弃、吴用卿追送潞河作》。

时兵科给事中王士昌亦携家离京返乡(浙江临海),舟中仅载薏苡酒十数瓶,遂
邀胡应麟同舟南行,浙江同乡黄应魁则赋一律送行。

《少室山房类稿》卷四七《乙未仲冬朔舟次济南大雪百二十韵》(有序并呈永
叔),卷五九《潞河南发,永叔黄门虚所乘舟以见待,赋谢二章》,卷七八《潞河南
发,永叔黄门舟中话旧,因读余少作绝句"石梁横截海天流,明灭飞霞挂岭头"
及"蒲桃新绿照人明"三语,则余皆忘之,并失其稿矣,戏为足成二章》《黄生石
父①棋于吾越为第一手,而诗思亦翩翩,是夕赋一律送余南还,酬此》。

途中,胡应麟与王士昌话旧并酬饮唱和,又与同舟王山人下棋较弈。不久,胡
应麟卧病舟中旬日,王士昌遣其次子王弼问询,胡应麟走笔赠诗二章。又忆起十年
前二人赴京会试途中在安平镇登陆,"追忆曩时王生据鞍上马状,恍惚在目,相与拊
掌大笑",即席赋诗记之。时王弼作诗戏咏白石榴,胡应麟以其诗风格朗朗,而年仅

① 《少室山房类稿》卷二五《围棋歌赠黄生应魁》,《后围棋歌再赠黄山人》末注:"会稽黄生,弈为过江第
一流,而诗亦佼佼。……仲冬扁舟北归……"可知"黄生石父"应即"黄生应魁","石父"为其表字。

十四,遂赋五言古诗勉之。内中对王士昌兄弟三人褒扬有加,叙述了自己与王士昌"把臂成久要","情投俨胶漆,契合钧咸韶"的情谊,记述了夜饮中"狂歌复痛饮,浩荡穷深宵。呼卢堕明月,角弈流神飙"的快乐生活,对王士昌有子王弼"烨若英琼瑶""孤芳涤尘腻",表示羡慕之意,感叹自己"兰玉殊凋萧",尚无可相比拟之子,"对此重叹息,中肠热如焦",遂劝其"勉哉事大业","无穷有令闻,不朽宁金貂?"并告诫"岁月如风飘",必须"下帏第发愤,惜阴竞蓬茅",方可"余皇破巨浪,繁弱联双雕。祖孙及子父,弈叶驰华镳"。

《少室山房类稿》卷四七《乙未仲冬朔舟次济南大雪百二十韵》(有序并呈永叔),卷五九《永叔舟中同王山人石父较弈作》《次夕饮酣,永叔得句云"析声频入夜,霜寒余为足"成一律。时仲子弼侍坐,而余于司空①为年家》,卷七八《卧病舟中旬日,永叔命郎君过讯,走笔赋赠二章》《忆与永叔丙戌上春官,永叔至安平镇登陆,今屈指十载,乃余附永叔舟,再过兹地,追忆曩时王生据鞍上马状,恍惚在目,相与拊掌大笑,即席漫成》,卷一五《夜镫同永叔话旧,仲子弼年十四,于座中戏咏白石榴,有"霜寒秋色净,明月挂枝头"之句,余嘉其风格朗朗,赋此勖之》,卷四〇《永叔坐中戏赠弈者郑童》。

重阳节前,胡应麟舟次南皮,遇河间府管河通判赵洙,被邀集行馆话旧。八日晚,赵洙又携具泛舟中流,月光澄澈,千里如练,命北部乐人合丝竹,二奚童以南音佐之,丙夜改席,登台畅饮,主客咸潦倒濡首,复泛舟奏乐而归。次日重阳,胡应麟继续南行,泊吴桥时过顾氏楼船夜酌。

《少室山房类稿》卷六一《暮秋,舟次南皮,故人太末赵宗鲁以别驾经略河渠,邀集行馆话旧,并命小奚拨阮放歌,酣畅达曙,即席赋赠二章》,卷六九《为赵宗鲁别驾题屏菊四绝》,卷六一《留别宗鲁别驾二章》《重九前一夕,宗鲁携具泛舟中流,月光澄彻,千里如练,命北部乐人合丝竹,二奚童以南音佐之,丙夜改席,登台畅饮,主客咸潦倒濡首,复泛舟奏乐而归二首》《九日,舟次吴桥,过顾生楼船夜酌,即席赋》。

至青县流河驿站,胡应麟遇蔡稚含,不数语挥袂作别,订约晤于杭州。

《少室山房类稿》卷六〇《流河驿遇蔡仪部稚含话别作,并订约晤于武林》,卷一一七《与蔡稚含》。

在经河北、山东境内间,胡应麟以与王士昌方舟豪饮事,即席赋诗十首纪胜,慨

---

① "司空"指王士昌长兄王士嵩。据康熙《临海县志》卷八《人物二》:王士嵩字中叔,号禹阳,万历元年举人,十一年进士,受光州(今河南潢川县)守,升工部员外郎,父丧服除,补镇江通判,二十五年升刑部主事,二十六年卒于官,年五十。据乾隆《镇江府志》卷二四《参佐》:王士嵩万历二十三年谪任通判。

叹"雄飞吾党事,一快倦游身","千秋吾道远,未遣世人闻"。继而又作舟中即景诗十首呈王士昌,并寄李言恭、宋世恩,结句以"浮海怜孤客,登坛忆上公。并州何处望,老泪尽寒空",倾诉了对友人的深切怀念之情。

《少室山房类稿》卷三八《永叔方舟豪饮即事十首,时行次齐、鲁、卫间》《舟中即景十首再呈永叔,并寄李惟寅、宋忠父二君》。

十月,胡应麟舟泊临清清源关,憩旧游禅寺,不禁怀念起已故之十年前旧友苏以修。

《少室山房类稿》卷六七《憩清源旧游禅寺,怀苏别驾以修二十四韵》。

在清源,林世吉招胡应麟宴饮达曙。当晚,伶人奏剧,客有以救蛇获报者戏于席上,胡应麟赋诗纪胜。林世吉以新诗请序,胡应麟以一时不及脱稿,遂又赋诗报之。

《少室山房类稿》卷五九《林计部天迪招饮达曙作,时舟次清源关下》《是夕,伶人奏剧,客有以救蛇获报者戏于席上,赋此呈林君》《天迪以新诗属序,未及脱稿,赋此报之》。

乾隆《福建通志》卷四○《选举八》:林世吉字天迪,以父嫌荫户部员外郎。

在清源,喜好下棋的胡应麟过访方子振,询其所以自幼即善弈之缘由。

胡应麟《甲乙剩言·方子振》:"人多言方子振小时嗜弈",得一老者相助,"由是海内遂无敌者",其事与韩信得兵书于圯上老人者绝类。"余过清源,因觅方问此,方曰:'此好事者之言也。余年八龄,便喜对弈。时已从塾师受书,每于常课必先了竟,且语其师曰:"今皆弟子余力,请以事弈。"塾师初亦惩挞禁之,后不复能禁。日于书案下置局布算,年至十三,天下遂无敌手。'此盖专艺入神,管夷吾所谓鬼神通之,而不必鬼神者也。"

在临清,胡应麟过访老友狄明叔。二人已别十载,这期间胡应麟凡三泊清源,但"俱不及晤",故此次"特纡道访之"。狄明叔"新畜小鬟十余,合奏南剧,尤为宾客艳慕",胡应麟以此前未睹,特以诗讯之。狄明叔遂邀集新居,命女伎奏剧,凡《玉簪》《浣纱》《红拂》三本,胡应麟即席成七言律四章。当晚,胡应麟宿狄明叔园亭,并为狄明叔所幸美人十数辈赠七言绝句。凌晨,二人策马同游彭城子房山,狄明叔连釂巨觥,胡应麟命小奚吹铁笛,自己振袖绝颠,超然遐想。昏黑还舟,狄明叔备盛宴,呼小鬟鼓琴侑觞,胡应麟醉而复醒数四,最后船夫告以天亮多时乃罢。胡应麟答应为狄明叔作长歌,并先为其鼓琴双鬟赠五言律诗一首。

按:"明叔"应为狄氏表字,其名不详。冯梦祯《快雪堂集》卷五四《日记·丙申》:万历二十四年十二月初九日,"狄明甫来","狄临清(今山东临清市)

人,名某,家世武弁,仕浙西参戎,三十解官归,颇有文彩,家畜声伎。傅伯俊(傅光宅)亲家,伯俊甚称其俊爽"。十一日,"看傅伯俊,……访狄将军明叔。"十五夜,"作赠傅伯俊、狄明叔二诗"。"十八,雪,晴。傅伯俊、狄明叔移尊来。"可知,"狄明甫"即"狄明叔",临清人。

　　《少室山房类稿》卷六一《与狄明叔别十载,迹来舟过清源,凡三系缆,俱不及晤,特纡道访之南郊》《狄明叔后房姬侍甚都,而新畜小鬟十余,合奏南剧,尤为宾客艳慕。先是余未及睹,特此讯之》,卷六四《狄明叔邀集新居,命女伎奏剧,凡〈玉簪〉〈浣纱〉〈红拂〉三本,即席成七言律四章》,卷四〇《狄参戎邀集园亭观女剧,即席赋》,卷三六《宿狄明叔园亭二首》《再过狄明叔园》,卷七八《狄明叔新居河上,所幸美人十数辈,筑台榭以馆之。余过,戏赠此绝》,卷三八《赠狄将军鼓琴双鬟》,卷四一《彭城云龙山晚眺,憩项王故台,并酹亚父冢,有怀题》。

过高唐,胡应麟想起宋玉的《高唐赋》和《神女赋》,戏题一诗。

　　《少室山房类稿》卷三八《次高唐旅邸戏题》。

夜泊东昌,胡应麟独坐船窗,写诗寄妻舒氏。

　　《少室山房类稿》卷六九《沙上晚泊即事》《月下船窗独坐寄内,是夜系缆东昌》

十一月初一日,胡应麟舟泊南旺,晚间喜得一子,遂连夜燃灯发书,向父亲报信。当夜寒灯结花甚艳,蓓蕾若丛珠,胡应麟遂更赋二律记之。夜半时,胡应麟喜不能寐,又篝灯推篷出,则雪深尺余,花艳若昼。明晨,两崖玉树,璀璨成行。王士昌为之赋诗,以东晋谢安门庭见况,胡应麟和答五言律诗二首。然意犹未尽,于是再赋七言一律呈王士昌,末以"兰芽暮茁休相笑,玉树王家遍旧蹊"结句,喜不自胜之情,溢于言表。

　　《少室山房类稿》卷三八《仲冬朔,舟次南旺,闺中暮夜得雄,镫下发书报家大人,信笔志喜四律》《是夕,寒灯结花甚艳,蓓蕾若丛珠,更赋二律》《夜半篝灯,寒甚,余推篷出,则雪深尺余,花艳若昼。明晨,两崖玉树,璀璨成行,永叔赋诗,以谢庭见况,和答二首》(内注"时新得家弟"),卷五九《雪中再作此呈永叔》。

上述诸诗写成后,雪愈下愈大,雪花如翼,连三昼夜不停,两崖之间,琼林珠树,璀璨万行,沙棠溯流,真如入瑶池、泛银海。胡应麟晨起,披氅蹑屐,带两奚奴,登高阜吹玉笙,飘飘然有驭风骑气想。王士昌则登高阜驰射。继而入舟呼酒豪饮,胡应麟豪兴逸发,信笔缕缕,复得千言,通前短章,凡一百二十韵。胡应麟在诗序中,自以为其诗内容、用韵为唐以来五言所未有,"余不佞实始滥觞,即构思荒幻,取证杂猥,大方之家谅有余笑,顾邯郸之蹶粗竭于此,而用事之变,于词场亦庶几焉。因并前什繁简互存,以敬俟后君子,且以为异日者,考见颠末浅深之自"。诗成之后,胡应麟又特地作跋语,再述此意。而全诗结句又用南朝刘宋文学家谢惠连《雪赋》中所称西汉梁孝王命司马相如即席作《白雪赋》,邹阳、枚乘闻而憋然心服之典故,高唱"寥寥白雪赋,千古孝王宫!"显然,胡应麟对此诗之结撰是颇感自信乃至深感自负的,诚所谓其所以自待者不浅。

《少室山房类稿》卷四七《乙未仲冬朔舟次济南大雪百二十韵》(有序并呈永叔)。

次日大雪不停,胡应麟再赋二十四韵呈王士昌,并邀同作。其诗遣词造句、用韵作意与上诗多同,此又可见其对上诗之重视乃尔。

《少室山房类稿》卷四三《诘朝雪不解,再柬永叔黄门二十四韵并邀同赋》。

十一月,胡应麟在舟中感楸枰尘积,不胜技痒,因援笔为长歌《围棋歌》赋赠老友绍兴棋手黄应魁,"食顷便成"。然兴致勃勃未休,遂又撷拾古今与兵家合者数十百事,为诗勉之。

《少室山房类稿》卷二五《围棋歌赠黄生应魁》《后围棋歌再赠黄山人》。

舟泊任城,胡应麟造访山东按察使龚勉。得知龚勉到任后重新修葺早已颓没荒草之太白楼、杜陵南池,胡应麟赋诗三十韵记之。当日,龚勉招饮胡应麟于城南太白楼。恰值漕运总兵王承勋以督漕运至,但以行迫,未能同集,王承勋邀请胡应麟集楼船相聚,又约胡应麟同舟而行,胡应麟以诸友挽留未发,王承勋遂解缆先行,但"特驻济上",待胡应麟到时同游泰山。翌日,龚勉邀请胡应麟再集杜陵南池。随后胡应麟继续南行,舟抵留城时,得知王承勋与黄惟楫已先行离去,"闻已达淮上矣"。

朱彝尊《明诗综》卷五六《龚勉》:龚勉字子勤,无锡(今江苏无锡市)人,隆庆二年进士。历官嘉兴知县、浙江按察使、山东按察使、浙江右布政使等职。

《明神宗实录》卷二八四、卷三一〇:万历二十三年四月甲辰,原任浙江调简按察使龚勉补山东按察使;二十五年五月庚戌,升山东按察使龚勉为浙江右布政使。

《少室山房类稿》卷六〇《龚观察子勤旧分部越东,于不佞大有国士之遇,兹舟过济上,奉寄二诗》,卷四三《龚使君合祀供奉、拾遗于任城,纪事三十韵》,卷六〇《观察晋陵龚公招饮城南太白楼二首》《济上遇王世叔通侯,时龚观察邀王同集太白楼,以督运迫,简书不能待,辄此寄讯,并柬黄说仲山人》《王新建邀集楼船,赋谢二首》,卷六一《王通侯世叔与余订约同舟,余以诸故人挽留未发,世叔解缆先行,特驻济上,为岱宗之游以相待,寄谢此章》,卷六〇《翌日载集杜陵南池二首》,卷六一《任城待闸,再柬龚观察子勤二首》《舟抵留城,追世叔、说仲,闻已达淮上矣》。

舟抵淮水,胡应麟听闻与自己同龄而又"艰于嗣育亦略同"的廿载前同学包稚升有姬临产,为之喜而不寐,先赋一律寄之。继而在王士昌舟中遇到包稚升,再赠诗二首。清晨,王士昌先行启程回乡,胡应麟在包稚升处与其赋诗道别。

《少室山房类稿》卷六〇《稚升水部,余同甲子,而艰于嗣育亦略同。兹抵淮,闻诸姬有将就馆者,余为喜而不寐,先赋一律柬之》,卷五九《永叔舟中遇稚升水部,再柬二首》,卷三八《稚升席上再与永叔言别》(永叔先还天台),卷七八《稚升席上再与永叔言别》。

舟泊淮安清河驿站时,胡应麟又巧遇王承勋,赋二律奉赠。

《少室山房类稿》卷五九《舟次清河,逢王世叔通侯。先是,惟寅以尺素贻世叔,至是遇于途中,二律奉赠》。

胡应麟行至高邮甓社湖,赋诗记之。不久舟次盂城驿,包稚升遣人以酒贽追至,胡应麟感其深情厚谊,赋七言绝句和五言律诗各二首寄之。

《少室山房类稿》卷三八《甓社湖作》,卷七八《次盂城,稚升使者以酒贽追至,再赋二绝寄之》,卷四一《寄包稚升二首》。

至镇江,胡应麟赴镇江府通判王士嵩衙斋小集,赠诗二首,并为其《希白轩赋》作跋,又与先期而至的王士昌暮登金山。王士嵩则书赠胡应麟扇头行草一。

《少室山房类稿》卷三八《中叔衙斋小集》,卷五九《赠王中叔别驾二首》(中叔为永叔伯兄,次圭叔,与余同乡荐,三君并抡魁),卷一〇九《跋王中叔〈希白轩赋〉》,卷三八《暮登金山,同永叔憩闵山人轩中》,卷一一〇《扇头跋十》。

王士昌回天台,胡应麟送之江上,并赋四绝相赠。

《少室山房类稿》卷七八《永叔别余入天台,四绝送之江上》。

十一月二十一日,冬至前一天,胡应麟舟抵无锡,过访安绍芳兄弟,安绍芳书赠行草一。因时间较紧,胡应麟未能过访朱正初,怅然寄诗问之。复又为诗哭已故老友陈穉冲。其间,胡应麟至惠山泉上小憩,薄暮入僧房观竹炉。

《少室山房类稿》卷五五《过晋陵,访安茂卿泗乃兄绪卿光禄,时长至前一日也》,卷七七《安二席上重听轻红歌作》,卷一一〇《扇头跋十》,卷七六《入晋陵,复不及访朱在明,怅然复寄此诗》,卷五一《过晋陵哭陈生穉冲》("穉冲"应为陈氏表字,其名不详),卷三八《惠山泉上小憩,薄暮入僧房观王孟端竹炉》。

当晚，胡应麟舟泊无锡，寄诗怀友人张总戎、黄九鼎。

《少室山房类稿》卷二六《晋陵夜泊，寄怀张总戎、黄刺史》。

按："张总戎"名字不详。"黄刺史"，据下引胡应麟诗文可知，即黄九鼎。康熙《遂昌县志》卷八《人物·文学》：黄九鼎字禹钧，万历元年举人。官陕州守，多惠政，未几解职归，居西湖。善乐府、拟古诸体，结社湖山，与名公互相倡和。

冬至后三日，胡应麟到苏州，过访张献翼，同周天球等诸友分赋作诗。又过王氏小隐园，与诸友同集。

《少室山房类稿》卷三四《长至后三日，幼于斋头对菊，同张使君、陈文学、周山人、陆孝廉即席分赋，得寒字》《过王氏小隐，同陆山人、周上舍合中小集》。

至嘉兴，胡应麟登烟雨楼，以怀念沈思孝，赋诗寄之。

《少室山房类稿》卷六〇《登檇李烟雨楼寄沈纯父侍郎》。

按：沈思孝本年四月升右都御史兼兵部右侍郎，明年闰八月辞官，故系于此。

胡应麟舟泊杭州时已夜晚，雪大作。次日晨起，胡应麟致书两浙盐运使陆从平。此前陆从平曾与龚勉一起治河济上，从龚勉处闻知胡应麟。此次胡应麟回家途中遇龚勉时，亦从龚勉处闻知陆从平。

何三畏《云间志略》卷一九《陆运长自斋公传》：陆从平字履素，号自斋，华亭（今上海市松江区）人，隆庆二年进士，官至两浙转运使，万历二十六年致仕。年七十五卒。

《明神宗实录》卷二四八：万历二十年五月，陆从平升为两浙盐运使。

《少室山房类稿》卷六一《武林夜泊，雪大作，晨起，柬陆履素使君》，卷六四《寄陆使君。使君旧治河济上，同龚观察及余名姓，余弗知也》，卷一一七《与陆使君》。

陈太学过访胡应麟，告知已为其借得杭州城里沈材叔园亭。

《少室山房类稿》卷六四《陈太学过访，为借沈材叔园亭以顿行李，赋此谢之》。**按：**"陈太学"名字不详。"材叔"应为沈氏表字，其名不详。

胡应麟携家入杭州，寓居沈材叔园亭，之后拜访沈氏，并在其斋中留卧。

《少室山房类稿》卷五九《入武林寓沈材叔园亭作》，卷三四《过沈材叔，留卧斋中作》。

胡应麟再次寄书陆从平。

《少室山房类稿》卷六一《入武林再柬陆转运》。

浙江右布政使曾如春过访胡应麟,胡应麟奉诗相赠。

《少室山房类稿》卷五九《曾方伯过访寓中奉赠》,卷六一《右方伯曾公过访,赋赠二首》。

吴道南《吴文恪公文集》卷一八《明总督河道、工部右侍郎兼都察院右佥都御史、景默曾公墓表》:曾如春字仁祥,别号景默。嘉靖三十七年举人,四十四年进士。历官金华知府、陕西按察使、浙江右布政使、工部右侍郎兼都察院右佥都御史等职。万历三十一年卒。

《明神宗实录》卷二八四:万历二十三年四月,曾如春由陕西按察使升为浙江右布政使。

陆从平过访胡应麟,并邀集衙斋。其子年仅五岁,但风仪韶润、衣裳楚楚如老成人,胡应麟赋赠二绝,又为陆从平题诗二十四韵。

《少室山房类稿》卷五九《陆使君过访作》,卷七九《履素使君邀集衙斋中,嗣君出迓,仅五龄,风仪韶润而衣裳楚楚如老成人,赋赠二绝》,卷四三《题陆履素使君两朝八命册二十四韵》。

雪中,程仲凯邀同胡应麟、张总戎、黄九鼎等泛棹西湖,随后泊南岸放歌,徒步入龙井汲泉瀹茗,延赏至暮乃归。

《少室山房类稿》卷二五《武林大雪,程太学仲凯邀同张总戎、黄刺史、徐司理、钱文学、吕山人泛棹湖中,泊南岸放歌,徒步入龙井汲泉瀹茗,延赏至暮乃归》。**按:**"仲凯"应为程氏表字,其名不详。

深雪中,钱象先过访胡应麟,书赠扇头小草一幅,胡应麟欲回访,以"泥泞阶除没双屐"而未能成行,遂作短歌柬之。

《少室山房类稿》卷二五《钱象先过访深雪中,往报不克,短歌柬之》,卷一一〇《扇头跋十》。**按:**"象先"应为其表字,其名不详。

冬末,胡应麟为常山知县唐之屏作《唐令君新建信阳愿丰堤碑》。唐之屏寄信并诗问候,且邀过访。胡应麟复信并赋答二律、题诗一首,辞以"家累寓杭"不能前往,然"沧桑可变,盟好不渝,白首之期,矢于今日"。又作五言古诗相赠,高唱"神交岂在面,片诺为生平","许身贵许心,片诺为肝肠。寄谢久要客,形骸良可忘"。

何三畏《云间志略》卷二三《唐常山曾城公传》:唐之屏字君公,号曾城,华亭(今上海市松江区)人。万历二十年进士,二十二年就选,授常山令。后辞官归。三十三年,猝闻胡应麟等相继沦没,潸然泣下,是冬得寝疾卒。

《少室山房类稿》卷九四《唐令君新建信阳愿丰堤碑》,卷一一七《报唐长公》,卷六一《唐明府长公以诗札见贻,赋答二律》《读唐明府〈奇樟公传〉作》,卷一五《古意赠云间唐子四章》。

胡应麟寄书李言恭,回忆两人二十多年的交往,述说自己的家居生活,"肺病侵凌,雄心灭没,分已息交轩冕,绝迹市朝,雕虫是师,蠹鱼为友。经史子集环蔽蓬蒿,典索丘坟吾呷草莽,以立言为盛节,以不朽为殊勋","泛泛然若大尊浮于江湖,虚舟泳于川泽。一切人间世,不复系寸衷久矣。惟是空谷之中,足音旷绝,二三兄弟耿耿余怀",感叹"屈指故交,无恙有几","追思往事,能弗痛哉! 周视吾曹,仅一足下嵬然灵光","君侯进而清庙垂不世之勋,不佞退而名山希来世之业,固知鹏鷃异翔,龙蠖殊轨,然而屈伸逍遥,大小一也"。但此次相会之后,何时能再相见?"延津之剑,重合何时? 临楮吞声,泪目枯竭"。随信寄诗四首,怀念之情,溢于言表。

《少室山房类稿》卷一二〇《与李惟寅》,卷三八《寄李惟寅兼怀王、朱两生四首》。

按：此信中所述已逝诸人中,丘齐云卒年最晚,时在万历十八年,这应是此信写作的时间上限;信中所述未卒诸人中,除朱宗吉、杨汝允卒年不详外,欧大任卒于本年,朱正初、胡汝焕皆在其后,则本年应为此信可知的写作时间下限。而从此信所言"兴悲于远别","延津之剑,重合何时",与诗中"咫尺怜分手,徘徊各断肠"可知,应在二人会面又离别后所写。万历十八年后,胡应麟在本年九月才与李言恭第一次会面又离别,故系于此,但具体写作月份不详。

本年,何洛文年满六十,其父何立府八十,胡应麟赋诗贺寿。

《少室山房类稿》卷四三《寿何太史启图六秩二十韵,时尊人亦以是岁八旬》,卷五三《寿何宗伯启图六秩》(宗伯为仲默先生冢孙,时尊人亦以是年八秩)。

张弘道《皇明三元考》卷一一"嘉靖四十年辛酉科解元"条:"河南何洛文:信阳人,字启图,号震川,治《书》,年二十六。……祖景明,弘治壬戌(十五年)进士,提学副使。父立府,同知。"**按**：何洛文二十六岁中嘉靖四十年举人,则本年正好六十。

欧大任(1516—1595)卒。欧大任本年寿满八十,曾千里寄书胡应麟,胡应麟赋诗寄答,后又欲寄诗祝寿,岂料欧大任讣竟至,胡应麟"哀涕泫然",赋诗哀悼。

欧大任《欧虞部集十五种》之《蓬园集》卷一《后九日小园登阁志感并引》之"引"云:"万历乙酉(十三年),大任亦七十矣。"**按**：据此推之,欧大任本年寿满八十。

《明史》卷二八七《欧大任传》：大任"年八十而终"。

《少室山房类稿》卷五七《欧桢伯八旬矣,而神逾王,千里饷书,颇寓前薪之愤,寄答二章》,卷四三《闻欧桢伯讣八韵》。

周天球(1514—1595)卒。(谈迁《枣林杂俎》和集《丛赘·周天球》、朱国祯《涌幢小品》卷三《公瑕设像》)胡应麟为作挽诗二十韵。

《少室山房类稿》卷六七《挽周征君公瑕二十韵》。

朱维京卒。(《明史》卷二三三《朱维京传》)胡应麟为作挽诗十六韵。

《少室山房类稿》卷六七《挽朱廷尉可大十六韵》(先,可大以建言论斩,恩诏释归,寻疾终)。

明神宗万历二十四年丙申(1596)　46 岁

正月至二月间,胡应麟致信蔡稚含,追忆南归途中偶然短暂相遇,"真若西天阿阅国,随现辄隐。乃人生梦幻泡影,亦何处不然?"欲在深春时节前去过访。

《少室山房类稿》卷一一七《与蔡稚含》。

三月初三日,赵志皋加少傅兼太子太傅,进建极殿大学士。(《明神宗实录》卷二九五)

春,兰溪知县汪国楠出巡,邀胡应麟衙斋相聚,恰巧陶允宜至,遂同集赋诗。

《少室山房类稿》卷六一《汪明府行春阡陌寄柬》,卷六四《汪明府邀集衙斋,陶驾部懋中适至,同赋》。

按:汪国楠以去年举进士来兰溪任知县,其秋胡应麟由京南返,年末至家,故系之于此。

胡应麟致书并诗问候陆履素。

《少室山房类稿》卷一一七《与陆使君》,卷六四《寄陆使君。使君旧治河济上,同龚观察及余名姓,余弗知也》。

四月初三日,封倭正使李宗城以贪淫为倭守臣所逐,弃玺书夜遁。事闻,逮问。(《明史》卷二〇《神宗纪一》、卷三二〇《朝鲜传》)

五月初一日,因李宗城辱命被逮,其父李言恭被劾,不问。(《明神宗实录》卷二九七)

胡应麟赋诗四首寄慰李言恭。

《少室山房类稿》卷六〇《闻惟寅谢事,寄慰四章》。

夏,胡应麟到杭州,郭子直等人招集于佑圣道馆,寻又晤对其子,"乔梓风华交映眉睫",羁怀旅况为之淘遣一空。

《少室山房类稿》卷五一《夏日,郭方伯、沈侍御、李祠部、金大参招集佑圣道馆四首》,卷一一五《报郭舜举观察》。

新秋七月,胡应麟复信并寄诗答郭子直。不久,郭子直再次致书并诗,胡应麟复答之。后又在"园居多暇"时,感念郭子直对自己的照顾,赋诗寄怀。

《少室山房类稿》卷一一五《报郭舜举观察》,卷六五《答郭方伯舜举》,卷一一五《再报舜举》,卷五二《郭方伯以三诗见赠,赋此奉答》,卷六六《忆在临安,舜举观察数过从旅中。自庚午(隆庆四年)迄丙申(万历二十四年),岁致手书,益以雅贶。屈指嘉(靖)、隆(庆)词客几尽,灵光一柱,仅观察存,而余以晚进忝窃深知,殊感且作,园居多暇,赋此寄怀》。

七月十五日,陆从平招胡应麟、谢肇淛等集会西湖。谢肇淛赋诗赠胡应麟,称其"一着青衫二十年,浪游只有杖头钱",相约"与君共蜡平生屐,踏破吴山十里烟"。

《少室山房类稿》卷五八《七月望抵武林,陆履素使君招集湖上。乐人周生瑾者,年少善歌,酒酣持扇索题,即席涂抹四首》,卷六一《陆使君邀集净慈作》,卷五九《柬陆履素使君》《再柬陆履素使君》。

谢肇淛《小草斋集》卷四《同陆履素转运、胡元瑞孝廉、郑翰卿山人、汪肇邰太学泛舟西湖,至净慈寺,效谢体得意字》,卷一九《钱唐逢胡元瑞赋赠》。

傅成《〈五杂俎〉校点说明》:谢肇淛字在杭,别号武林,福建长乐人,万历二十年进士。历官湖州司理、云南左参政、广西按察使、广西左布政使等职。(《五杂俎》卷首,上海古籍出版社2012年版)

新任浙江副使林烃过访正在杭州的胡应麟,不久又以诗集交胡应麟编定并请其作序,后又命其代作祭文。

叶向高《苍霞续草》卷一三《明资善大夫、南京工部尚书仲山林公偕配陈淑人合葬墓志铭》。

《少室山房类稿》卷六四《观察林公过访赋赠》,卷六一《林贞耀观察以先集新草见贻赋谢》,卷一一七《报林贞耀》,卷八二《林贞耀观察〈覆瓿草〉序》,卷九五《祭刘太孺人》(代观察林公)。

《四库全书总目》卷一七八《覆瓿草》。

八月十五日前,胡应麟在白河遇朱长春。二人曾一同参加万历十一年会试,朱长春中试为官。本年五月,朱长春被革职为民,(《明神宗实录》卷二九七)故而他在诗中慨叹:"世上轻吾辈,天涯喜故人。飘零成老物,肮脏历风尘","行藏二十载,相对一轮巾。"

朱彝尊《静志居诗话》卷一五《朱长春》:"字太复,乌程(今浙江湖州市吴兴区)人,万历癸未进士,知尉城、常熟、阳信三县,入为刑部主事,削籍。"

朱长春《朱太复乙集》卷八丙申《白河逢胡元瑞》。**按**:朱氏文集编年,据卷八各诗题名可知,此诗作于本年七月至八月十五日前。

闰八月初四日,协理京营、都御史沈思孝被准驰驿回籍,病痊起用。(《明神宗实录》卷三〇一)胡应麟赋诗送行。

《少室山房类稿》卷四三《送沈纯甫司马还就李十八韵》,卷四九《送沈佥宪入越》,卷六〇《送沈司马请告还越西》。

　　王同轨《耳谈类增》卷四五《外纪·幻柱篇·地羊驿》:"少司马、御史大夫沈纯甫先生赐告归,予与胡元瑞、李长卿、杨不弃(杨明时)诸君送之潞河。"
闰八月望后,胡应麟抵淮上,包稚升邀集署中,豪饮剧谈,遂至申旦。

　　《少室山房类稿》卷五八《闰(九)[八]月望后抵淮上,包稚升水部邀集署中二首》。

　　按:此诗序中所称"余自癸酉(万历元年)之岁,以大中丞滕公命入武林",乃万历二年"甲戌"之误忆。另外本年闰八月,在胡应麟卒前的万历年间,仅万历十三年为闰九月,但序中说此时距初见滕伯轮已"二十四秋",则非万历十三年,"九"应为"八"之误。
九月,日本平秀吉不受封,复侵朝鲜。(《明史》卷二〇《神宗纪一》)
岁末,胡应麟病瘍,以致此后两年间常常"伏枕岑岑"。

　　《少室山房类稿》卷一二〇《载报直指叶公》。
本年,王禹声任职浙江南关工部分司,胡应麟赋诗送行。

　　雍正《浙江通志》卷一一七"南关工部分司"条:"王禹声字遵考,长洲人。"

　　杨时乔《两浙南关榷事书》《宦书》条记述任职人员云:"王禹声(遵考,直隶长洲人,主事,万历二十四年任)、王在晋(明初,直隶太仓州人,主事,万历二十五年任)。"

　　《少室山房类稿》卷四三《送王水部之钱塘》。**按**:据《少室山房类稿》卷六〇《暮秋望日,同潘少逸、蔡稚含夜集王水部宅》,卷六一《王水部招集署中》《赠王茂才》,可知"王水部"即王禹声。

明神宗万历二十五年丁酉（1597）　47岁

春,王士嵩致书胡应麟,告知已擢任刑部主事,回家归省。胡应麟复信并赋诗饯行,后又赋诗送其与王士昌入京任职。

康熙《临海县志》卷八《人物二》。

《少室山房类稿》卷一一七《与王永叔》,卷六一《王中叔擢北部,归省天台,以尺素相闻,赋此代饯,时永叔（王士昌）乞假里中二首》,卷三八《送王中叔比部北上二首》,卷六四《送王永叔入都四首》。

春,包稚升擢官蜀中,此后又由蜀迁闽,胡应麟皆赋诗送行。

《少室山房类稿》卷六三《送包稚升观察之蜀中》,首云:"握手河桥兴未阑,春风笳鼓出长安。"**按**:胡应麟去年闰八月中旬在包稚升署中会集,故系于此。

卷六三《送包稚升入闽》（稚升先擢蜀中）,卷四五《再送包观察稚升之闽中》。

五月初三日,浙江右布政使曾如春转本省左布政使。（《明神宗实录》卷三一〇）胡应麟赋诗祝贺。

《少室山房类稿》卷六一《贺曾方伯迁左二首》。

夏,胡应麟旅居杭州,老友王象来访并请为诗集作序。二人纵谈畴昔,则二十年前同席酒会者已大多去世,不禁把臂潸然。胡应麟为其作序,又赋诗记之。

《少室山房类稿》卷八二《王生四游草序》,卷七七《忆与王生酣眠小玉馆中,迄今垂三十载。武林邂逅,纵谈畴昔,则同事酒垆者,什九岱宗矣。把臂潸然,辄复赋此》。

春夏间,宁波知府吴安国父吴尚俭七十寿辰,胡应麟赋诗贺寿。

申时行《赐闲堂集》卷二八《吴德园先生墓志铭》:吴尚俭字元礼,号德园。生于嘉靖七年,卒于万历二十九年,"七十有四"。**按**:据此逆推,可知吴尚俭本年七十。

《少室山房类稿》卷六七《寿吴封公七秩》。

七月初五日,吴安国升为浙江副使,兵备金衢。（《明神宗实录》卷三一二）

吴安国以长歌寄胡应麟,胡应麟和答七言律诗二首。吴安国复屡使过问,胡应麟再寄诗八首问候。

《少室山房类稿》卷六二《答吴观察文仲,时文仲以长歌寄余》,卷六三《寄吴文仲使君八首》(先是,文仲以长歌寄余,兹复屡使过问,积成八章)。

八月,胡应麟在杭州,赋诗赠浙江按察使梅淳,时方校宾兴士,又代之为人作序。

乾隆《江南通志》卷一四九《人物志·宦绩十一》:梅淳字凝初,当涂(今属安徽)人。隆庆五年进士,授缙云令,入为御史,巡按浙、广。出守岳州,迁济宁道,擢云南布政。

《明神宗实录》卷三二二、卷三三一:万历二十六年五月,浙江按察使梅淳升为广东右布政使;二十七年二月,升为云南左布政使。

《少室山房类稿》卷四一《寄赠廉访梅公》(时方校宾兴士),卷八四《大中丞刘公奏疏序》(代臬长梅公)。

八月,兰溪知县汪国楠以乡试考官至杭州,旬日别去,胡应麟赋诗追送四章。

《少室山房类稿》卷七九《汪明府以校文来武林,旬日别去,追送四章》。

按:汪国楠在万历二十三年来兰溪任知县,本年乡试为其上任以来第一次,胡应麟诗内既云"新栽何限淮南桂",则应作于本年。

胡应麟在杭州时,其弟子祝如华扁舟来谒,投赠七言律四章,风骨峻嶒,殊可喜愕,遂于分别时走笔五绝勉之,并赋诗送行,且为其赋诗寿方翁。

《少室山房类稿》卷七七《祝生如华旧从余学诗溪上,一别三载余。是秋,余羁寓武林,忽棹扁舟来谒,投我七言律四章,风骨峻嶒,殊可喜愕,于其行也,走笔五绝勉之》。**按**:此诗具体作年不详。胡应麟在万历二十七年八月曾与祝如华同游,则此诗必作于二十七年之前。万历二十六年秋,胡应麟未曾到杭州。是则此诗最晚作于万历二十五年即本年。

卷七九《送祝如华二首》,卷五三《寿方翁为门士祝华父作》。

九月之前,胡应麟为李言恭文集作序,从孔子所称"有文事必有武备"的角度对其诗文成就予以高度评价,并在信中回顾了以往"倡和宴游之盛",感慨"今往事遂为陈迹,而故人亦大半入岱,仅君侯与仆以其时年齿差少,故相望仅存",而今自己又"发种种矣",然"心故长",盼望能与其再"相遇中原,睹其腾霄历块也"。

《少室山房类稿》卷八二《李临淮〈青莲〉〈贝叶〉二稿序》。**按**:胡应麟与李言恭相识并订交于隆庆二年,以序中"迨今逾三十载",暂系于此。

卷一一九《报李通侯惟寅》。

九月,胡应麟离家,最后一次北上会试。

至杭州时,王禹声以即将离任浙江南关工部分司职,十五日招胡应麟等夜集,胡应麟赋诗送行。

杨时乔《两浙南关榷事书》"宦书"条："王禹声(遵考,直隶长洲人,主事,万历二十四年任)、王在晋(明初,直隶太仓州人,主事,万历二十五年任)。"

《少室山房类稿》卷六〇《暮秋望日,同潘少逸、蔡稚含夜集王水部宅》,卷六一《王水部招集署中》《伶人奏剧,适歌陆浚〈明珠记〉,戏成此章呈水部》《再入武林,柬王水部并怀蔡南宫》《赠王茂才》《秋夜,遵水部招同钱山人、蔡文学集署中,其前庭古桂数株,皆合抱,芬馥袭人。时遵考瓜代将及矣》,卷六三《送王遵考使君之岭南》。

九月末,胡应麟渡江北上,远望南京,赋诗怀李言恭并寄讯其子李宗城。内中记述了二人的交游生活,将二人之间"尔汝频相唤,形骸欲对忘","动色谈倾盖,关心念对床","言归衷戚戚,惜别恨茫茫"的深情厚谊娓娓道来,最后以"盈盈白门月,万里共相望",表达了对友人殷殷切切的怀念之情。

《少室山房类稿》卷四三《秋杪渡江,望金陵有怀惟寅少保,并寄讯小侯汝藩八十韵》。

胡应麟晚泊徐州时,淮安通判、代理徐州知州蔡元相载酒驿庭话旧。

《少室山房类稿》卷六〇《彭城晚泊,蔡别驾载酒驿庭话旧。蔡以前西安令迁淮上,署篆于徐》。

按：据康熙《西安县志》卷四《官师》,万历年间蔡姓西安县(今浙江衢州市柯城区和衢江区)知县仅有江西弋阳举人蔡元相于万历二十年任知县;二十四年,福建福清进士林云接任。康熙《衢州府志》卷一三《县官表第三》、卷三一《循吏·林云》同。乾隆《淮安府志》卷一八《职官》：蔡元相于万历二十四年任淮安通判,次年贵溪人江士美接任。据雍正《江西通志》卷五五《选举》,蔡元相为万历四年举人。是则胡应麟应在万历五年或十一年、十四年会试期间,与蔡元相结识。

当夜,胡应麟梦见年迈父亲,赋诗二首记之。

《少室山房类稿》卷三八《夜泊彭城梦家君作二首》。

在徐州,胡应麟再晤淮徐兵备道徐成位。上次会试入京,徐成位资以青雀舫,此次相遇,复辍所御艨艟送胡应麟入京。胡应麟感念其厚遇,在行进途中,赋长歌等诗并信,托船上人员带回转交徐成位,称其急流勇退、挂冠还家为"不啻凤凰千仞","第时事纷纷",恐不能家居太久,即将再拜起官。

《明神宗实录》卷二七一：万历二十二年三月庚寅,升山东副使徐成位为本省参政兼佥事、徐州兵备。卷二九八：万历二十四年六月,改淮安兵备曲迁乔专管扬州,徐州兵备徐成位分管淮安地方。

乾隆《徐州府志》卷一〇《职官二》:徐成位任职"淮徐兵备道"。

《少室山房类稿》卷二七《布帆行寄徐使君》,卷六四《送徐惟得还楚中》,卷一六《再送惟德使君挂冠还景陵》,卷一一七《与徐惟得使君》。

十一月,胡应麟至北京后,拜访李言恭。此时距二人上次离别仅二年,但李言恭竟不良于行,蹒跚出见,虽待客殷勤,而涕落不能止。回想其当初走马跃涧之轻捷,胡应麟始悟人生一世,壮盛之年本不足恃,不觉亦览镜为鬓丝兴叹。

《少室山房类稿》卷五八《初入都,与惟寅话旧白雪斋作》,卷一六《饭惟寅白雪山房话旧》,卷四一《问李惟寅病》,卷六二《惟寅病榻对谭作》。

李言恭《青莲阁集》卷九《冬夜,胡元瑞、朱汝修过集话旧,得山字,时元瑞初至》。

胡应麟《甲乙剩言·李惟寅》。

按:李言恭自万历十六年九月加太子太保,此后万历二十二年冬至二十三年九月胡应麟因会试至京,二人才第一次相会,此文中既云"别仅一再易凉暑",则应作于本年。

十一月十三日,赵志皋、李言恭先后招胡应麟聚饮。当日,胡应麟与俞孟武[①]、顾朗生、朱宗吉、王同轨等会集于李言恭家,观其所得唐吴道子所绘《观自在菩萨》真迹,李言恭遂手勒《心经》其上,而属胡应麟以长歌识之。诸人又会观李言恭所得二石碑,上有南岳碑神治水告成之文,制古画精,石塌皆好,为诸碑之最,胡应麟径指为岣嵝峰碑无疑。

《少室山房类稿》卷五八《仲冬长至,大学士赵公汝迈、大将军李惟寅同日先后招饮,赋谢二章》《至日,同俞孟武、顾朗生、朱汝修集李太保惟寅白雪斋,即席得来字》。

李言恭《青莲阁集》卷九《长至夜,同俞孟武、顾朗哉、胡元瑞、朱汝修,得云字》。

王同轨《耳谈类增》卷二六《谛义篇上·观自在菩萨为天男相》。

《少室山房类稿》卷二六《李大将军惟寅得唐吴生〈观自在菩萨〉真迹,长裾跣足天男相,一浣世人称谓之谬,且庄严妙好,六法具备,非五代、宋、元诸名家所办,因手勒〈心经〉其上,而属余长歌识之》。

王同轨《耳谈类增》卷三三《文菀篇·神禹碑》。

---

① "孟武"应为俞氏表字,其名不详。

《少室山房类稿》卷五九《同王行父集惟寅斋头得来字》《惟寅治第,于甃石中得大禹岣嵝碑,因函置壁间,赋此纪事。是日,同观者王行父、汪明生》。

李言恭《青莲阁集》卷六《王行甫、胡元瑞、甄文学过集,得寒字二首》。

次日,胡应麟再同俞孟武、朱宗吉、胡汝焕等集于李言恭之子李宗城家中,时李宗城尚在狱中,胡应麟前往探访。夜晚又集于李言恭家中。

《少室山房类稿》卷五八《次日,再同俞、刘、朱三子集李汝藩斋中,分得花字》《夜同孟弢诸子集白雪山房,得云字》,卷六五《集惟寅第,同顾朗生、王行父作》《同王行父、顾朗生、胡孟弢、俞美长集惟寅白雪斋,分得人字》,卷六二《访李汝藩狱中作》。

广西左参政苏濬以大计至京,胡应麟闻知喜极,策蹇访邸中,时苏濬方病齿谢客,闻胡应麟前来拜访,跃起拥褐对谈丙夜。

《少室山房类稿》卷五九《与君禹苏丈别且六载,入都后忽闻以大计至,余喜极,策蹇访邸中,君禹方病齿谢客,跃起拥褐对谈丙夜,各赋一章》。

胡应麟在黄衍相寓所邂逅近宁波张大木,其人年少才高,以篆刻游京师。不久张氏返家,临行前请胡应麟为其《印谱》作序,胡应麟许之,并作诗送行。又作诗送黄衍相归家。

《少室山房类稿》卷八一《印谱序》,卷三九《送张生还四明》。**按**:此二文应作于万历二十二年冬或二十五年冬胡应麟到达北京准备会试期间,以文中"余自髫丱客长安,三十年来,耳目睹记"语,系于此。

卷三九《送(王)[黄]生六治还滦州》。**按**:黄锡蕃《闽中书画录》卷九《国朝》:"黄衍相字六治,福建人,寄籍永平,官内阁典籍,善写墨兰。"今传胡应麟《诗薮》有黄衍相主持校订刊刻本,内中题识署为"莆阳黄衍相六治"[1]。

本年,唐汝楫(1514—1597[2])卒,胡应麟作五言律诗哭之。

《少室山房类稿》卷三二《哭唐太常二首》。

原西宁侯宋世恩卒,(徐朔方《屠隆年谱》第377页)胡应麟作五言古诗挽之。

《少室山房类稿》卷一六《挽宋西宁忠父》。

---

① 王明辉《胡应麟诗学研究》,第28—30页。
② 唐汝楫卒年据兰溪骆一平先生赐赠其大作《唐汝楫——嘉靖状元的悲哀》所引资料。(《金华日报》2007年4月12日《金报副刊》第6版)

明神宗万历二十六年戊戌（1598） 48 岁

正月,胡应麟在北京准备会试。

二月,会试举行。

胡应麟第五次会试下第。

三月十五日庚子,廷试。十八日,赐进士及第出身有差。(《明神宗实录》卷三二〇)

邓渼举进士,授浦江知县。胡应麟在市中与邓渼相遇,一见而呼之为"琅琊二美之后一人",赠以诗句"前茅骤觉中朝尽,丽藻俄惊上国迟"。

  朱彝尊《明诗综》卷六三《邓渼》:"渼字远游,建昌新城(今江西省黎川县)人。万历戊戌进士,除浦江知县。调秀水,再调内黄。征授河南道御史,巡按云南。升山东副使,转浙江右参政、山东按察使。擢右佥都御史,抚顺天。"

  邓渼《留夷馆集·自序》:"(予)三十成进士,遇兰溪胡元瑞于燕市中,一见呼予为'琅琊二美之后一人',赠予诗云:'前茅骤觉中朝尽,丽藻俄惊上国迟。'胡元瑞者,名应麟,早岁为二王赏识,许以词赋代兴。所著《诗薮》,上下数千年,评骘精当。其自运则专琅琊调,盖亦以识鉴胜云。"

  按:胡应麟赠邓渼诗不见于今传《少室山房类稿》和《少室山房集》。邓氏自序作于"万历戊申九日"即万历三十六年(1608)九月九日,此时胡应麟已去世六年,序中"胡元瑞者,……盖亦以识鉴胜云"一段话应是作序时所写,并非二人六年前初见时所云,故其言正可见其对胡应麟之总体认识与评价。

邓原岳升云南提学佥事,胡应麟过访并赋诗送之。

  《少室山房类稿》卷六五《送邓汝高督学滇中》。

  邓原岳《西楼全集》卷六《胡元瑞孝廉过访二首》,末注:"时元瑞还浙,余亦将之昆明。"

  邓原岳《西楼全集》卷首谢肇淛《邓汝高传》:"汝高名原岳,闽人也。……三十一举于乡,越七年而成进士,授计部郎。出视滇学,拜楚参藩,督饷渡淮,过家,十五日而卒,身后始拜宪副之命,仅五十岁耳",为官"十二年"。卷一二《题同年公约序》:"岁在乙酉(万历十三年),余同郡举于乡者二十二人。"

按：据《西楼全集》卷一五《明登仕佐郎大理寺司务云门陈公偕配林孺人、张孺人行状》，卷一八《答孟谷馀宪副》《与曹能始户部》，可知邓原岳本年春升云南提学佥事，先归家，然后赴任，十月到云南。

张萃授庆元教谕，胡应麟赋诗送行。

光绪《惠州府志》卷三四《人物·儒林》：张萃字仲蔚，博罗（今属广东）人，与兄萱同举万历十年乡试。"戊戌乙榜，教谕庆元。……辛丑（二十九年）又乙榜，擢国子监学录，赴任卒。"

《少室山房类稿》卷六二《送张仲蔚之庆源》。

四月初八日，赵志皋在家里设供，并抱新生两儿出室拜佛，胡应麟以诗纪之。

《少室山房类稿》卷三九《佛日，少傅赵公设供斋头，兼抱新诞两郎君出拜，纪以小诗》。

四月，胡应麟、吴梦旸在赵志皋家里纵观宋、元及明朝书画名迹。赵志皋拿出家藏焦尾，命胡应麟作梅花三弄。饭后，胡应麟又弈棋并品虎丘新茗，留连浃日。时有以紫牡丹至者，清香艳色应接不遑，胡应麟即席赋诗。

《少室山房类稿》卷六三《首夏，少傅赵公斋头纵观宋、元、本朝书画名迹，出家藏焦尾，命作梅花三弄，饭罢弈棋，留连浃日，即席赋诗》《少傅赵公斋头烹供虎丘新茗，适侯家以紫牡丹至，清香艳色应接不遑，即席二首》，卷四五《少傅赵公遍出宋、元及近时名画，俱少傅手题，纵观移日，如行道山阴，应接不暇，纪以排律百六十言》《同允兆诸子夜集赵相国斋中得山字》。

五月初十日，林烃升太仆寺少卿。（《明神宗帝实录》卷三二二）不久过访胡应麟，胡应麟赋诗相赠。

《少室山房类稿》卷六二《林同卿过访作》。

在京期间，胡应麟作《乾清宫落成颂》。

《少室山房类稿》卷九四《乾清宫落成颂》。

葭州判官江中信过访胡应麟，留集丙夜，胡应麟赋诗送行。

民国《杭州府志》卷一四九《人物十一·艺术一》："江中信字汝成，仁和（今浙江杭州市）人，万历十一年进士。历刑部郎中。……任达自放。"

谈迁《国榷》卷七七：万历二十三年十二月庚申，兵部武选司主事江中信谪葭州（治今陕西省佳县）判官。

《少室山房类稿》卷六三《江汝成驾部留集丙夜，即席题》《送江汝成驾部之秦中二首》。

胡应麟过访曹学佺。时曹学佺中察典，调南京添注大理左寺正，因有同舟南行之约。

《明史》卷二八八《曹学佺传》。

《少室山房类稿》卷六五《曹能始改官南都》。

曹学佺《石仓诗稿》卷一七《潞河集·胡元瑞访予寓所，因有同舟之约》。

按：曹学佺《石仓诗稿》卷一《金陵初稿》下注云"己亥、庚子"，第三首为"元旦述礼二首"，说明万历二十七年己亥正月初一已到任，可证其改官南都在前一年即本年。

胡应麟赋诗送安头陀还兰溪，送吴梦旸归湖州。

《少室山房类稿》卷八〇《送安头陀还兰阴作，同少傅（赵）公四首》。

卷四五《送吴允兆归雪川十韵》。

为全家顺利南归计，胡应麟致信天津巡抚万世德，请求便中资助"驿骑车徒"，"俾穷途倦客高枕而达故乡"。

《少室山房类稿》卷一一七《与万伯修》。

《明神宗实录》卷三一四、谈迁《国榷》卷七七：万历二十五年九月初十日，万世德由山东右布政使升为都察院右佥都御史，巡抚天津。

陈懿典《陈学士先生初集》卷一三《总督蓟辽、保定军务兼理粮饷、备倭经略、都察院右都御史兼兵部右侍郎、震泽万公墓志铭》：万世德字伯修，号丘泽，后更号震泽，山西大同偏头所人。隆庆四年举人，五年成进士。倭侵朝鲜，议设巡抚于天津，遂擢佥都御史，开府天津。万历三十年九月卒，年五十六。

胡应麟遇来京上计的巡按江西监察御史叶永盛，得其照顾提携，并资以楼船返乡。

《少室山房类稿》卷一二〇《报叶盐台》，卷四五《侍御叶公资送楼船抵杭，赋谢五百字》。

五六月间，胡应麟离京南还。

行至潞河，胡应麟复致信万世德，感谢其"濒行腆惠，优渥濡及"，"回望干旄，益深恋恋"。

《少室山房类稿》卷一一七《与万伯修中丞》。

六月十五日，汪应蛟升都察院右佥都御史，经理朝鲜军务。（《明神宗实录》卷三二三）

《明史》卷二四一《汪应蛟传》：汪应蛟字潜夫，婺源（今属江西）人，万历二年进士。累迁山西按察使，治兵易州。朝鲜再用兵，移天津。及天津巡抚万世德经略朝鲜，即擢右佥都御史代之。朝鲜事宁，移抚保定。召为工部右侍郎，未上,予告去。已而进兵部左侍郎,以养亲不出。后起南京户部尚书,改北部,辞官归。

六月二十三日,诏改巡抚天津、金都御史万世德经略朝鲜,汪应蛟巡抚天津。(《明史》卷二一《神宗二》,《明神宗实录》卷三二三)

胡应麟行至天津,拜访万世德。其间,李万户(名字不详)过访胡应麟于舟中。当夜,胡应麟集万世德署中,听奚童弹琵琶,即席赋诗纪之。后移万世德斋中,其二子出侍,翩翩玉立,且风致卓尔不群,胡应麟追赋八韵寄怀,并作诗文多首为其赴朝送行。

《少室山房类稿》卷六三《过天津访万中丞伯修四首》《李万户过访舟中作》《夜集万伯修中丞署中,听奚童弹琵琶,即席赋》,卷四五《夜集万中丞斋中,二郎君出侍,翩翩玉立,且风致卓尔不群,追赋八韵寄怀,并似中丞,以当尺一》,卷四四《大中丞万公伯修以出塞百咏、湟中经略诸牍见贻,卒业寄怀十六韵,时万公将有辽左之行》。

卷六二《送万伯修中丞之朝鲜四首》,卷六七《送万伯修中丞经略朝鲜二十四韵》,卷二七《度辽行再送万中丞》,卷八〇《万伯修中丞东巡歌十首》《万伯修东巡歌八首》(时新擢经理辽阳),卷八四《送大中丞山西万公经理朝鲜序》(代)。

在天津,胡应麟又赋诗四首赠新任天津巡抚汪应蛟。

《少室山房类稿》卷六五《赠汪中丞四首》。

到直沽,胡应麟巧遇丁元泰。二人初识于万历十一年会试期间,从此未再通音信,不想十几年后竟邂逅于途,"真万里不期之遇"。时丁元泰以兵部职方司主事,被命赴朝抗倭,赞画军务。胡应麟赋诗相赠。

《少室山房类稿》卷六五《直沽逢丁元父夜谈作,余与元父别十年余而邂逅中野,真万里不期之遇也》,卷四四《寄丁元父,时元父以赞画驻辽西》。

过无锡时,胡应麟造访邹迪光,赋诗纪胜,邹迪光书赠扇头行草四、山寺画一。

《四库全书总目》卷一七九《郁仪楼集》:"迪光字彦吉,无锡(今江苏无锡市)人,万历甲戌(二年)进士,官至湖广提学副使,年四十即罢归。筑室惠山,多与文士觞咏,优游林下者几三十年。时王世贞已殁,迪光欲代领其坛坫,然竟不能也。"

邹迪光《郁仪楼集》卷五〇《与胡元瑞》。**按:**此信作于明年。

《少室山房类稿》卷六一《登邹观察彦吉邑阁望九龙诸山》,卷一一〇《扇头跋十》《扇头画跋上》。

胡应麟晚泊桐乡时,遇新科进士邓渼,促膝论心,旅况尽销,丙夜沉酣,狂态逸发,然次日解缆待发时,黯然魂销。

《少室山房类稿》卷一一七《报邓远游》。**按**:此信作于万历二十八年。

至杭州后,胡应麟以叶永盛自北京资送楼船抵杭,寄诗赋谢五百字。

《少室山房类稿》卷四五《侍御叶公资送楼船抵杭,赋谢五百字》。

胡应麟抵家后,又挟书北上,至吴中而得悉妻舒氏去世,旋即回返,抵家而老父又病发。

《少室山房类稿》卷一二〇《报谢直指叶公》,卷一一七《报张大参知睿父》。

盛暑时节,胡应麟致信巡按江西监察御史叶永盛,感谢其对自己的提携照顾,并作挽诗六首,对其亡母表示哀悼。

《少室山房类稿》卷一二〇《报谢直指叶公》,卷四一《叶太孺人挽章六》。

得叶永盛回书后,胡应麟再次致信,对其自万历十七年任兰溪知县以来对自己的照顾深表谢意,并再次劝其"节哀搏泣"。

《少室山房类稿》卷一二〇《载报直指叶公》。

八月,顾宪成会南浙诸同人,讲学于惠泉之上。(顾枢《顾端文公年谱》卷下)其间致书胡应麟,赠以自己著述和元人诸集,请其评选宋金元诗。胡应麟在病中回信,述说多年钦佩意,与之评论当时学风,并与论宋元二代诗。

按:顾枢《顾端文公年谱》卷下记云:万历三十八年庚戌五月至七月间,顾宪成"偕薛以身、高存之赴嘉兴讲会,憩徐元仕园中,出所携宋金元诗,属胡元瑞应麟评选。胡复书曰:'近人讥薄唐以后诗如鼠壤余蔬,欲求高阁束之而不可得。门下一旦毅然取而表章之,甚盛心也,但欲如冯氏《诗纪》(冯惟讷《古诗纪》),则前人遗集十无二三,既无以尽一代之长,而其传者又纷纭庞杂,恐板行之后,未易及远,诚宜如执事所云,略仿高氏《正声》(高棅《唐诗正声》)之例,存其合者,既不苦于卷帙之繁,又不患于铨次之杂。敢敬承台委,少需岁月,当有以应教也。诸集暂借,毋以渎请为嫌。'"但实际上,万历三十八年夏秋时,胡应麟已经整整去世八年,故其所述事件虽然属实,但所述时间肯定大误。胡应麟在答复顾宪成信中说自己正在病中,"伏枕岑岑",这与他在本年夏季与叶永盛通信《载报直指叶公》中所说"伏枕岑岑"正相符合;而据《顾端文公年谱》,万历二十六年戊戌八月时,顾宪成"会南浙诸同人,讲学于惠泉之上,"这与三十八年他"赴嘉兴讲会"之意亦同,因此笔者以为,《顾端文公年谱》所说"万历三十八年庚戌"应为万历二十六年"戊戌"之误。

《少室山房类稿》卷一一八《报顾叔时吏部》,卷六六《答顾叔时吏部二首。余与叔时相慕积有岁年,兹属安茂卿以手札投寄,托契良深,报谢二律》《载叠前韵寄叔时吏部二首》,卷一一八《与顾叔时论宋元二代诗十六通》。

八月,冯梦祯罢官归家,于九月十九日,为王世贞少子王士骏、外甥曹昌先作祭文,二十二日赴太仓吊之。时王家已无人执丧,曹家则有多人执丧。

> 冯梦祯《快雪堂集》卷二五《乙未正月请告疏》,卷六三《结交篇》,卷五六《日记·戊戌》八月、九月条。

> **按**:据民国《太仓州志》卷一九《人物三·王世贞》,王士骏生于隆庆三年,29岁卒。则其卒年为万历二十五年即去年,这与冯梦祯所说王家已经无人执丧情况大致吻合。但曹昌先家有人"执丧",则其卒日当在不远。

对老友曹昌先去世,胡应麟赋诗六首哭之。

> 《少室山房类稿》卷七七《哭曹子念六首》。

胡应麟抵家后的两三个月内,一病六旬,绝粒枵肠,淋漓药物,辗转床笫,直至初冬才稍稍起色。其间,邓渼来书,以五言八律相赠,并云新构书楼,高矗云汉,请胡应麟以一律纪之,胡应麟感其"推挹过当",奉诗书报之。

> 《少室山房类稿》卷一一七《报邓远游》(此为同名第一书)、《报邓远游》(此为同名第二书,作于万历二十八年,但述及本年事),卷六六《寄邓远游。远游书来,云新构书楼,高矗云汉,索余一律纪之》,卷三九《邓远游以八章见赠,推挹过当,奉报二诗》,卷一六《宝剑篇》《天马咏》《豫章行》(《宝剑篇》题下注"以下古意三首赠邓子远游")。

得黄惟楫来信,胡应麟以书诗复之,并顺便致书王承勋叙旧,内中述及自己"病废以来,班白在堂,孩提在抱,加之贱荆沦丧,半辈之外,步武惟艰"的家居生活,告知《皇明律范》已经编成并由易仿之在蜀中刊行,"谨仍录首卷以上,惟俯为藏拙焉"。

> 《少室山房类稿》卷一一七《报黄说仲》,卷三九《寄黄说仲》,卷一一五《与王世叔通候》。

十一月二十八日,张鼎思升浙江参政。(《明神宗实录》卷三二八)

> 申时行《赐闲堂集》卷二五《通议大夫、江西按察司使张公暨配封淑人王氏合葬墓志铭》:张鼎思字睿甫,别号慎吾,长洲(今江苏苏州市)人,嘉靖二十二年生。隆庆四年举人,万历五年进士。历官吏科给事中、兵科都给事中、福建副使、浙江参政、江西按察使等职。三十一年卒,年六十一。

十二月,总兵官陈璘破倭于乙山,朝鲜平。(《明史》卷二一《神宗纪二》)

胡应麟以幼儿病痒赴杭州,顺便造访张鼎思,以其宴于西湖而不遇,留诗一首。时吴安国抵杭,与胡应麟相会。

《少室山房类稿》卷一一七《报张大参知睿父》，卷六四《睿父参知入武林，余过署中，适以公晏湖上不遇，留柬》，卷一一七《报吴文仲》。

在杭州时，胡应麟检书箧而得亡友梅台祚手书屡纸，不胜山阳邻笛之怆，爰赋二诗吊之。

《少室山房类稿》卷一五《（乙未）[甲午]秋邂逅梅生泰符，把臂甚昵，同观涛江上别去，未几则闻生病且殆，俄闻生竟不起矣。余再入武林，检敝箧，得生手书屡纸，不胜山阳邻笛之怆，爰赋二言，投宛溪之上以吊之》。

胡应麟自杭州归家后，张鼎思致信备礼问询，胡应麟复书诗奉谢，并答其所问宋人董逌事。

《少室山房类稿》卷一一七《报张大参知睿父》，卷六五《答睿父参知四首》。

不久，张鼎思到兰溪过访胡应麟。二人博极群书，执手晤言，兼旬款洽。胡应麟遂将二人扬挖之状写寄诗歌，凡六十四韵。

《少室山房类稿》卷六五《送张大参知睿父擢江右廉访四律》，卷六三《张参知睿父过访赋赠》，卷四五《参知张公睿父博极群书，侈于三箧，而不侫猥以臭味国士龙门，执手晤言，兼旬款洽，辄因扬挖，写寄诗歌，凡六十四韵》。

胡应麟赴衢州访吴安国，邀同张鼎思酣集丙夜，约以次日共下濑水。第二天，三人方舟东下，沉饮三昼夜，第四日始达濑滨。

《少室山房类稿》卷六四《入三衢访文仲观察，邀同睿父参知酣集丙夜，期以诘朝方舟下濑水，即席赋》《同张、吴二丈方舟东下，沉饮三昼夜，四之日始达濑滨，即席赋》，卷五四《题吴文仲万绿轩》，卷一一七《报吴文仲》。

岁末，胡应麟接得张鼎思新赋三律，遂寄诗问候。随后又接得吴安国来信并诗，复书答之。

《少室山房类稿》卷六四《寄张睿父参知，时以新赋三律见示》，卷一一七《报吴文仲》。

胡应麟接得朱正初手书，"犹故情暖暖也"，为之题诗二章。

《少室山房类稿》卷六六《朱山人卜居广陵，持卷遍乞名公题赠，余赋二章》，卷六七《朱十六在明订余过访沙上念载矣，岁秒得手书，犹故情暖暖也。新春忽闻长逝，感怆不胜，挽以长律十六韵》（此诗作于明年）。

本年，张应泰任江西泰和知县，致信胡应麟，请为文集作序，胡应麟作诗赋答，并欣然命笔为序。

乾隆《西昌志》卷一二《秩官·知县》、乾隆《泰和县志》卷九《官师志·令宰》。

《少室山房类稿》卷五七《张大来至泰和,以翰贶见贻,赋谢》,卷一一九《再报大来明府》,卷八六《艺葵园草序》。

刘黄裳赴朝抗倭还,言其国中之书"多中国所无者,且刻本精良,无一字不仿赵文敏(赵孟頫),惜为倭奴残毁",且用之如厕,"亦典籍一大厄会也,因目不忍见,每命部卒聚而焚之"。胡应麟据此讨论伪书问题,指出"真以为伪,伪或为真,惟具眼者能别其真与伪"。

胡应麟《甲乙剩言·刘玄子》。

过庭训《本朝分省人物考》卷九三《刘黄裳》:刘黄裳字玄子,光山(今属河南)人。万历七年举人,十四年进士。授刑部主事,迁兵部员外郎。以援朝抗倭功迁郎中,擢边道副使,请告归。

王士性(1547—1598)卒,(康熙《临海县志》卷九《人物三·文苑》)胡应麟赋诗十四韵怀之。

《少室山房类稿》卷六七《怀王恒叔十四韵》(恒叔以擢任还天台,寻赴白下,中途病卧京口卒)。

张文柱(1562—1598)卒。(张大复《昆山人物传》卷一〇《张文柱》,乾隆《东昌府志》卷三四《宦迹二》,民国《临清县志·秩官志九·历代名宦传》)时为官仅四年,胡应麟惜之,慨叹"人生出处穷达,信自有命"。

《少室山房类稿》卷一〇八《吴下名流杂帖跋》。

明神宗万历二十七年己亥(1599)　　49 岁

早春时节,胡应麟寄诗三十韵怀赵志皋。

《少室山房类稿》卷六七《早春寄怀大学士赵公三十韵》。按:以诗内"江寒鸭绿净妖氛",系于此。

胡应麟听闻朱正初去世,感怆不胜,挽以长律十六韵。

《少室山房类稿》卷六七《朱十六在明订余过访沙上念载矣,岁杪得手书,犹故情暧暧也,新春忽闻长逝,感怆不胜,挽以长律十六韵》。

按:万历十六年时,胡应麟作诗问候朱在明,题名为"与朱在明订期江上十年矣,是秋北上,余复病不能赴约,走笔寄此,并询诸郎",(《少室山房类稿》卷五三)本诗题名有"在明订余过访沙上念载矣,岁杪得手书,犹故情暧暧也,新春忽闻长逝"等语,则当作于本年。

正月十五日元宵节,张鼎思、吴安国过访胡应麟,夜晚,三人同集溪堂看灯,次日二人各以诗来,胡应麟走笔和答。

《少室山房类稿》卷六七《参知张公睿父、观察吴公过访。吴公旧宰金华,订盟莫逆;张公神交十载,近始识荆。乃并辱提携,收之方外,高轩枉问,晏洽连宵,国士之知,敬酬此什》,卷六四《上元同睿父参知、文仲观察夜集溪堂看灯作》《诘旦两公各以诗来,走笔和答》。

在张、吴二人离开兰溪之后,胡应麟又致信张鼎思并呈吴安国,对近来三人同游深表欣喜,感谢二人对自己之提携。

《少室山房类稿》卷一一七《报睿父参知并柬文仲观察》。

不久,胡应麟再次致信张鼎思,对其来兰溪造访,"屈上公之威重,问下士之沉冥","握手披襟,论心造膝,深宵坐月,永昼谈天",深致谢意,对其学问"综核精研、旁通曲畅"表示钦佩。

《少室山房类稿》卷一二〇《谢张大参知睿父》。

吴安国与胡应麟订约同游杭州,届期,胡应麟往晤,则吴安国尚未至,胡应麟以迫归不能待,意甚怅怅,走笔寄之。

《少室山房类稿》卷五一《吴文仲与余订约净慈、昭庆间,届期往晤,则文仲尚未至也,余迫归不能待,意甚怅怅,走笔寄吴》。

在杭州时,胡应麟赋诗赠仁和知县刘洪谟。

《少室山房类稿》卷六四《赠仁和刘明府。曩有事计偕,邂逅君于济上,同舟欢聚者月余》。

康熙《杭州府志》卷二一《守令中》:刘洪谟于万历二十四年任仁和知县,二十七年朱光祚接任。

春暮,胡应麟应邀至赵凤城新居游赏,在登其书斋时不由想起与张鼎思、吴安国同游盛况,遂赋诗怀之,又为赵凤城书斋题诗作记,并铭其蟠木几。

按:北京大学图书馆和国家图书馆所藏四种江湛然刊本《诗薮》均题"东越胡应麟明瑞著,新都江湛然清臣辑,瀫水赵凤城文镇校"[①],可知赵凤城字文镇,在胡应麟去世十六年后,曾协助江湛然校刊胡应麟全集,但其更为具体之生平不详。

《少室山房类稿》卷六四《登赵太学文镇溪云阁怀睿父、文仲二公》,卷八五《登赵鸿胪溪云阁诗序》,卷九〇《溪云阁记》,卷九四《赵文镇一蟠木几置斋头,若翔鸾舞蟒,形甚怪伟,乞予为铭。余为铭,铭其足》,卷三七《醉卧赵文学榻上,蘧然甚适,觉赋此章》,卷四〇《题赵鸿胪文镇西园并蒂黄花》。

闰四月初六日,李维桢升浙江按察使。(《明神宗实录》卷三三四)

李维桢致信胡应麟,并赠以新历,胡应麟复书诗答之。

《少室山房类稿》卷一一七《报李本宁观察》,卷六四《李本宁廉访入武林,以手书新历饷余溪堂,却寄七言八律》。

胡应麟至杭州,李维桢以手书歌咏武侯祠庙八律见示。此前胡应麟认为,世之善颂孔明者惟杜甫一人而已,但其所论犹有未尽,遂在论著中多有阐发,并一直想效法杜甫《古柏行》为长歌而未暇。此次接到李维桢手书武侯祠庙八章,受读跃然,遂取陈寿《三国志》及各种野记小说所记诸葛亮嘉谟伟节,倚赋排律四章,"章每百字,即琐语逸事亦间附焉,盖区区仰止,可概见已"。

《少室山房类稿》卷一一七《报李本宁观察》第二书,卷四五《李本宁廉访以武侯庙八律见贻,倚赋排律四首》。

不久,在炎令方乘时节,胡应麟接到李维桢复信及"佳箑文履","恍然乘云御风,晤真人于天际",遂又复书报之,请其"容日躬叩领刹那之诲"。

---

① 王明辉:《胡应麟诗学研究》,第24—25页。王重民《中国善本书提要》著录《诗薮》两种明刻本亦同,第705—706页。

《少室山房类稿》卷一一七《报李本宁观察》第三书。

五月初五端午节,胡应麟到杭州访吴安国,适湖上燕集,寄柬二律,次日再访之,并赋诗送吴安国入京贺万寿节。

《少室山房类稿》卷四〇《午日访吴文仲使君,适湖上燕集,寄柬二律》《次日集明府斋头,长君文学侍坐》《送吴文仲使君并怀参知睿父二首》,卷六四《送吴文仲观察入贺四首》。

按:吴安国在万历二十五年七月升为浙江副使,兵备金衢,次年五月胡应麟尚留滞北京,故此诗最早作于本年,暂系于此。

梅雨季节,吴梦旸过兰溪访胡应麟,并与赵凤城同集,时梅雨大作,三人谈棋竟暮,夜集时又骤雨如注。次日吴梦旸别去,胡应麟赋诗相送。

《少室山房类稿》卷六六《吴允兆过访,同赵太学夜集,坐中骤雨如注,申旦乃别》《同吴允兆登赵文学环翠亭,时梅雨大作,谈棋竟暮》《送吴允兆还雪中》。

吴梦旸《射堂诗钞》卷九《过胡元瑞二首》。

夏秋间,胡应麟至杭州,邂逅二十年前旧友詹景凤,詹景凤索《诗薮》一书,胡应麟请其作画扇头,并为其题诗。

《少室山房类稿》卷六一《与詹东图别十载余,邂逅武林邸中,乞余所著〈诗薮〉,余拉其绘事为报,戏赠此章》,卷一一〇《扇头画跋上》,卷六三《詹司理过访并邀集寺中夜谭,司理家去余邑百里而近》,卷二四《詹东图有茶癖,即所居为醉茶轩,自言一饮辄可数百杯,书来索诗,戏成短歌寄赠》。

胡应麟同詹景凤等过访黄九鼎及其弟黄九斗,并为黄九斗题诗。

《少室山房类稿》卷六一《夏日,同诸君访黄元枢①于禹钧刺史邸,得中字》《夜同詹东图、邵道卿过禹钧、元枢邸,即席作》《追和黄侍御滇游诗册》。

黄九鼎邀胡应麟等泛舟湖上,胡应麟为其《西湖百咏》作序。

《少室山房类稿》卷六〇《黄禹钧邀同张总戎泛舟湖上作》,卷八二《西湖百咏序》。

七夕,张汝元②等醵金过访胡应麟,同观乐工奏南剧,申旦乃别。不久,张汝元招集城西李氏高啸台,方仲闍③则招同袁福征、张汝元、黄九斗等游西湖,时高梧飞叶,菡萏盛开,舟行甚乐。改日,胡应麟同黄九斗过访方仲闍,子夜同醉狭斜中。其间袁福徵亦来过访胡应麟,然胡应麟回访时,则其已先一日避暑入虎跑,胡应麟遂

---

① 据光绪《遂昌县志》卷一〇《凤栖冈集》,黄九斗字元枢。
② "汝元"应为张氏表字,其名不详。
③ "仲闍"应为方氏表字,其名不详。

泚笔题诗芭蕉茎上。

> 《少室山房类稿》卷六一《七夕，张汝元诸君醵金见过，命乐工奏南剧，申旦乃别》，卷六一《方仲闇招同袁履善①、张汝元、黄元枢、陈忠父游湖上，高梧飞叶，菡萏盛开，舟行乐甚，即席赋》，卷二七《逍遥篇为袁履善八秩赋》，卷七九《同黄生过方生仲闇，适沙棠入湖曲，因寄声留棹，子夜同醉狭斜中》，卷六一《袁履善过访，余报谒秋湘馆，则先一日避暑入虎跑矣，泚笔题此章芭蕉茎上，毋以为稽生之凤也》。

在黄九斗离杭返家时，胡应麟赠以绝句六章。

> 《少室山房类稿》卷七九《黄生九斗携所业千里过访，于其别也，赠以绝句六章》。

七月三十日为袁福徵八十寿辰之期，但以小尽，本月仅二十九日。时胡应麟尚在杭州，袁福徵挐舟千里至杭，请胡应麟赋长歌为寿，胡应麟遂稍次其历履，为作《逍遥篇》，对其身体健朗表示羡慕，唱叹"文人拙宦自古然，丈夫诟乞儿曹怜。区区五斗若毛发，肯将一饱酬如椽"，并为自己体弱多病深感忧虑，"嗟余落魄雅好游，夙生药物攒眉头"。

> 《少室山房类稿》卷二七《逍遥篇为袁履善八秩赋》。

按：上述胡应麟与詹景凤、黄九鼎、黄九斗、张汝元等交往事，均据此诗所述时间系年。

在杭州时，胡应麟闻听苏滽赴京路过，"亟蹑屣钱塘"欲图相见，不料苏滽已在黎明时出关，"一水盈盈，坐失良晤"，胡应麟"怅憾不可言"，遂寄诗问候。

> 《少室山房类稿》卷一五《寄苏君禹二首》。

秋初，叶永盛任浙江巡盐御史，胡应麟致书诗问候。

> 过庭训《本朝分省人物考》卷三八《叶永盛》。

> 民国《杭州府志》卷一一九《名宦四》。

> 《少室山房类稿》卷六三《柬叶侍御初抵武林》(叶公旧为余邑明府)，卷一二〇《报叶盐台》。

八月中秋节间，胡应麟游葛湖，与盛世魁兄弟结识，并与王有贤、祝如华等游处。

> 《少室山房类稿》卷八六《盛母双节序》：盛氏兄弟居葛湖，"余泛舟湖上，

---

① 崇祯《松江府志》卷四〇《贤达五》：袁福徵字履善，号太冲，华亭(今上海市松江区)人，嘉靖二十三年进士，授刑部主事。晋郎中。二十九年谪知汃阳州，后迁唐府左长史，得罪宦官，致仕归家，以诗文著述自娱。

即其庐止焉。……越明年,友人屠长卿系至,复为文历序二母贤。"**按**:据《少室山房类稿》卷六六《屠纬真访睿父参知,历朝真诸洞壑,暂憩葛陂,寄声盛氏兄弟,渴欲不佞一过从,乃余自临安归,纬真发逾月矣。赋此寄讯,且期再至,同入天台雁宕,为汗漫之游》,此序应作于万历二十八年,则胡应麟结识盛氏兄弟当在本年。

卷六三《初入葛湖,同王仲升①、章茂德、陈惟敬夜集盛明元、思达、思弘、思齐、思登、思逊六昆仲社中,赋赠》《是夕阴霾无月,诸子酣饮,夜分而唐、祝两生不至,命小奚奏乐侑觞,拈韵得中字,即席赋》《葛湖草堂四首为盛氏六生题》《同盛明元散步山冈,望金华诸洞壑赋,示思达、思齐、思弘、思登、思逊五生》,《明日泛舟湖上,王仲升以公事先行,即席再赋》《十三日,再同王仲升、陈实卿、章茂德、王仲济、盛明元六昆季宴集,祝华父②、唐污父适至,分韵得前字,即席赋》《又明日,泛舟东湖,湖蜿蜒十里许,淳泓靓澈,大类辋川。时微雨洒空,旋即开霁,中天皓魄,朗然如昼。芙蓉一树,亭亭南岸,若凌波仙子含情婉约,不可名状。余命维舟其下,小奚吹笙拨阮,歌沧浪明月之章,飞白无算,宾皆潦倒,比归就枕,漏下五鼓矣》《中秋,诸子雨集,迟祝生不至,赋以示嘲》《再叠前韵寄祝生,时明元以舟溯之不得》《十六夜,雨不绝,同唐、祝两生集明元斋头,秉烛剧谭,四鼓乃罢》《别明元、思齐六昆季,时余将卜筑葛陂之上,诗以订盟二首》,卷六五《赠盛征君》,卷七二《为盛生明元赠淑卿二首》,卷六四《夜集王仲升新第,即席同盛氏诸仲分韵,得寒字》《王仲升以五言长律见贻,赋此答赠》,卷六五《憩唐生污父舟中作》。

八月二十日,叶永盛生辰,胡应麟赋诗为寿,并为其题诗十首。

《少室山房类稿》卷四〇《侍御叶公初度赋柬四章》,卷八〇《玉城十景为侍御泾邑叶公赋》。

八月,李言恭(1541—1599)卒。(《明神宗实录》卷三三八)胡应麟作诗十二首哭之,又为作像赞。

《少室山房类稿》卷七七《哭李惟寅太保十二首》,卷九四《李惟寅太保像赞》。

九月十九日,李维桢生辰,胡应麟赋诗二首贺寿。

《少室山房类稿》卷六一《贺李廉访本宁初度二首》。

---

① 阮元声、戴应鳌《金华诗粹》卷首《姓氏传略·王有贤》:"字仲升,金华人,以太学授仕,与胡元瑞多所倡和。"

② "华父"应即胡应麟弟子祝如华表字。

胡应麟到杭州访张鼎思,正巧吴安国以公事至,当夜三人同集。其间,张、吴二人以叶永盛派人来招,暂辍席前往,归后复与胡应麟轰饮,达曙乃罢。不久叶永盛来访胡应麟,胡应麟赋诗相谢。

《少室山房类稿》卷六四《入郡城访睿父参知,适文仲观察以公事至,同集》《是夕,二丈以直指叶公招,中席辍赴,毕燕,仍过戚园轰饮,达曙乃罢》《直指叶公枉顾,赋谢四章》。

在杭州时,胡应麟与邓渼等同寻灵隐寺故址,又赋诗送邓渼任浦江(今属浙江)知县。时邓渼将便道归家为父祝寿,胡应麟奉诗为寿。

康熙《浦江县志》卷三《秩官志》之职员、宦迹,光绪《浦江县志》卷七《志人物二》之历官表、宦迹:邓渼于万历二十七年任浦江知县,未几调秀水。

康熙《秀水县志》卷四《官师》:邓渼于万历二十七年任秀水知县。

《少室山房类稿》卷六四《季秋同李、邓二明府、俞山人寻灵隐故址作二首》,卷三二《秋晚灵隐寺小憩》,卷五三《赠俞山人》,卷六二《夜过邓远游,剧谭申旦。先是,远游赋五言八律见赠,属余病冗未报。兹当握别,援笔近体四章,付远游小史歌之》《赠邓参军。明府远游尊人,早岁弃官隐匡岳》《送邓远游令浦江》《送邓远游之浦阳,时将以便道归匡庐为太公寿》,卷八〇《再送远游明府二绝》,卷一一七《报邓远游》。

不久,胡应麟接到邓渼来书,复诗书报之,对自己能否再度北上会试一片茫然。

《少室山房类稿》卷六四《邓远游以书贶见贻,赋答二律》,卷一一七《报邓远游》。

九月,苏濬(1541—1599)卒。(李廷机《李文节集》卷二一《苏先生墓志铭》[①])胡应麟作诗哭之。

《少室山房类稿》卷六七《哭苏学使君禹十八韵》。

叶永盛以父亲年迈累疏陈情,十月移节湖州,胡应麟赋诗二首送行。

《少室山房类稿》卷六五《直指叶公以高堂大耋累疏陈情,爰自孟冬移节苕上。不佞忝叅州民,遇隆国士,分庭抗席,迥出形骸,睽携在兹,眷恋弥剧,河梁握别,臆见乎词二首》。

胡应麟北上,途中过访王承勋,在其圃中观射,赋诗赠之。

《少室山房类稿》卷四一《清源寺中戏效晚唐人五言近体二十首》,序云"己亥北上"。

---

① 转引自肖满省《明代福建易学研究》,福建师范大学博士学位论文,2010 年,第 61 页。

卷二七《繁弱行,王世叔通侯圃中观射作》。

十二月腊深时节,胡应麟卧疴清源禅寺,偶目僧房中有支枕残书数轴,首尾漫灭,皆晚唐诸人诗,因步其遗韵,为五言律三十首。

《少室山房类稿》卷四一《清源寺中戏效晚唐人五言近体二十首》《废寺十首》。

在清源,胡应麟遇于凤鸣,游处甚欢,赠诗多首。

《少室山房类稿》卷一〇九《清源舟中雪后题于生扇头》,卷二七《于生歌赠凤鸣》,卷四〇《于凤鸣携酒慧觉禅寺作》,卷六三《于凤鸣得雄赋赠》,卷一〇九《题于凤鸣画册》,卷七二《题于生芦雁四图》,卷三九《野寺别于凤鸣、李惟朴两生》。**按:**"凤鸣""惟朴"应为二人表字,其名不详。

胡应麟以北上途中,久不得老父音信,担心有变,遂掉头折返。途中寄诗问候淮徐兵备道徐成位。

《少室山房类稿》卷六一《寄怀徐参知二律》(时君尚驻淮沛间)。

南过聊城时,胡应麟晤傅光宅,以《甲乙剩言》书稿请其作序。

傅光宅《甲乙剩言序》。(《说库》本《甲乙剩言》卷首)

按:《甲乙剩言》中《刘玄子》条作于去年,本年以后胡应麟再未北至山东境内,则傅序中说他"南过聊城"相遇事,只能发生于本年北上后的南返之时,故系于此。

至夏镇,胡应麟收到父亲手书,知其身体无恙,赋诗寄谢首辅赵志皋。

《少室山房类稿》卷六一《夏镇得家君手书,寄谢相国赵公一律》。

按: 胡应麟在北上途中因担心老父身体而掉头折返,中途得知父亲身体无恙后,竟然特地赋诗寄谢赵志皋,告以自己决定不再继续北上京师,这说明他此次北行,很可能又有赵志皋约其北上之意。

本年,邹迪光致书并诗与胡应麟,谈论当代文苑,对胡应麟述钦佩意,称"人言足下好轻人,以同侪为敌国者,岂不冤哉!非忌则妄耳!"并约明年春同游杭州。

邹迪光《郁仪楼集》卷五〇《与胡元瑞》,卷六《寄怀胡元瑞三首》。

张九一(1534—1599)卒。(过庭训《本朝分省人物考》卷九三《张九一》,乾隆《新蔡县志》卷七《人物志》)

胡应麟追忆生平故交,感念汪道昆、张九一、李言恭、苏濬为"生平知己之最",四人既卒,则"生平知己于是垂尽,而老泪临风,有不知其恸绝者",遂在"卧病岩居,永昼如岁"之时,以《四知篇》为题,各赋五言古诗一首,"于戏!伯牙之弦,自兹永绝"。

《少室山房类稿》卷一九《四知篇》。

明神宗万历二十八年庚子(1600)　　50 岁

二月,胡应麟接到邓渼来信,洒洒千言,副以绝句十章,内中颇为其会试不中而致愤,胡应麟则比之为浮名,惟"著述一念尚攖方寸","雌黄政尔须贤辈,一扫浮名万累空"。

> 《少室山房类稿》卷一一七《报邓远游》,卷七六《邓远游贻书远讯,洒洒千言,副以绝句十章,如龙泉太阿,不可迫视。间颇为余致前薪之愤,不知余比为浮名所累,无地自藏,知我者希,我且贵矣。四绝寥寥,用谢良友》。

三月初九至二十一日,屠隆作客杭州。(冯梦祯《快雪堂集》卷五八《日记·庚子》)其间过访张鼎思,游朝真诸洞壑,暂憩葛陂,请盛世魁兄弟邀胡应麟来同游。时胡应麟正在杭州,待其归来与会,则屠隆已于月前离去。胡应麟遂赋诗寄讯,并期再至,同游天台雁宕。

> 《少室山房类稿》卷六六《屠纬真访睿父参知,历朝真诸洞壑,暂憩葛陂,寄声盛氏兄弟,渴欲不佞一过从,乃余自临安归,纬真发逾月矣。赋此寄讯,且期再至,同入天台雁宕,为汗漫之游》。

在葛陂,屠隆为盛氏作文,历序其嫡母曹氏、生母祝氏之贤,并推荐胡应麟复为文记之。不久,祝氏卒,盛氏兄弟托胡应麟弟子祝如华,请其为文,胡应麟悲其意,遂援笔序于屠隆之后,并为盛氏兄弟题诗。夜间,盛氏兄弟用杨瓜佐酒,其味与寻常之瓜稍异,讯之,"知杨姥得诸异人",胡应麟遂又即席赋诗相赠。

> 《少室山房类稿》卷八六《盛母双节序》,卷四〇《赠盛明元昆仲,时余将卜居葛湖之傍,以诸子翩翩雅尚,有足依者焉》《题湖上方舟四首》《盛母媊节诗为思达、思弘题》《思齐夜出杨瓜佐酒,稍异常者,讯之,知杨姥得诸异人,即席赋此》。

胡应麟又为诗问候祝如华、郭时腾、盛明元。

> 《少室山房类稿》卷八〇《寄祝华父、郭汝冲、盛明元》。

> 阮元声、戴应鳌《金华诗粹》卷首《姓氏传略·郭时腾》:"字汝冲,兰溪人。"

五月三日,蔡一槐七十四岁寿辰,时又适得嫡长孙,胡应麟为作寿序并题诗。

> 《少室山房类稿》卷八五《松茂兰芳集序》,卷四四《题〈松茂兰馨图〉二

十韵》。

黄凤翔《田亭草》卷二〇《松茂兰馨图赋》序。

七月,胡应麟寓杭州,浙江右布政使吴献台前来过访。初七日,吴献台升山西左布政使。(《明神宗实录》卷三四九)胡应麟赋诗送行。

《少室山房类稿》卷六五《方伯吴公过访话旧。先是,吴公北上,余邂逅于金陵,至是垂廿载矣》《贺吴方伯擢晋中左辖》,卷六四《送右辖吴公擢左山西》,卷七二《河梁话旧十绝句,送左辖吴公之山西》《再送左辖吴公十绝句》。

七夕当天,冯梦祯邀胡应麟、戚伯坚、俞安期、潘之恒、吴肇成、吴充、喻应益等结社西湖,为净土之会。(冯梦祯《快雪堂集》卷五八《日记·庚子》)当夜,胡应麟留馆冯梦祯家,以诗纪胜,并赋诗赠戚伯坚、喻应益。

《少室山房类稿》卷六三《赠戚山人伯坚》《七夕,冯太史开之邀同俞美长(俞安期)、潘景升(潘之恒)、吴泰宁(吴肇成)、德符(吴充)、喻叔虞(喻应益)、傅太学、王山人集湖上,观少姬走马,戚不磷(戚伯坚)泊仲君继至,余夜分返,太史以轻舟载美长、不磷宿玉莲亭》,卷六三《赠喻叔虞,邦相明府季子也,携来余邑日仅十许岁,今倏忽念载余矣。时俞美长、吴泰宁同集》。

谈迁《枣林杂俎》圣集《喻应益》:“新建喻叔虞,宪副枫谷先生(均)子也。”

陈田《明诗纪事》庚签卷八《喻应夔》:“应夔字宣仲,新建(今江西南昌市新城区)人,副使均子,以明经官兴山知县。”《喻应益》:“应益字叔虞,应夔弟。”

七月九日,胡应麟又与庄镇、俞安期同登宝所塔。

安世凤《墨林快事》卷一二《庄静父诗》:庄镇字静父,闽人。落魄山人中,不作山人行径,一囊羞涩,不废吟咏。

《少室山房类稿》卷七二《九日同庄静父、俞美长登宝所塔》(时歌者顾生戴黄花侑酒)。

按:《少室山房类稿》卷二六有《长安僧舍邂逅庄山人静父,余初未之识也,静父独以意契,邀余啜茗禅榻中,倏然竟日,垂别问姓名,乃相顾大笑,赠以此歌》,可知胡应麟早就与他在北京相识,但具体时间不详。

同游中,胡应麟与俞安期通信并登门访之,俞安期以小楷书赠扇头五言律诗一首,胡应麟对其“图书四壁,皆手自校雠”赞赏有加,“觉双瞳顿尔开豁”。

《少室山房类稿》卷一一七《报俞美长》第一书、第二书,卷四〇《过俞美长小饮二首》,卷三〇《偃卧俞公临榻上戏题》,卷四五《俞美长留集斋中,毕出新稿索观,卒业赋赠》,卷一一〇《扇头跋九》,卷一一七《与俞美长杂柬五通》其五。

同期,胡应麟又与何震、张复游,既为何震赋诗相赠,又为张复母赋寿诗,并请张复为书斋作图四幅。

《少室山房类稿》卷一一七《与俞羡长杂柬五通》其一,卷五八《何长卿(何震)至自南都,技益精绝,赋赠此章》,卷六六《寿张母八秩诗》(母冢子元春,瑯琊两王皆盛推其绘事),卷七五《张元春为余作书斋四图,各系以诗》,卷一○九《题沈启南〈重溪秋色图〉》。

朱谋垔《画史会要》卷四:"张复字元春,太仓人。山水初以石田(沈周)为宗,晚年稍变己意,自成一家。"

在杭州,胡应麟邂逅二十年前徐姓同学,因各举大白为寿,并题小绝纪之。

《少室山房类稿》卷七七《少与徐文学同馆万松,别去二十四载,一时诸子邈如晨星,今秋邂逅武林,因各举大白为寿,题小绝以纪之》《送徐茂才》。

按:胡应麟万历二年入万松精舍学习,四年中举离去,则"别去二十四载"当为本年。

在杭州,胡应麟又邂逅秀水知县邓渼。

康熙《浦江县志》卷三《秩官志》、光绪《浦江县志》卷七《志人物二》、康熙《秀水县志》卷四《官师》。

《少室山房类稿》卷六五《邓远游以浦阳改剧樵李,孟秋有事棘垣,不侫邂逅湖上,二律志喜》。

叶永盛从去年十一月到本年七月,就浙江盐政问题连上五疏,反对增加盐税。最终得请,众以大定。浙人建祠于西湖,以志不朽。胡应麟赋诗二首六章进贺。

叶永盛《浙盐纪事》。

过庭训《本朝分省人物考》卷三八《叶永盛》。

《少室山房类稿》卷六四《侍御叶公疏陈盐事得请,赋柬二章》《侍御叶公既按部吴会,复以盐政悾偬驰返临安,谕檄通逵,众以大定,辄缀七言四律代柬行庵》。

八月初四日,俞安期约胡应麟、冯梦祯、徐桂、臧懋循、虞淳熙等十五人结社西湖,各持分金一钱五分赴之。薄暮,停舟断桥,胡应麟忽发风痰,昏迷不醒者久之。

冯梦祯《快雪堂集》卷五八《日记·庚子》,万历二十八年,"(八月)初四日,早雨,阴。俞羡长约诸公结社西湖,各持分金一钱五分赴之。钱塘门登舟,徐茂吴(徐桂)、臧晋叔(臧懋循)、(吴)[胡]元瑞、虞长孺(虞淳熙)及孝廉、布衣在坐者十五人。薄暮,停舟断桥,(吴)[胡]元瑞风痰忽发,不知人久之。"

按：冯梦祯《快雪堂集·日记》多次提到"胡元瑞"，但除此处提到"吴元瑞"外，其他并无"吴元瑞"者。而在佘翔《薛荔园诗集》卷三《兰溪舟中怀(吴)〔胡〕元瑞》诗和王伯稠《王世周先生诗集》卷一二《中秋夕，汪司马、戚少保、(吴)〔胡〕总戎携尊湖上，与诸名士赋诗，予得潭字》诗中，均将"胡"字误为"吴"字。笔者以为，冯梦祯文中的"吴元瑞"亦系"胡元瑞"之误。

八月乡试后，浙江左布政使赵钦汤入觐兼便道还家，胡应麟赋诗相送。

《少室山房类稿》卷六五《送左辖赵公入觐兼便道还晋中》。

谈迁《国榷》卷八二、《明神宗实录》卷三二二：赵钦汤字师商，解州(今山西运城解州镇)人，隆庆二年进士。万历二十六年五月，由河南右布政使升为浙江左布政使。四十二年(1614)二月，以南京户部右侍郎兼右佥都御史、总督粮储卒，年七十九。

十月以后，胡应麟作书诗答十余年前旧友刘淛，告知已决意不再参加会试，答应暇时为其族祖刘崧诗集作"一记奉赠，不敢负诺"。随信寄呈《诗薮》一部，"辄附请教，幸笑存之。伏枕口占一律，聊致鄙怀。外新刻一部、诗扇二握、方墨四函奉上"。时胡应麟病瘵，不见宾客已两月余。

罗大纮《紫原文集》卷一〇《刘孝廉君东行状》：刘淛字君东，自号约我，泰和(今属江西)人。隆庆元年举人，赴京会试，尽友诸名士，"南都焦太史(焦竑)、兰溪胡元瑞、新建丁右武(丁此吕)、临汝汤义仍(汤显祖)诸海内名士，初试南宫，皆在燕社中，谈艺赋诗，相得甚欢"。万历十七年以母卒，投牒不仕。三十九年卒，年七十一。

《少室山房类稿》卷一一五《报刘君东》，卷五〇《寄答刘君东孝廉，时新刻乃族祖子高〈职方集〉成》）。

按："子高"为刘崧表字，其传世文集，据《中国古籍善本书目》卷二六《集部·明别集类》》：《刘职方诗》八卷有明刻本，《槎翁诗》八卷为万历三十八年真如斋刻本，《刘槎翁先生诗选》十二卷为万历二十五年张应泰刻本，《槎翁文集》十八卷为嘉靖元年徐冠刻本。核以胡应麟生卒年，则此处所言"时新刻乃族祖子高《职方集》成"，应为万历二十五年刻本。

本年，胡应麟再读洪迈所作《夷坚志》，写下第五则读后跋文，指出其书所载怪力乱神之事虽"纷然若是"，但自己五十年来却从未见过一次"奇邪诡异事"，"则传之耳者率诞妄，足推矣"，对其所载怪力乱神之事表示不屑。胡应麟虽与洪迈一样"遇志怪之书辄好之"，但他自己编辑志怪小说，则是欲取洪书中"非怪"之事及其他诸小说杂记中相类者，以续《太平广记》的方式，分类编成一部近实性的小说集，"虽靡关理乱,而或裨见闻,犹胜洪之售欺于天下也"。

《少室山房类稿》卷一〇四《读夷坚志》(五则)其五。

胡应麟得知王叔承"墓木拱矣",作五言古诗《孤愤篇》八百字挽之。

《少室山房类稿》卷一九《孤愤篇挽王山人叔承八百字》。

明神宗万历二十九年辛丑(1601)　　51岁

　　二月初六日晚,费元禄在赴吴越游览并选姬途中过兰溪时,以诗谒胡应麟。二人欢坐二酉山房,拆葵剥笋,纵谈名理。"时夜雨沉沉,残缸吐焰",胡应麟命侍童红线弹琵琶,自己则诵苏轼"风雨凄然,纸窗竹屋"之句,即席赠诗,费元禄兴洽忘归,直到四更时才秉烛登舟,告辞而去。十二日,冯梦祯招费元禄游西湖,"二歌童善为变徵之音,按节而歌,大类胡元瑞侍儿,然齿俱长矣"。

　　　　裘君弘《西江诗话》卷九《费元禄》:"字无学,铅山(今属江西)人。……少颖异,绝艳惊才,年未三十,撰著近百卷。"

　　　　费元禄《甲秀园集》卷二九《吴越纪行》,卷二二《夜集胡元瑞二酉山房,赋得江边琵琶妇》。

　　　　《少室山房类稿》卷六五《费孝廉过访,投赠新诗,将由钱塘入广陵买丽姝,长干而返,即席戏赠》。

　　春,邓渼过兰溪访胡应麟,书赠扇头小楷四,移日别去。无何,邓渼以父丧归家,胡应麟赋诗奉唁。

　　　　邓渼《留夷馆集·自序》。

　　　　乾隆《内黄县志》卷一○《职官·知县》、卷一二《宦迹·县令》:邓渼于万历三十二年"补任内黄"。**按**:据此可知,邓渼于万历二十九年即本年以父丧归家。

　　　　《少室山房类稿》卷六六《邓远游过访溪上握手,移日别去。无何,太公讣闻促归,小诗奉唁》,卷四一《挽邓太翁兼唁远游明府四首》,卷一一○《扇头跋十》。

　　春,胡应麟应东阳举人王嘉亮之请,为其父母、原云南参议王乾章及夫人徐氏作墓志铭。

　　　　《少室山房类稿》卷九三《明奉政大夫、云南布政司参议、东阳王公洎封宜人徐氏墓志铭》。

　　四月二十九日,张鼎思升江西按察使。(《明神宗实录》卷三五八)胡应麟赋诗相贺,并作诗、序送行。

　　　　《少室山房类稿》卷一二○《贺睿父廉访擢江右》,卷六五《送张大参知睿父擢江右廉访四律》,卷八五《送张参知睿父擢江右宪长序》(代)。

张鼎思擢任江西命下之后,复因台疏挽留,"将以大观察移节会稽三郡",胡应麟"兴文怆别,更赋六诗"。随后又在其"驻节婺中,以翰贶见讯"时寄诗问候。

《少室山房类稿》卷六六《睿父丈既有西江之擢,复闻台疏挽留,将以大观察移节会稽三郡,兴文怆别,更赋六诗,异时一棹溪头,绝倒子猷(王徽之)之兴尽也》,卷五三《寄张观察。时驻节婺中,以翰贶见讯》。

五月初四日,洪启睿由浙江提学副使升为本省右参政,(《明神宗实录》卷三五九)时又得子,胡应麟赋诗祝贺。此前,胡应麟曾代其作祭文。

《少室山房类稿》卷六五《参知洪公得雄寄贺》(内注"公方以学使擢任"),卷一二〇《贺参知洪公得雄启》,卷九五《祭刘封翁》(代督学洪公)。

李清馥《闽中理学渊源考》卷七四《布政洪尔介先生启睿》:洪启睿字尔介,别号讱原。万历二十年进士,授礼部主事。视两浙学政,转金衢参政,升按察使,转右布政,寻转左。万历三十八年乞休归,寿六十一终。

洪启睿采纳胡应麟建议,将骆宾王祀于其家乡义乌乡贤祠,义乌知县张维枢亦襄赞其事,胡应麟喜而赋诗,并作《补唐书骆侍御传》。

《少室山房类稿》卷六六《参知洪公举骆侍御、吴中丞、朱比部同入贤祠,喜而有作》(先是,苏君禹督学按部,余为骆举呈入郡祠,迄今始祠于邑)、《春日张明府过访,赋赠二首》(明府,闽清源人,而为乌伤宰,骆侍御举邑贤祠,明府力也),卷八九《补唐书骆侍御传》。

不久,洪启睿赴京入贺万寿节,胡应麟赋诗送行。

《少室山房类稿》卷六七《送参知洪公入贺圣节十六韵》。

秋,胡应麟孤坐小园,于横塘烟雨中,回忆起去年与俞安期、张复、何震、吴充同游西湖事,甚盼与四人再度重游,"辄题一绝便面寄吴生",并请其传示其他三人。

《少室山房类稿》卷七七《忆同俞美长、张元春、何主臣(何震)、吴德符游宿湖上,弹指隔岁,孤坐小园,横塘烟雨,甚思四君拿木兰,飞白堕共之,辄题一绝便面寄吴生,传致三子》。

九月七日至九日,原兰溪知县喻均游杭州,晤冯梦祯、徐桂、俞安期、潘之恒、钱象先、吴充等人,此七人皆为胡应麟好友。

冯梦祯《快雪堂集》卷六三《末秋雨集分韵得清字,时喜喻邦相先生新至》(末云"信宿即重阳,登高俟新晴")、《辛丑九日,徐茂吴招集灵隐寺,同喻使君邦相、俞美长、潘景升、钱象先、吴德符、徐伯阳诸君子,用茂吴韵》。

俞安期《蓼蓼集》卷九《喻邦相至自豫章,冯开之泛桂舟招同徐茂吴、潘景升、钱象先、吴景先宴集,即事有纪,分得邪字》《九日,徐茂吴邀同喻邦相、冯开之、潘景升、钱象先、吴德符、徐伯阳、吴景先登高灵鹫山,分得御字》。

九月十三日,首辅赵志皋(1524—1601)卒于邸舍。(《明史》卷二一《神宗纪二》,卷一一〇《宰辅年表二》,卷二一九《赵志皋传》)

沈一贯继为首辅,寻进太子太保、户部尚书、武英殿大学士。(《明史》卷二一八《沈一贯传》)

《明史》卷二一八《沈一贯传》:沈一贯字肩吾,鄞县(今属浙江)人,隆庆二年进士。万历二十二年,以南京礼部尚书兼东阁大学士入阁预机务。二十九年首辅赵志皋卒,一贯遂当国。寻进太子太保、户部尚书、武英殿大学士,累加少傅兼太子太傅、吏部尚书、建极殿大学士。三十四年辞官,家居十年卒。

胡应麟父亲胡僖得知赵志皋去世后,命其代作祭文。赵志皋晚年与胡僖缔结姻连,将侧室沈氏所生第四女许聘胡僖次子,即胡僖在万历十一年所生之子(详见万历十四年纪事)。

《少室山房类稿》卷九五《祭太傅赵文懿公》(家君命代)。

顾天埈《顾太史文集》卷五《赵文懿公墓志铭》(代朱相公作)。

胡应麟赋诗八首投赠沈一贯,希望其能予以帮助,"华轩肯挟三公贵,大厦宁忘一士寒?""道是姬公勤吐握,将因词笔献长杨"。

《少室山房类稿》卷六二《投赠沈相国八首》。

十一月,胡应麟在杭州即将束装返里时,结识王兆云。二人神交多年,素相倾慕,一见欢若平生,谈聚数日,不能舍去。临别,以胡应麟"最好藏书",二人约定明年在南京相会,届时由王兆云携带他所收藏而胡应麟所未见之书前来聚会。

王兆云《皇明词林人物考》补遗《胡元瑞》:"公名应麟,字元瑞,浙之兰溪人也。举孝廉,屡上春官不第,即罢弃公车业,而一志于诗。生平最推尊王元美,次则汪伯玉,二公于元瑞亦极其称许,各有撰著颇悉,无容再赘。惟纪其著作:'……'著述若此,可谓富矣。与余素相倾慕,万历辛丑冬月始晤于杭,是时元瑞将束装返里矣,一见欢若平生,谭聚数日,不能舍去。元瑞最好藏书,其所未见而余偶得者,约余今岁携至秣陵。讵意元瑞遂化为异物,闻之,不胜西州之怆。"

按: 王兆云此条文字作年即文中所称"今岁"不详,笔者此前推论写于万历三十年①,而胡应麟恰卒于当年,故王氏文末有"讵意元瑞遂化为异物,闻

---

①　王嘉川:《明代浙东史家胡应麟生平考辨》,载瞿林东、葛志毅主编《史学批评与史学文化研究》,黑龙江人民出版社 2009 年版。

之,不胜西州之怆"之语。另,此文中"屡上春官不第,即罢弃公车业"云云,实则胡应麟是在万历五年(1577)第一次会试落第后,即"旋绝进取念",(《少室山房类稿》卷九一《先宜人行状》)此后因不好违背父命,又五次北上京师应试,但就其本心来说,"意殊不在一第",(王世贞《石羊生传》)并非"屡上春官不第"之后才"罢弃公车业"。

本年,唐之屏新构园亭,请胡应麟为其题诗,胡应麟复信并赋答二首,且为其诗集作序,指出"余与长公素昧平生,第目击江河而不能无扼腕于世道",并称以前王世懋赞扬自己"力追大雅,而不为柔曼儿女子之习"之语,自己"恒愧斯言,乃今当之长公,允无惭色矣"。

> 《少室山房类稿》卷一一七《报唐长公》,卷六六《唐明府长公新构园亭三沿之上,书来征诗,赋答二首》,卷八六《唐长公诗集序》。

胡应麟为义乌知县张维枢三载考绩荣封作序题诗。

> 崇祯《义乌县志》卷九《人物表上·职官》、卷一一《人物传一·名宦》:张维枢字子环,号元中,福建晋江(今福建晋江市)人。万历二十六年进士,二十七年任义乌知县,三十二年入为刑部主事。

> 《少室山房类稿》卷八四《贺张明府子环考绩叙》,卷八五《贺张侯考绩荣封序》,卷六六《题张明府子环考绩荣封册》。

浙江副使吴安国父吴尚俭卒,胡应麟赋诗挽之。

> 申时行《赐闲堂集》卷二八《吴德园先生墓志铭》。

> 《少室山房类稿》卷三六《挽吴封翁四章》(文仲观察尊人行谊高卓,潜耀弗彰,为时楷则)。

明神宗万历三十年壬寅(1602)　52岁

正月十四日立春,义乌知县张维枢到兰溪过访胡应麟。

《少室山房类稿》卷六六《春日张明府过访,赋赠二首》(明府,闽清源人,而为乌伤宰,骆侍御举邑贤祠,明府力也)。

按: 骆宾王被举邑贤祠在去年五月洪启睿任浙江右参政之后,故此诗最早作于本年,而胡应麟恰又卒于本年,则此诗只能作于本年。

兰溪知县汪国楠升南京兵部主事。(万历刊、康熙补刊《兰溪县志》卷二《政事类上·知县》,嘉庆《兰溪县志》卷一一《职官志·县令》、卷一二《名宦志》,光绪《兰溪县志》卷四《志官师》之官师表、宦迹)胡应麟代同人赋诗为汪国楠送行。

《少室山房类稿》卷一二〇《启汪明府》(代同人)。

胡应麟卒。

按: 吴之器在章有成等帮助下,于崇祯十四年夏完成《婺书》,其卷四《文苑传》为胡应麟立有专传(卷首目录题为"胡孝廉应麟",正文中题为"胡元瑞传"),是为胡应麟身后第一部明确记载其卒年的完整传记。其全文如下:

"本朝胡应麟,兰溪人,字元瑞。以诗游王元美先生所,先生遇之甚至,尝言曰:'诸前我而作者,涵洪并纤,与亭毒并,吾故推献吉(李梦阳),然不能讳其滓;绝尘行空,卿云烂兮,吾故推昌毂(徐祯卿),然不能讳其轻;刻羽雕叶,舍陈而新,吾故推子业(高叔嗣),然不能讳其促;鞭风驭霆,以险为绝,吾故推子相(宗臣),然不能讳其疏;融而超之,于鳞(李攀龙)庶几哉,犹时时见孤诣焉。后我而作者,其在此子矣夫!'[①]又游汪伯玉先生所,先生亟称之,曰:'成都(杨慎)博而不核,弇山(王世贞)核而未精,博而核、核而精,莫如元瑞。'然应麟好书多病,无意仕进。既举于乡,公车北上,卧病淮泗间。既南还,请于元美先生曰[②]:

---

① 对王世贞评胡应麟之语,此书有眉批云:"按:《四部稿》贻元瑞书甚伙,皆以代兴为属,非恒情投赠之语。"

② 在述及胡应麟请王世贞作传开始处,有眉批云:"元瑞有印章,其文曰'瑯琊衣钵'。"另,吴之器在删略王世贞此传即《石羊生传》时,还曾根据后来事实而进行了一些修改,显例如后面提到胡应麟"所著有诗八十卷、文四十卷""《笔丛》四十八卷",实则诗八十卷、文四十卷的《少室山房类稿》和四十八卷的《少室山房笔丛》都编成于王世贞卒后,而《石羊生传》却作于王世贞卒前二年。

'某且忧死，幸以后死之托，及某生时见之，何如？'先生许之，因为之传。其略曰：'胡元瑞者，尝自号少室山人，父副使僖。元瑞九龄时，从里社师习经生业，而心厌之，悉胠副使箧，得《古文尚书》《周易》《国风》《雅》《颂》《檀弓》、左氏、庄、列、屈原、两司马、杜甫诸家言读之，遂能为歌诗①。会副使北上，挟与俱。是时，南海黎惟敬（黎民表）、欧桢伯（欧大任）、梁思伯（梁孜），吴郡周公瑕（周天球），吴兴徐子与（徐中行），嘉禾戚希仲（戚元佐）、沈纯甫（沈思孝），永嘉康裕卿（康从理），先后抵燕，见元瑞诗，咸折节请交欢。至于琳宫梵宇高会雅集，元瑞齿坐末坐，片语一出，无不恍然自失也："使用古隶事夺席，吾曹无坐处矣。"临淮李小侯惟寅（李言恭）者慕之甚，使客篡而致之为上客，旬日不听出，惟寅由是亦以诗名。俄得清羸疾，卧金华山中。会大司空朱公衡过兰溪，发使迹元瑞，泊舟待，待三日②。元瑞感其意，为长歌六百言以赠，公以示学使者滕（伯轮）曰："天下奇才也！"由是再为千人冠。已得荐乡书，然元瑞意殊不在一第。其所游从，皆天下贤豪长者，而所当心独余兄弟。敬美过副使所，谓曰："吾于诗独畏于鳞耳，已矣，今庶几得足下。足下幸与家中丞同世，胡不一及门？"时余方谢客昙阳观，闻元瑞来，启关，与为十日饮。间出其所著诗，余得而序焉，所以属元瑞甚重。而用是颇有龂龂者，余二人俱弗顾。元瑞又归卧山中六载所，而始上公车③。至都下，遇张助甫（张九一），两人相得甚。而大司马张肖甫（张佳胤）方抚浙，亦以上客客之。时伯玉与大将军戚元敬（戚继光）皆至湖上，置酒大会，游士皆集，咸莫敢当元瑞。已而与伯玉偕过余弇中，甚乐也。然元瑞性孤介，时苦吟沉思，不甚与客相当④。独嗜藏书，先后所购经、史、子、诸集四万余卷，手抄集录凡十之三。筑室曰二酉山房，而余为《记》。旦夕坐卧其间，翛如也。所著有诗八十卷、文四十卷、《诗薮》十八卷、《笔丛》四十八卷，行于世；他论著未行世者，有《六经疑义》二卷、《诸子折衷》四卷、《史蕞》十卷、《皇明诗统》四十卷、《皇明律范》十二卷、《拟古乐府》二卷、《古韵考》一卷、《二酉山堂书目》六卷、《交游纪略》二卷、《兜玄国志》十卷、《酉阳续俎》十卷、《隆万新闻》四卷、《杂闻》六卷、《骆侍御忠孝辨》一卷、《补刘氏山栖志》十六

---

① 在述及胡应麟所读之书处，有眉批云："此所以名脉也。"

② 此处有眉批云："古人不几如此。"

③ 按，在"余二人俱弗顾"后面的"元瑞又归卧山中六载所，而始上公车"，应是在万历五年第一次会试下第之后，在上文中应前移于"已得荐乡书，然元瑞意殊不在一第"之后，而非"余二人俱弗顾"之后。此句乃是改写王世贞原文"余二人俱弗顾，元瑞乃高卧山中，不复就公车"句，但实则王文此句次序已误。胡应麟在万历五年第一次会试下第后暂时"不复就公车"，仅仅是个人原因，与王世贞没有任何关系。

④ 此处有眉批云："非词人，恒悲。"

卷；搜辑诸书，有《群祖心印》十卷、《方外遐音》十卷、《澄怀录》一卷、《抱膝编》十卷、《真赏编》十卷、《会心语》四卷。元瑞于他文无所不工，顾不以自多，而所好独诗，彼固有所深造也。元瑞才高而气雄，其诗鸿鬯瑰丽，迥绝无前，稍假以年，将与日而化矣①。至勒成一家言，若所谓《诗薮》者，其刻精则董狐氏、韩非子也。'盖应麟之重以弇州，而弇州亦雅自重之。后弇州疾革，应麟走娄中，弇州曰：'吾忍死以待子。子来，吾无憾矣。吾续集且成，子留，为我较而行之。'应麟因留弇中月余而别。既别，而弇州殁矣。应麟既失弇州，遂入白榆社。白榆社者，汪司马所自名社也。后司马殁，而应麟愈重，诸词客裹粮入婺者踵相接，皆以事弇州、伯玉者事之，莫敢异同词。如是又十余年②，万历壬寅卒。初，应麟艰子，晚乃举三丈夫子，幼而孤，并无术业。所谓二酉山房者，亦数易主矣，藏书俱散佚。论曰：金华陈生者为余言，元瑞故尝客其家，每漏过子夜，犹飒然有声，怪而窥之，见出古玩累累，以次陈几上，徐就取一物摩挲之，竟，复取一物，回环殆遍乃寝，以为常③。又与市中儿及方技家语不少厌，接之各有意，至经生俦偶中，虽宴会旅立，终日不与交一语，或以刺至门，辄称疾，避匿不肯见也。其托尚如此。赞曰：元瑞清真，恰闻席珍。藻奋云汉，学富天下。脱屐公车，著书河濑。提衡风雅，夐乎乎嶙峋！"

按：关于吴之器、章有成及其与胡应麟之关系，王崇炳《金华征献略》卷一二《文学传三》有二人传记，其中有明晰记载。《吴之器》："吴之器字赐如，号神岳，义乌（今浙江义乌市）人。……与斯一绪、龚士骧、陈达德、章有成六七人为八咏楼社，称诗谈艺，近宗少室（胡应麟），而远祖太仓（王世贞）。"《章有成》："章有成字无逸，章文懿公（章懋）曾孙。……诗文声气远播江表。……诗法太仓、历城（李攀龙），而颇归真淡。生平最推称胡少室，时二酉山房已归他姓，有成过之，惨然不乐，尝有诗曰：'空余池馆胜，遥想旧登临。当代辞章手，穷年著作心。六书翻鸟迹，四部陋蝉吟。寂寞玄亭下，桓谭独赏音。'"

胡应麟去世后，王兆云写专文记其生平事略，并表哀挽之意（见去年十一月记事），邹迪光、区大相、欧阳霖仲、傅光宅、费元禄、谢肇淛、俞安期、江湛然、沈长卿等人，则或先或后，或作诗哭之，或作诗追念，或为序刊遗著，或为像赞，或为刊全集。

邹迪光《调象庵稿》卷二一《哭胡元瑞十二首》，其一："十上公车不得官，声名益自动长安。才华籍甚天公妒，一夜西风玉树寒。"其二："十龄先自善为诗，人道

---

① 此处有眉批云："此言便具切磋。"
② "如是又十余年"误，汪道昆卒于万历二十一年四月，胡应麟卒于万历三十年，期间相差不到十年。
③ 此处有眉批云："即此胜情，觉嵇（康）、阮（籍）去人不远。"

　　　　　　　　　　　·251·

黄童尔更奇。凤慧本从仙吏谪,修文今赴玉楼期。"其三:"一自长驱占上游,几番悉甲抗弇州。葵丘盟罢邘城败,后死何人复建疏。"其四:"兰阴漱水到门前,不断骚人问字船。今日草玄亭上过,乱莎残蓼总堪怜。"其五:"月旦词林柱颉颃,藉君《诗薮》定雌黄。洛阳纸价千斤重,遗令将来瘗北邙。"其六:"纷纷挟策竞先鸣,输尔挥毫赋两京。金马未窥身便死,令人孤愤不能平。"其七:"懒向王门去曳裾,闲关长读邺侯书。鹅经鹤史搜罗尽,便逐飙车扣玉虚。"其八:"既失文星又酒星,仓皇海岳走精灵。风流叹息今无几,只合清斋学诵经。"其九:"骨法虽癯意气粗,一鞭长入酒家胡。昆吾羞涩纯钩死,痛杀高阳旧酒徒。"其十:"七叶星冠夜半钟,满身玉露礼茅龙。乘虬忽蹑烟霞去,知占华阳第几峰。"其十一:"老去雄心一半枯,只留短发傍浮屠。为嫌五浊思遗世,能入莲台九品无。"其十二:"宿草悬知与墓平,几回引领望佳城。生刍一束无由奠,枉说交情范巨卿。"**按**:此诗作年不详。

邹迪光《石语斋集》卷一《追忆十七子诗·兰溪胡元瑞》:"孝廉天纵,髫龄赋诗。黄童无双,管络鼓旗。及于弱冠,文采陆离。牛耳坛场,为诗白眉。寂寂音响,杳杳履綦。《诗薮》空留,胡能不悲!"**按**:此诗作年不详。

区大相《区太史诗集》卷一七《闻两胡生亡》(豫章胡比部汝焕、兰溪胡孝廉应麟):"海内无多士,交游失二胡。文章才有数,磊落调元孤。世已哀词客,人犹病酒徒。哭君余两地,寂寞向江湖。"**按**:据胡维霖《明故承德郎、刑部主事、少白胡先生墓表》,胡汝焕"生嘉靖癸卯,卒万历癸卯(秋),得年六十有一",(《胡维霖集》之《长啸山房汇稿》卷四)可知他比胡应麟晚卒一年,时在万历三十一年癸卯秋,这也就是区大相此诗写作的最早时间。

方应祥《青来阁初集》卷二《欧阳霖仲诗序》:"予于诗无所窥,读霖仲《怀王房仲》《哭胡元瑞》诸篇,窃有概乎其人也。"**按**:"霖仲"应为欧阳氏表字,其名与诗俱不详。

傅光宅为胡应麟遗著《甲乙剩言》作序,即《甲乙剩言序》:"昔胡元瑞南过聊城,以一帙示余:'此吾甲乙已后剩言也,君盍为我题之?'余读一过,则钜丽者足以关国是,微琐者足以资谈谐,即不越稗官,亦杂家之鼓吹也。因箧以自随,不翅日对元瑞须眉。今年秋,俄得元瑞讣音,言在人亡,不胜感悼。嗟乎!造物以元瑞有言而剩元瑞,元瑞又不能常剩其身而剩其言。言剩元瑞乎?元瑞剩言乎?吾不得而知也。则余此题也,亦与此言交剩之矣。聊城傅光宅叙。"(《说库》本《甲乙剩言》卷首)

费元禄《甲秀园集》卷三三《赞十六首·国朝儒林赞并序·胡应麟》:"元瑞幼慧,厥怀悗窆。书研汲冢,义穷顾蔗。董园不窥,禹阴匪暇。户外停车,花间并驾。长安酒豪，列侯坐骂。畴揭我先，谁居己亚？时有王公，黄金慰藉。昆阜剖玉，和氏辨价。德积有阶，名齐王谢。"**按：**在其所述十六人中，最晚卒者为屠隆、冯梦祯，时在万历三十三年，故此诗最早作于万历三十三年。

谢肇淛《小草斋集》卷六《感旧篇十首·胡孝廉元瑞》："元瑞胸武库，其学无不殚。冥探二酉藏，旁搜百家纂。家有连屋书，万汇皆研铲。茹华漱其芳，骋妍成秘撰。博刊穷意象，千古供只眼。潦倒一青衫，读书坐破产。问奇屡若云，负笈席不暖。灰心入名理，疾雷不闻览。惜哉天禄中，少此青镂管。闲检《笔丛》编，辗弦三扼腕。"**按：**此诗作年不详。

万历四十三年，俞安期作《纪哀诗二十三首》，其中第八首为哀悼胡应麟之作。其《翏翏集》卷一〇《纪哀诗二十三首·胡元瑞》题下注云："名应麟，兰溪人，孝廉，为乡贤胡公（直）[僙]子。以博洽闻，所著评骘古今者甚富，年五十（五）[二]卒，（甲辰）[壬寅]。"诗："名德有令子，贤书若冥报。博洽匪倖居，豪吟寡卑调。百家评最详，一线孤犹少。遗书藏若何，应长蠹鱼傲。"

万历四十六年，金华府通判、歙县江湛然"主持整理胡应麟全部文稿，包括《少室山房类稿》（诗文集）、《少室山房笔丛》及《诗薮》，赵凤城、徐伯阳、章有成等人协助校雠。文稿整理完成后，江湛然、卢化鳌分别为之作序，是为《少室山房全稿》。这是胡应麟身后对其著作的第一次全面整理，因此江本的影响非常大，后来很多刻本均出于此，仅装订册数略有分别"①。江本今有北京大学图书馆藏本，但笔者未能前往查考。文渊阁四库全书第 1290 册依江本收录《少室山房类稿》，将书名改为《少室山房集》，内中文字也有部分改动，卷首江序则改称为《少室山房集原序》，其文曰：

"明兴，以帖括俳偶之文笃士，士不复知有古文词。正（德）、嘉（靖）以来，缙绅先生始名古学，盖滥觞于北地（李梦阳），而娄江（王世贞）、新都（汪道昆）始畅其流焉。当二子角峙海内，如唐昌黎（韩愈）、柳州（柳宗元），士阃其阈、涉其阶墀，即可以傲睨当世，况其服膺避席，而不敢与齿于当世，又何如哉？

兰溪胡明端以殆庶之姿，策勋竹素，于文无不工，而尤工于韵语，自汉魏流开元、大历以还，皆字摹句拟，如循枝揽叶，以探厥本根，意得之余，泯然与之合辙。其致辩成都（杨慎），鳃鳃不倦，余季幼清以为忠告，其然乎？又何怪当世方闻博雅之士，闻声而色飞，望景响而股弁矣。尝一登娄江之堂，娄江曰：'吾不能讳献吉（李梦阳）、昌穀（徐祯卿）辈之玼也，融而超之，于鳞（李攀龙）庶几

---

①　王明辉：《胡应麟诗学研究》，第 24 页。

焉。后我而作,其在此子矣。'交新都,新都曰:'成都博而不核也,江左(王世贞)核而未精,博而核、核而精,宜莫如明瑞。'夫济南(李攀龙)之秀句,娄江之东野(孟郊)也;江左之赅练,新都之退之(韩愈)也。若曰:'吾终身所服膺在是,余子录录,不复置齿牙矣。'一旦得明瑞,而遽跻之二君之上,此宁可虚词浮说相假借哉?苞稀之富,位置之高,骋骛之弘放,诚有以服其心、折其喙,如尹望邢而泣,季咸见壶子而却走,固不自知其如此也夫。当明瑞罢公车,脱尘鞅,高卧蓉山灵洞之间,目视云汉,非其人即贵倨弗友,傲然以千古自命。庄生有云:'谈二子于戴晋人之前,犹一唉也。'岂不然哉?

昔喻君邦相(喻均)尹兰江,慕交明瑞,相从于山颠水涯,唱咏连日夕,余心实向往之。适视瑑兹土,而明瑞已骑云烟,去我而游寥廓。勤购其遗文读之,而板复漫漫纷错,因以公事之余,稍为铨次,又得兰溪令君卢尔腾[①]以襄其役,鸿胪赵君文镇(赵凤城)以董其成,孝廉徐伯阳[②]、章无逸(章有成)辈以校其似,皆闳览博物君子也。卷计为诗八十、文半之,胪分部列,犁然可观矣。余尝读弇山《(羊石)[石羊]生传》,时明瑞年才三十有八耳,而所著诗已二十卷,他所撰述计二十四种,共为卷二百三十有三,制作之富逾于古人,后其年复不少也,计所论著,当有所散轶伏匿而不出者,购成全书,将在来哲。嗟乎!兰阴之间,瀫水之上,高门华阀、上第元僚指不胜偻矣,其间道德功业昭垂于日月者,殊不乏人,而明瑞裹敝帻,弄三寸柔翰,直与争不朽于穹壤,天啬之于彼而昌之此,于世正得失半也。乃世或为明瑞扼腕一第,夫唐以诗赋取士,犹失之李杜(李白、杜甫),况夫俳偶帖括之习,又乌足笼吾明瑞哉!史氏传文苑,要当置是子娄江、新都间耳。万历戊午中秋日,新安江湛然书于金华郡斋。"

沈长卿[③]《沈氏日旦》卷一一:"多言乃最贱之相。人家子弟读书而多言,犹持之成理,出之成章;不读书而多言,驴鸣狗吠,殊觉可厌。然文人未有不喜谭者,又不在多言之例。予少见胡元瑞孝廉娓娓而口吃状,见冯开之(冯梦祯)……,俱喜谭,玉屑霏霏袭人,又能倾耳谛思予言,或在他人前未必如是吐露耶?凡缙绅,眼视鼻半日,不发片语者,最秽之肠、最劣之品也。"

---

① 康熙《漳浦县志》卷一五《人物志上·缙绅》:卢化鳌字尔腾,万历四十四年进士。历兰溪、婺源、旌德三县令,升户部主事,寻改吏部,以忤魏忠贤削籍归。崇祯初起原职,旋以清慎升文选郎中,以病乞休。

② 王崇炳《金华徵献略》卷一二《文学传三·徐应亨》:徐应亨字伯阳,兰溪人,万历四十三年举于乡。"其业诗精专,甚多反古振始之音,好称说先辈。早游胡应麟诸公间,而不踵其故武。"嘉庆《兰溪县志》卷一三《人物志·文学·徐应亨》:"徐应亨字伯阳,号衡岳。……胡应麟读其诗,击节叹赏,遂与定交。"

③ 万斯同《明史》卷一三五:"《沈氏日旦》六卷,字幼宰,杭州人,万历举人。"雍正《浙江通志》卷一四〇《选举十八》:沈长卿,仁和(今浙江杭州市)人,万历四十年举人。

征引文献

安世凤：《墨林快事》，四库全书存目丛书，齐鲁书社 1997 年版

毕自严：《石隐园藏稿》，景印文渊阁四库全书，台湾商务印书馆股份有限公司 1983—1986 年

曹学佺：《石仓文稿》，续修四库全书，上海古籍出版社 1995 年版

曹学佺：《石仓诗稿》，四库禁毁书丛刊，北京出版社 1997 年版

陈建：《皇明通纪集要》，四库禁毁书丛刊

陈田：《明诗纪事》，续修四库全书

陈卫星：《〈胡应麟年谱〉补正》，氏著《古典文献与古代小说理论研究》，光明日报出版社 2009 年版

陈文烛：《二酉园文集》，四库全书存目丛书

陈文烛：《二酉园诗集》，四库全书存目丛书

陈文烛：《二酉园续集》，四库全书存目丛书

陈懿典：《陈学士先生初集》，四库禁毁书丛刊

崇祯《松江府志》，中国数字方志库

崇祯《义乌县志》，中国数字方志库

邓渼：《留夷馆集》，四库未收书目辑刊第 5 辑

邓原岳：《西楼全集》，四库全书存目丛书

道光《东阳县志》，中国数字方志库

道光修、民国补刊《冠县志》，中国数字方志库

道光《广东通志》，续修四库全书

道光《桐城续修县志》，中国数字方志库

道光《肇庆府志》，中国数字方志库

范邦甸：《天一阁书目》，续修四库全书

范浚：《范香溪先生文集》，四部丛刊续编本

范晔：《后汉书》，中华书局 1965 年版

方应祥：《青来阁初集》，四库禁毁书丛刊

房玄龄等：《晋书》，中华书局 1974 年版

费尚伊：《市隐园集》，丛书集成续编，(台湾)新文丰出版公司 1988 年印行

费元禄：《甲秀园集》，四库禁毁书丛刊

冯梦龙：《古今谭概》，续修四库全书

冯梦祯：《快雪堂集》，四库全书存目丛书

冯时可：《冯元成选集》，四库禁毁书丛刊补编，北京出版社 2005 年版

傅光宅：《甲乙剩言序》，胡应麟《甲乙剩言》卷首、《说库》本、《宝颜堂秘笈》本
(丛书集成新编第 88 册，新文丰出版公司 1988 年印行)、《说郛三种·说郛续》本

傅梅：《嵩书》，续修四库全书

傅维鳞：《明书》，四库全书存目丛书

高士奇：《独旦集》，四库未收书目辑刊第 7 辑

顾枢：《顾端文公年谱》，续修四库全书

顾天埈：《顾太史文集》，四库禁毁书丛刊

光绪《重修安徽通志》，中国数字方志库

光绪《丹徒县志》，中国数字方志库

光绪《广州府志》，中国数字方志库

光绪《嘉兴府志》，中国数字方志库

光绪《江阴县志》，中国数字方志库

光绪《兰溪县志》，中国数字方志库

光绪《临漳县志》，中国数字方志库

光绪《浦江县志》，中国数字方志库

光绪《台州府志》，中国数字方志库

光绪《漳州府志》，中国数字方志库

郭正域：《合并黄离草》，四库禁毁书丛刊

过庭训：《本朝分省人物考》，续修四库全书

何白：《汲古堂集》，四库禁毁书丛刊

何三畏：《云间志略》，四库禁毁书丛刊

胡维霖：《胡维霖集》，四库禁毁书丛刊

胡僖：《叙近溪罗先生〈明道录〉》，罗汝芳《近溪子明道录》卷首，续修四库全书

胡应麟：《少室山房类稿》，续金华丛书本；景印文渊阁四库全书第 1290 册《少
室山房集》

胡应麟：《少室山房笔丛》，中华书局上海编辑所 1958 年版；广雅书局本(台版

丛书集成续编第 10 册收录）

胡应麟：《甲乙剩言》,王文濡《说库》本,浙江古籍出版社 1986 年版;《宝颜堂秘笈》本(丛书集成新编第 88 册,新文丰出版公司 1988 年印行);《说郛三种·说郛续》本

胡应麟：《诗薮》,上海古籍出版社 1979 年版;四库全书存目丛书集部第 417—418 册所收南开大学藏明刻本

黄凤翔：《田亭草》,续修四库全书

黄汝亨：《高士吴允兆先生传》,董斯张《吴兴艺文补》卷四〇,续修四库全书

黄锡蕃：《闽中书画录》,续修四库全书

黄虞稷：《千顷堂书目》,丛书集成续编,(台湾)新文丰出版公司 1988 年印行

黄佐：《南雍志》,续修四库全书

嘉庆《重修扬州府志》,广陵书社 2014 年版

嘉庆《东昌府志》,中国数字方志库

嘉庆《兰溪县志》,中国数字方志库

嘉庆《平乐府志》,中国数字方志库

嘉庆《石门县志》(道光元年刻),中国数字方志库

嘉庆《直隶太仓州志》,中国基本古籍库

江湛然：《少室山房集原序》,景印文渊阁四库全书第 1290 册《少室山房集》卷首

姜绍书：《无声诗史》,续修四库全书

焦竑：《焦氏澹园集》,续修四库全书

康熙《东阿县志》,中国数字方志库

康熙《杭州府志》,中国数字方志库

康熙《徽州府志》,中国数字方志库

康熙《嘉兴县志》,中国数字方志库

康熙《江山县志》,中国数字方志库

康熙《金华府志》,中国数字方志库

康熙《景陵县志》,中国数字方志库

康熙《临海县志》,中国数字方志库

康熙《麻城县志》,中国数字方志库

康熙《浦江县志》,中国数字方志库

康熙《衢州府志》,中国数字方志库

康熙《遂昌县志》,中国数字方志库

康熙《吴县志》,中国数字方志库

康熙《西安县志》,中国数字方志库

康熙《兴化府莆田县志》,中国数字方志库

康熙《秀水县志》,中国数字方志库

康熙《漳浦县志》,中国数字方志库

雷礼:《国朝列卿纪》,续修四库全书

黎民表:《瑶石山人稿》,景印文渊阁四库全书

李能茂:《得胡元瑞孝廉书并所著〈诗薮〉》,阮元声、戴应鳌《金华诗粹》卷一
〇,四库全书存目丛书

李清馥:《闽中理学渊源考》,景印文渊阁四库全书

李庆立、崔建利:《试析钱谦益对胡应麟的评价》,《山东师范大学学报》2003 年
第 1 期

李思涯:《胡应麟文学思想研究》,中国社会科学出版社 2012 年版

李廷机:《李文节集》,转引自肖满省《明代福建易学研究》,福建师范大学 2010
年博士学位论文

李维祯:《大泌山房集》,四库全书存目丛书

李言恭:《青莲阁集》,四库未收书目辑刊第 5 辑

梁维枢:《玉剑尊闻》,续修四库全书

卢之颐:《本草乘雅半偈》,景印文渊阁四库全书

罗大纮:《紫原文集》,四库禁毁书丛刊

骆一平:《唐汝楫——嘉靖状元的悲哀》,《金华日报》2007 年 4 月 12 日第 6 版

吕本:《褒忠祠记》,雍正《浙江通志》卷二一七,景印文渊阁四库全书

茅瑞徵:《万历三大征考》,续修四库全书

梅鼎祚:《鹿裘石室集》,四库禁毁书丛刊

民国《杭州府志》,中国数字方志库

民国《临清县志》,中国方志丛书·华北地方第 33 号,(台湾)成文出版社 1968
年版

民国《太仓州志》,爱如生古籍数据库·方志库

宁波市天一阁博物馆整理:《天一阁藏明代科举录选刊·乡试录》第 35 函第
200 册《万历四年丙子科浙江乡试录》,宁波出版社 2010 年版

区大相:《区太史诗集》,南开大学图书馆藏明崇祯十六年序刊本

欧大任:《欧虞部集十五种》,四库禁毁书丛刊

潘柽章:《松陵文献》,续修四库全书

潘季驯:《河防一览》,景印文渊阁四库全书

祁承㸁:《澹生堂藏书目》,续修四库全书

钱大昕:《弇州山人年谱》,《嘉定钱大昕全集》第四册,江苏古籍出版社 1997 年版

钱谦益:《列朝诗集小传》,上海古籍出版社 1983 年版

钱谦益:《牧斋初学集》,续修四库全书

乾隆《长洲县志》,中国数字方志库

乾隆《东昌府志》,中国数字方志库

乾隆《福建通志》,景印文渊阁四库全书

乾隆《富顺县志》,中国数字方志库

乾隆《光州志》,中国数字方志库

乾隆《淮安府志》,中国数字方志库

乾隆《黄冈县志》,中国数字方志库

乾隆《江南通志》,景印文渊阁四库全书

乾隆《内黄县志》,中国数字方志库

乾隆《泰和县志》,中国数字方志库

乾隆《西昌志》,中国数字方志库

乾隆《新蔡县志》,中国数字方志库

乾隆《徐州府志》,中国数字方志库

乾隆《镇江府志》,中国数字方志库

乔治忠:《日藏孤本〈勋贤祠志〉及相关史事》,《浙江学刊》2012 年第 6 期

裘君弘:《西江诗话》,续修四库全书

阮元声、戴应鳌:《金华诗粹》,四库全书存目丛书

佘翔:《薛荔园诗集》,景印文渊阁四库全书

申时行:《赐闲堂集》,四库全书存目丛书

沈长卿:《沈氏日旦》,续修四库全书

沈德符:《万历野获编》,中华书局 1959 年版

沈国元:《皇明从信录》,续修四库全书

沈季友:《檇李诗系》,景印文渊阁四库全书

沈明臣:《丰对楼诗选》,四库全书存目丛书

沈茜、秦越：《明朝官人的"像赞"后人一直保存至今》，《晋江经济报》2013 年 7 月 3 日，http：// roll.sohu.com／ 20130703／ n380548014.shtml

盛枫：《嘉禾徵献录》，续修四库全书

孙七政：《孙齐之松韵堂集》，四库全书存目丛书

孙诒让：《温州经籍志》，续修四库全书

谈迁：《国榷》，中国基本古籍库

谈迁：《枣林杂俎》，续修四库全书

天启《赣州府志》，中国数字方志库

天启《衢州府志》，中国数字方志库

陶元藻：《全浙诗话》，续修四库全书

同治《苏州府志》，中国数字方志库

同治《新建县志》，中国数字方志库

同治《竹溪县志》，中国数字方志库

童珮：《童子鸣集》，四库全书存目丛书

屠隆：《由拳集》，四库全书存目丛书

屠隆：《白榆集》，四库全书存目丛书

拖拖等：《宋史》，中华书局 1985 年版

万历《重修常州府志》，中国数字方志库

万历《福安县志》，中国数字方志库

万历《河间府志》，中国数字方志库

万历《济阳县志》，中国数字方志库

万历三十四年刊、康熙间补刊《兰溪县志》，中国数字方志库

万历《龙游县志》，中国数字方志库

万历《秀水县志》，中国数字方志库

万斯同：《明史》，续修四库全书

汪道昆：《太函集》，四库全书存目丛书

汪启淑：《讱葊诗存》，续修四库全书

汪森：《粤西文载》，景印文渊阁四库全书

王伯稠：《王世周先生诗集》，四库全书存目丛书

王崇炳：《金华徵献略》，四库全书存目丛书

王弘撰：《山志》，续修四库全书

王嘉川：《布衣与学术——胡应麟与中国学术史研究》，商务印书馆 2005 年版

王嘉川：《胡应麟与王世贞交谊考》，《国学研究》第十五卷，北京大学出版社 2005 年版

王嘉川：《明代浙东史家胡应麟生平考辨》，瞿林东、葛志毅主编《史学批评与史学文化研究》，黑龙江人民出版社 2009 年版

王明辉：《胡应麟诗学研究》，学苑出版社 2006 年版

王世懋：《王奉常集》，四库全书存目丛书

王世懋：《名山游记》，续修四库全书

王世贞：《弇州四部稿》，景印文渊阁四库全书

王世贞：《弇州续稿》，景印文渊阁四库全书

王世贞：《石羊生传》，《少室山房类稿》卷首、《诗薮》卷首；《弇州续稿》卷六八《胡元瑞传》

王世贞：《弇山堂别集》，中华书局 1985 年版

王同轨：《耳谈类增》，续修四库全书

王锡爵：《王文肃公文集》，四库禁毁书丛刊

王兆云：《皇明词林人物考》，四库全书存目丛书

王穉登：《王百毂集十九种》，四库禁毁书丛刊

王重民：《中国善本书提要》，上海古籍出版社 1983 年版

王祖嫡：《师竹堂集》，四库未收书目辑刊第 5 辑

吴道南：《吴文恪公文集》，四库禁毁书丛刊

吴国伦：《甔甀洞稿》，续修四库全书

吴国伦：《甔甀洞续稿》，续修四库全书

吴晗：《胡应麟年谱》，《清华学报》九卷一期，1934 年 1 月；后收入《吴晗史学论著选集》第一卷，人民出版社 1984 年版

吴梦旸：《射堂诗钞》，四库全书存目丛书

咸丰《顺德县志》，中国数字方志库

谢廷谅：《薄游草》，四库全书存目丛书

谢肇淛：《五杂俎》，上海古籍出版社 2012 年版

谢肇淛：《小草斋集》，四库全书存目丛书

邢侗：《来禽馆集》，四库全书存目丛书

徐沁：《明画录》，续修四库全书

徐朔方：《高濂行实系年》，《徐朔方集》第三卷，浙江古籍出版社 1993 年版

徐朔方：《汤显祖年谱》，《徐朔方集》第四卷

徐朔方：《汤显祖和晚明文艺思潮》,《徐朔方集》第一卷

徐朔方：《屠隆年谱》,《徐朔方集》第三卷

徐朔方：《汪道昆年谱》,《徐朔方集》第四卷

徐朔方：《王世贞年谱》,《徐朔方集》第二卷

徐象梅：《两浙名贤录》,续修四库全书

徐允禄：《思勉斋集》,四库禁毁书丛刊

严首升：《濑园诗文集》,四库禁毁书丛刊

杨时乔：《两浙南关榷事书》,续修四库全书

杨天民：《杨全甫谏草》,续修四库全书

姚希孟：《响玉集》,四库禁毁书丛刊

姚莹：《东溟文集》,续修四库全书

叶向高：《苍霞续草》,四库禁毁书丛刊

叶永盛：《浙盐纪事》,四库全书存目丛书

雍正《广东通志》,景印文渊阁四库全书

雍正《广西通志》,景印文渊阁四库全书

雍正《河南通志》,景印文渊阁四库全书

雍正《湖广通志》,景印文渊阁四库全书

雍正《畿辅通志》,景印文渊阁四库全书

雍正《江西通志》,景印文渊阁四库全书

雍正《宁波府志》,中国数字方志库

雍正《平乐府志》,中国数字方志库

雍正《山东通志》,景印文渊阁四库全书

雍正《陕西通志》,景印文渊阁四库全书

雍正《浙江通志》,景印文渊阁四库全书

永瑢等：《四库全书总目》,中华书局 1965 年版

于慎行：《穀城山馆文集》,四库全书存目丛书

俞安期：《翏翏集》,四库全书存目丛书

俞汝楫：《礼部志稿》,景印文渊阁四库全书

喻均：《游四洞诗》,赵志皋《灵洞山房集》卷中附录,四库全书存目丛书

袁中道：《珂雪斋近集》,续修四库全书

张大复：《昆山人物传》,续修四库全书

张凤翼：《处实堂续集》,续修四库全书

张凤翼:《处实堂后集》,续修四库全书

张辅之:《太仆奏议》,四库禁毁书丛刊

张弘道:《皇明三元考》,四库全书存目丛书

张佳胤:《居来先生集》,四库全书存目丛书补编

张廷玉等:《明史》,中华书局 1974 年版

张萱:《西园闻见录》,续修四库全书

张朝瑞:《皇明贡举考》,续修四库全书

张照:《石渠宝笈》,景印文渊阁四库全书

赵用贤:《松石斋集》,四库禁毁书丛刊

赵志皋:《赵文懿公文集》,四库禁毁书丛刊

赵志皋:《灵洞山房集》,四库全书存目丛书

郑利华:《王世贞年谱》,复旦大学出版社 1993 年版

郑汝璧:《皇明功臣封爵考》,四库全书存目丛书

曾燠:《江西诗徵》,续修四库全书

中国古籍善本书目编辑委员会:《中国古籍善本书目》(集部),上海古籍出版社 1996 年版

"中央研究院历史语言研究所"校印:《明穆宗实录》、《明神宗实录》、《明世宗实录》,上海书店出版社 1984 年版

朱长春:《朱太复文集》,续修四库全书

朱长春:《朱太复乙集》,续修四库全书

朱国祯:《涌幢小品》,续修四库全书

朱谋㙔:《续书史会要》,景印文渊阁四库全书

朱谋㙔:《画史会要》,景印文渊阁四库全书

朱彝尊:《明诗综》,景印文渊阁四库全书

朱彝尊:《静志居诗话》,人民文学出版社 1990 年版

卓明卿:《卓澂甫诗续集》,四库全书存目丛书

邹迪光:《郁仪楼集》,四库全书存目丛书

邹迪光:《调象庵稿》,四库全书存目丛书

邹迪光:《石语斋集》,四库全书存目丛书

主要人名(字)索引